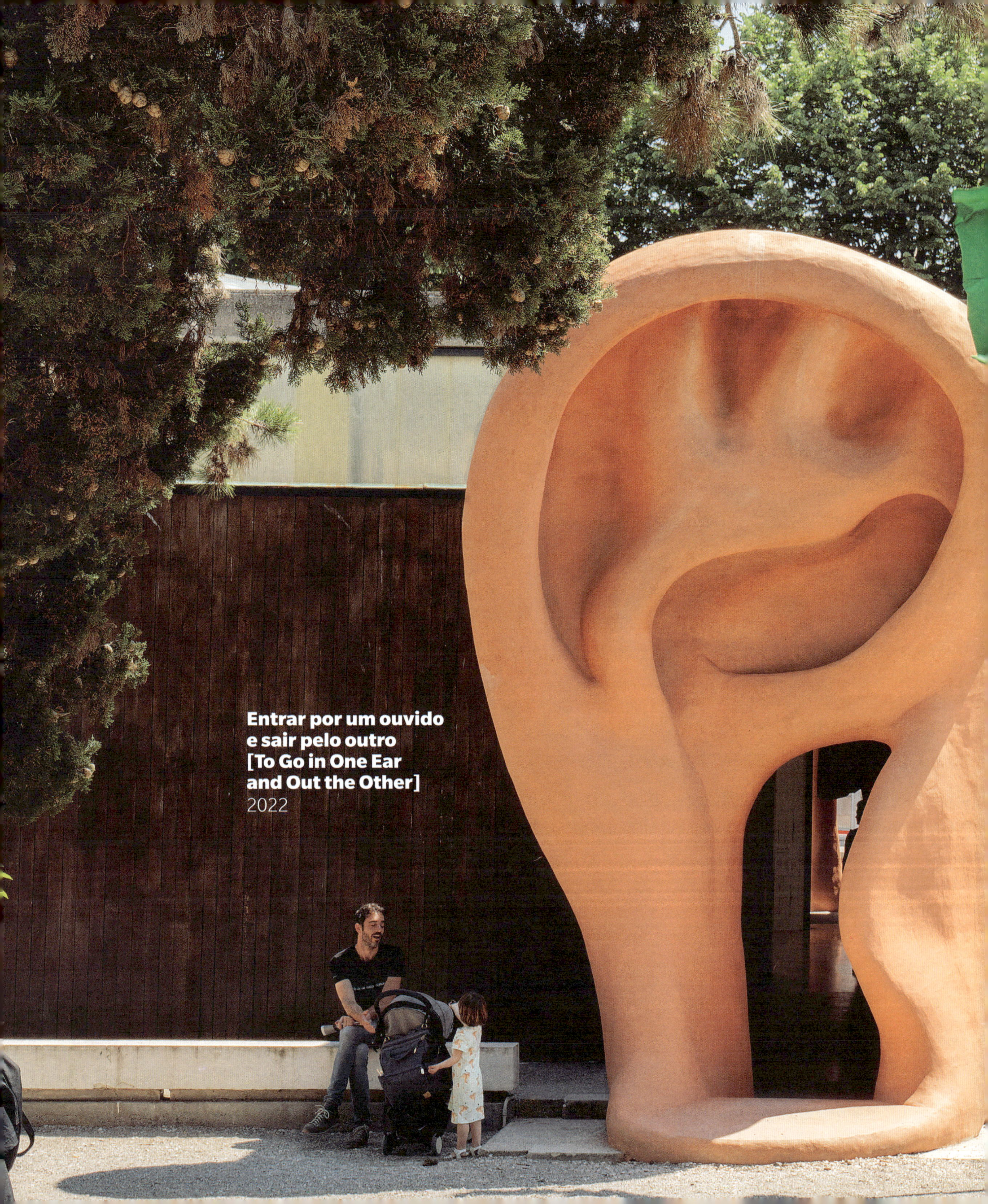

Entrar por um ouvido e sair pelo outro [To Go in One Ear and Out the Other]
2022

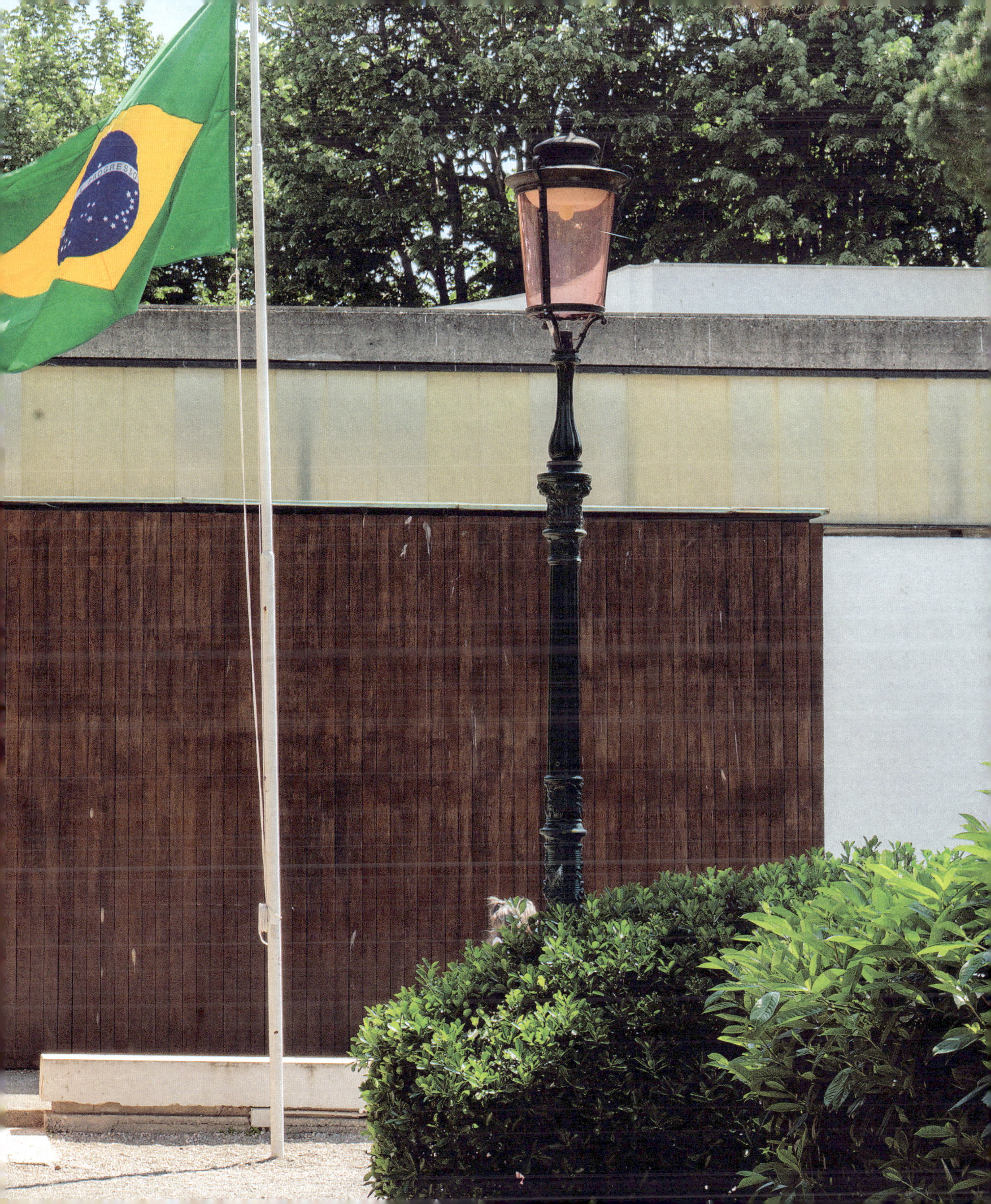

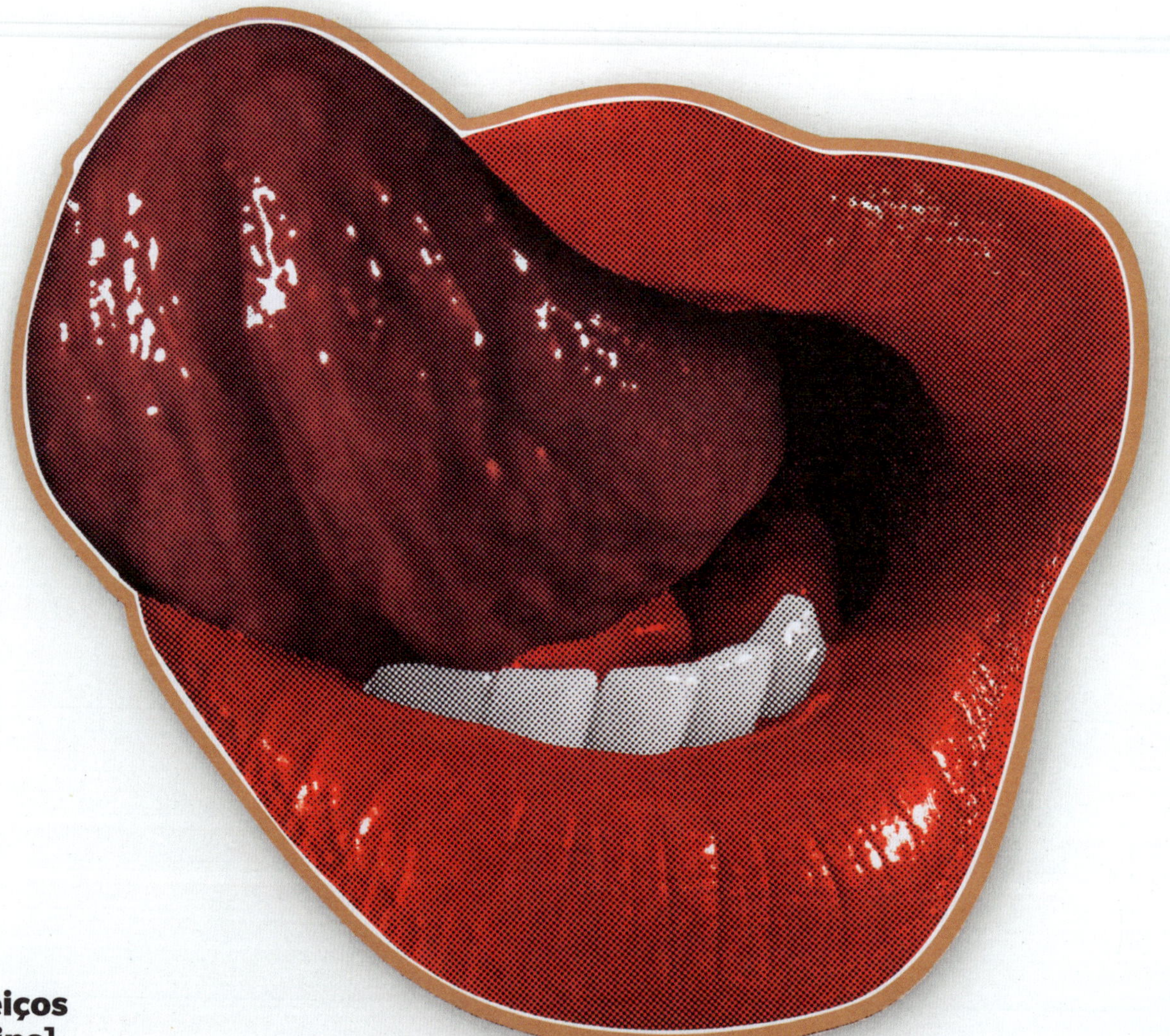

Lamber os beiços
[To Lick the Lips]
2022

Jonathas de Andrade

Organizado por / Edited by
Jacopo Crivelli Visconti

SilvanaEditoriale

Com o coração saindo pela boca

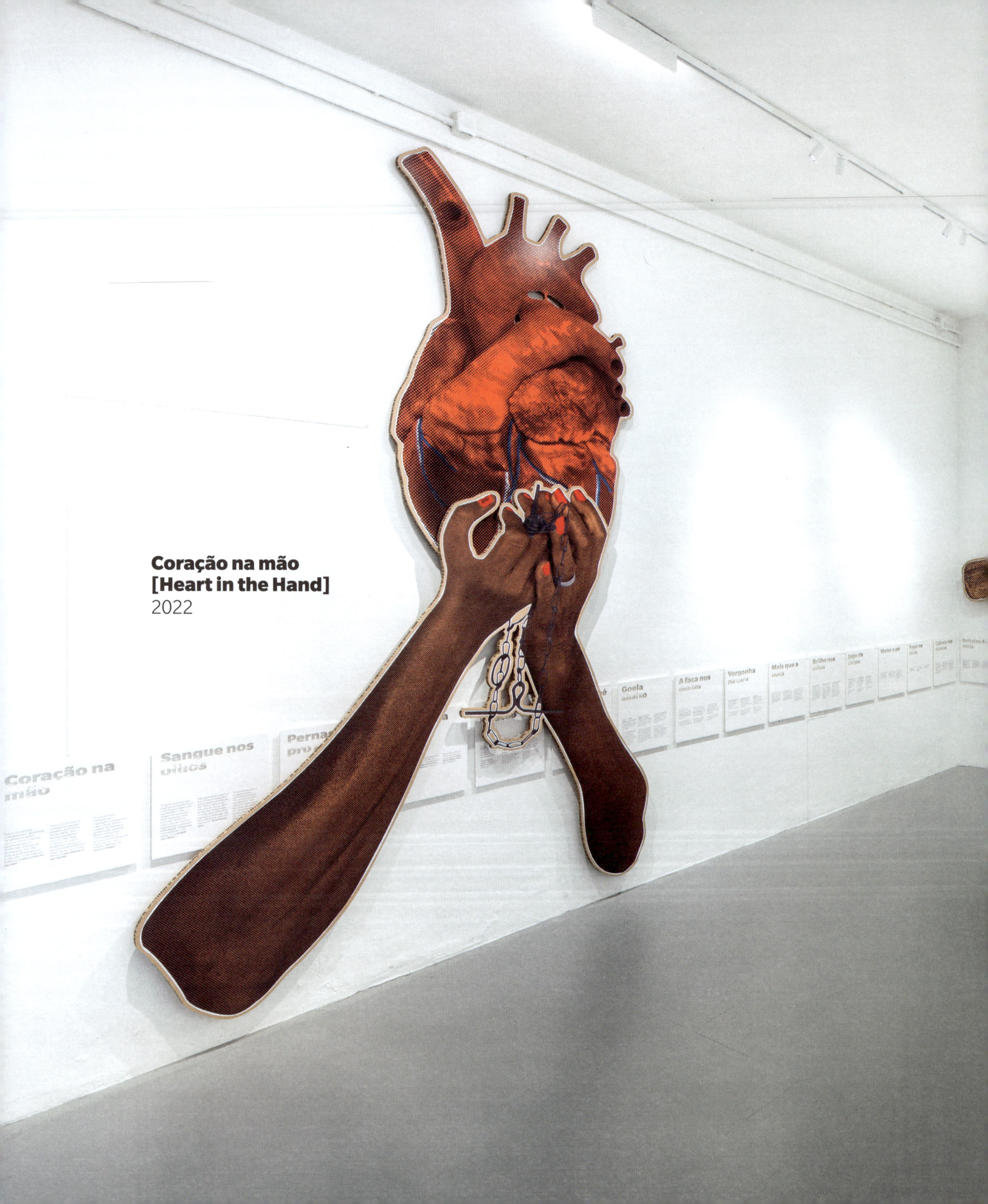

Coração na mão
[Heart in the Hand]
2022

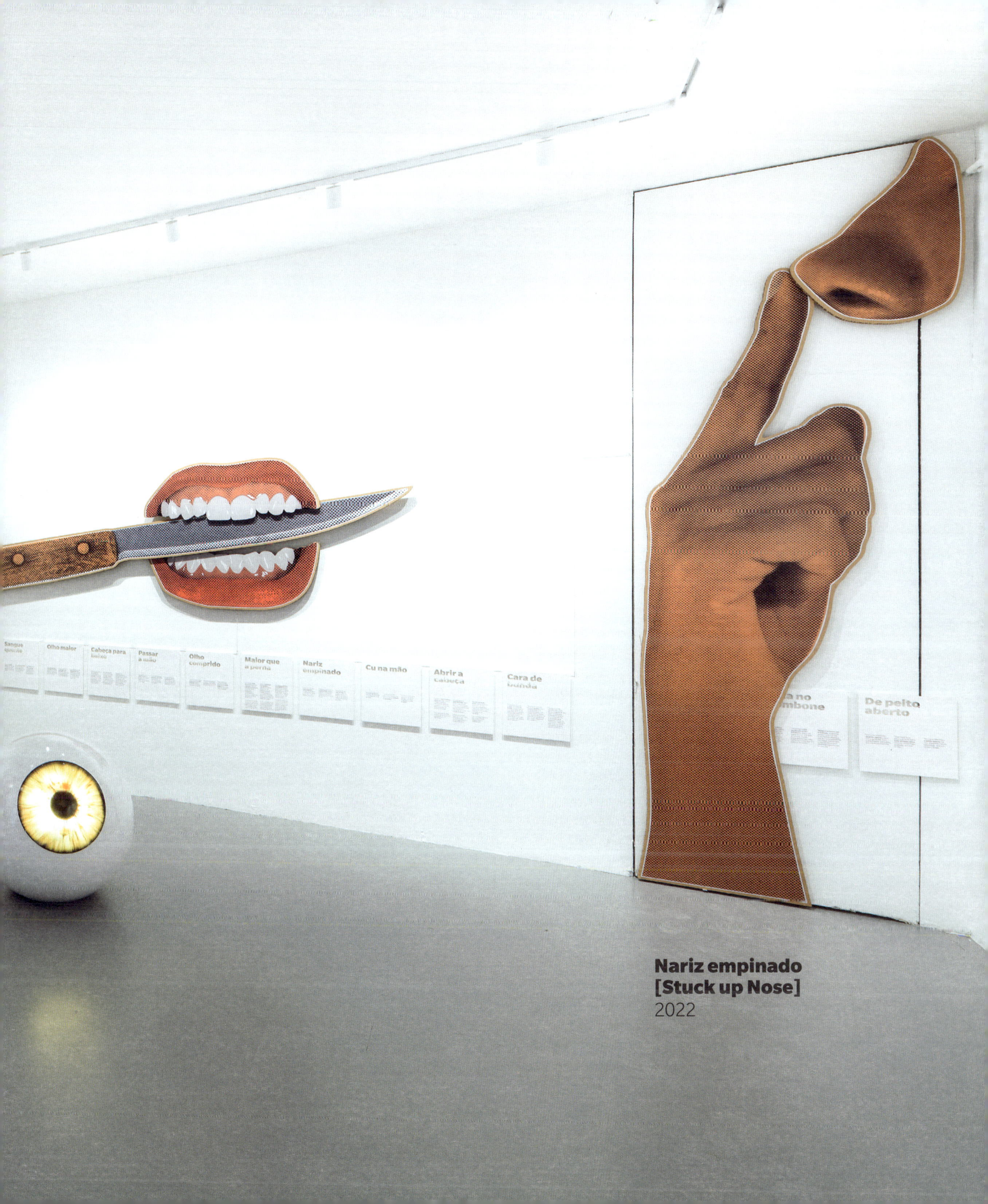

Nariz empinado
[Stuck up Nose]
2022

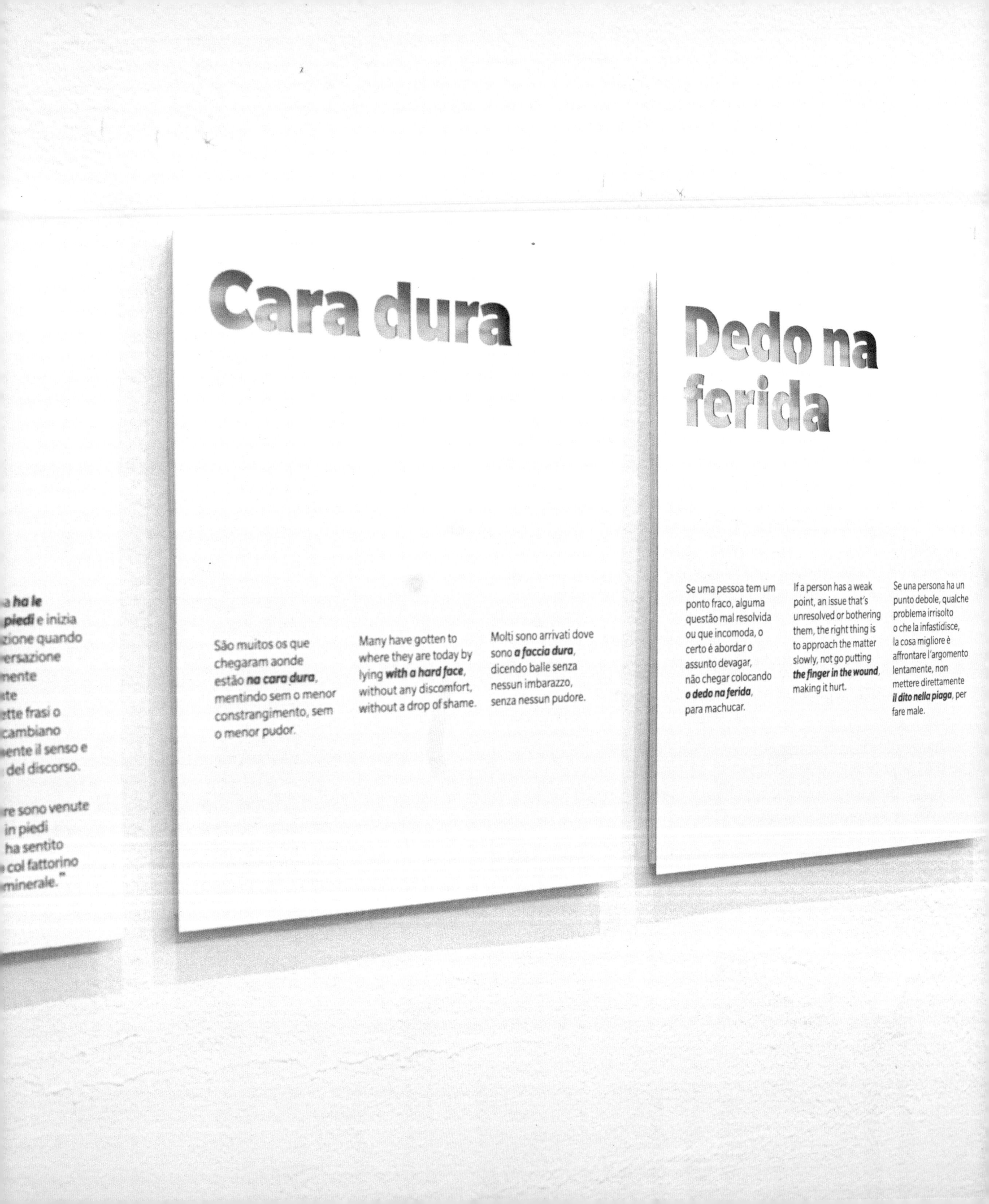
Cara dura
São muitos os que chegaram aonde estão na cara dura, mentindo sem o menor constrangimento, sem o menor pudor.
Many have gotten to where they are today by lying with a hard face, without any discomfort, without a drop of shame.
Molti sono arrivati dove sono a faccia dura, dicendo balle senza nessun imbarazzo, senza nessun pudore.
Dedo na ferida
Se uma pessoa tem um ponto fraco, alguma questão mal resolvida ou que incomoda, o certo é abordar o assunto devagar, não chegar colocando o dedo na ferida, para machucar.
If a person has a weak point, an issue that's unresolved or bothering them, the right thing is to approach the matter slowly, not go putting the finger in the wound, making it hurt.
Se una persona ha un punto debole, qualche problema irrisolto o che la infastidisce, la cosa migliore è affrontare l'argomento lentamente, non mettere direttamente il dito nella piaga, per fare male.

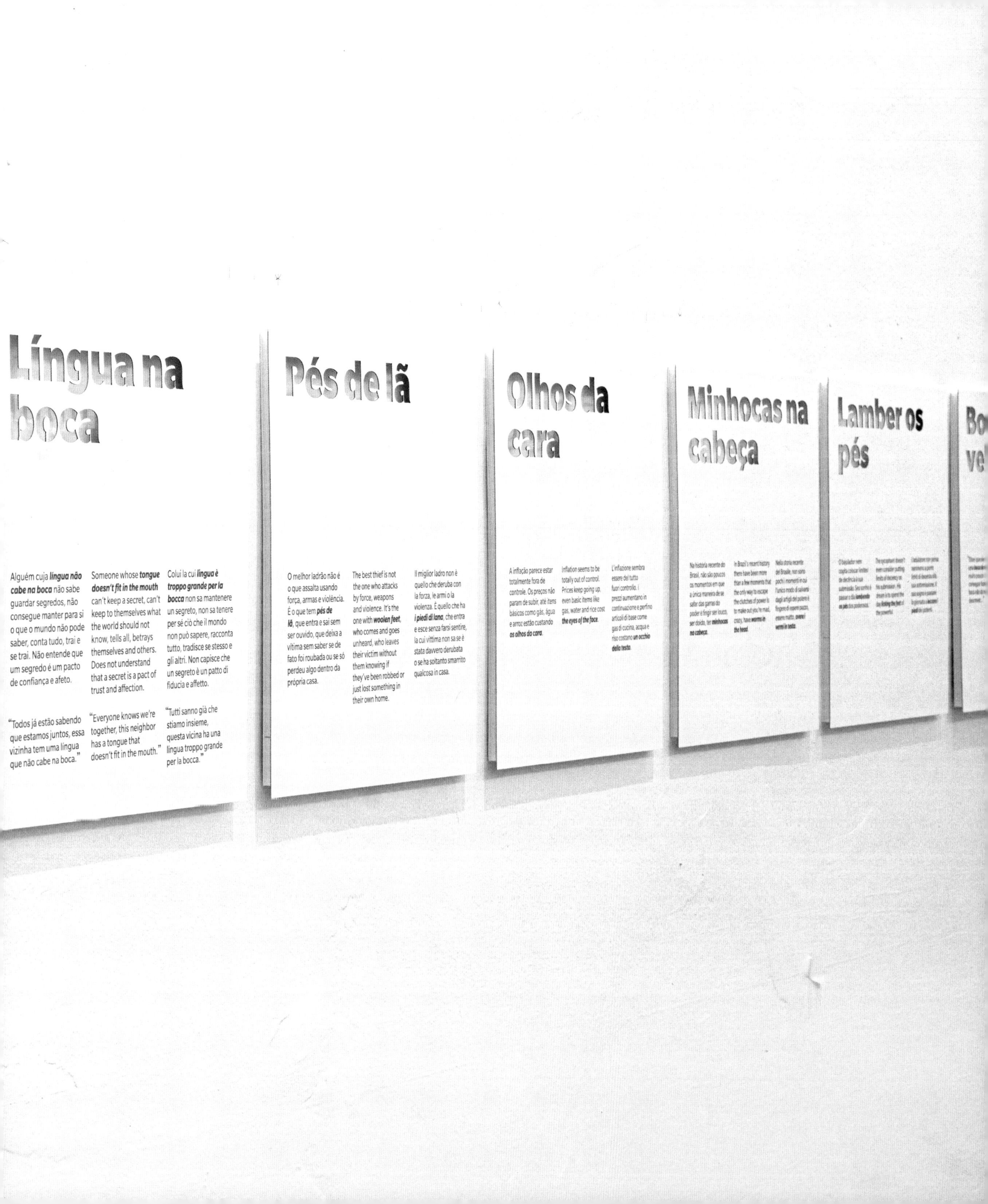

Língua na boca
Alguém cuja língua não cabe na boca não sabe guardar segredos, não consegue manter para si o que o mundo não pode saber, conta tudo, trai e se trai. Não entende que um segredo é um pacto de confiança e afeto.
Someone whose tongue doesn't fit in the mouth can't keep a secret, can't keep to themselves what the world should not know, tells all, betrays themselves and others. Does not understand that a secret is a pact of trust and affection.
Colui la cui lingua è troppo grande per la bocca non sa mantenere un segreto, non sa tenere per sé ciò che il mondo non può sapere, racconta tutto, tradisce se stesso e gli altri. Non capisce che un segreto è un patto di fiducia e affetto.
"Todos já estão sabendo que estamos juntos, essa vizinha tem uma língua que não cabe na boca."
"Everyone knows we're together, this neighbor has a tongue that doesn't fit in the mouth."
"Tutti sanno già che stiamo insieme, questa vicina ha una lingua troppo grande per la bocca."
Pés de lã
O melhor ladrão não é o que assalta usando força, armas e violência. É o que tem pés de lã, que entra e sai sem ser ouvido, que deixa a vítima sem saber se de fato foi roubada ou se só perdeu algo dentro da própria casa.
The best thief is not the one who attacks by force, weapons and violence. It's the one with woolen feet, who comes and goes unheard, who leaves their victim without them knowing if they've been robbed or just lost something in their own home.
Il miglior ladro non è quello che deruba con la forza, le armi o la violenza. È quello che ha i piedi di lana, che entra e esce senza farsi sentire, la cui vittima non sa se è stata davvero derubata o se ha soltanto smarrito qualcosa in casa.
Olhos da cara
A inflação parece estar totalmente fora de controle. Os preços não param de subir, até itens básicos como gás, água e arroz estão custando os olhos da cara.
Inflation seems to be totally out of control. Prices keep going up, even basic items like gas, water and rice cost the eyes of the face.
L'inflazione sembra essere del tutto fuori controllo. I prezzi aumentano in continuazione e perfino articoli di base come gas di cucina, acqua e riso costano un occhio della testa.
Minhocas na cabeça
Na história recente do Brasil, não são poucos os momentos em que a única maneira de se safar das garras do poder é fingir ser louco, ser doido, ter minhocas na cabeça.
In Brazil's recent history there have been more than a few moments that the only way to escape the clutches of power is to make out you're mad, crazy, have worms in the head.
Lamber os pés

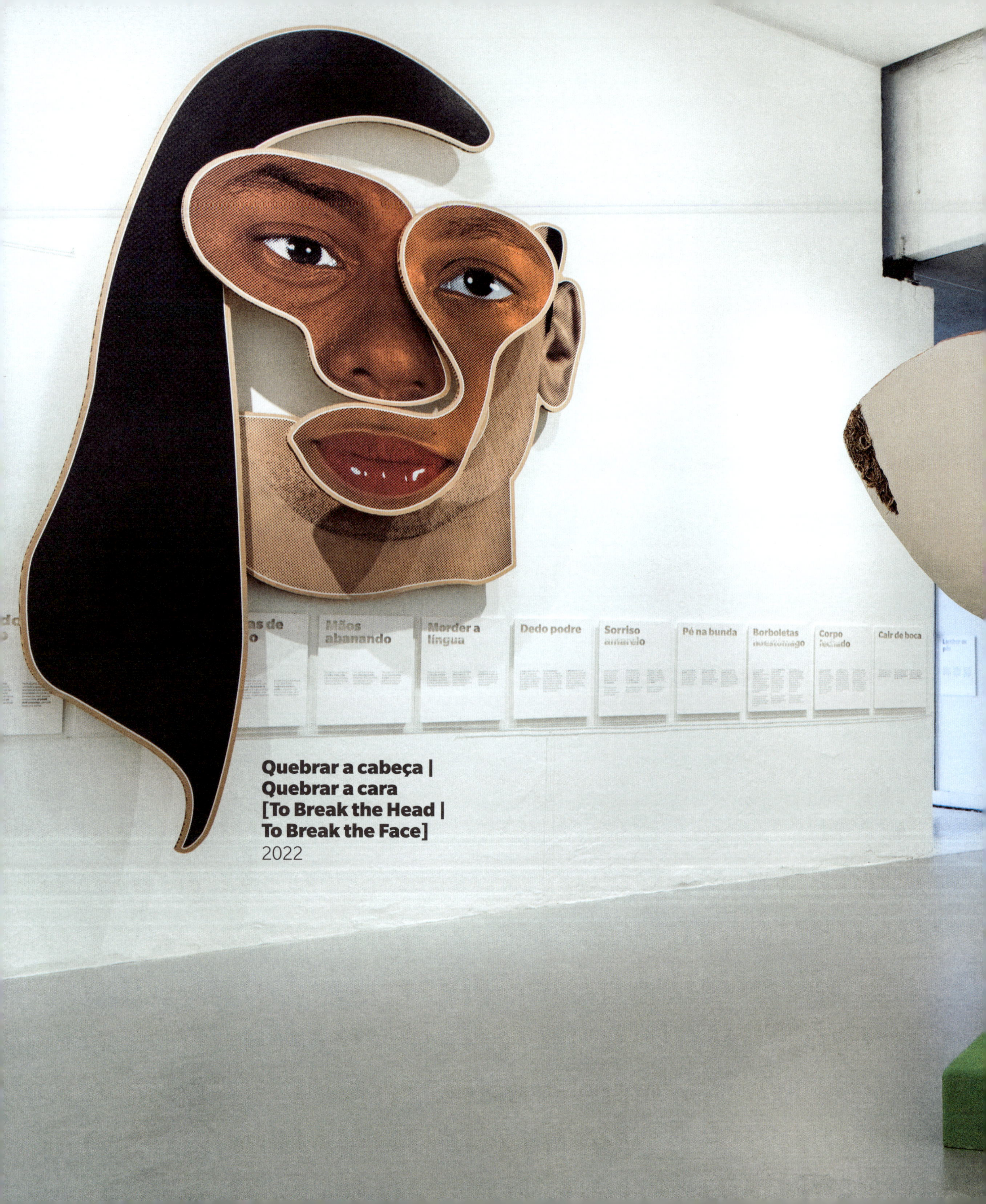

Quebrar a cabeça | Quebrar a cara [To Break the Head | To Break the Face]
2022

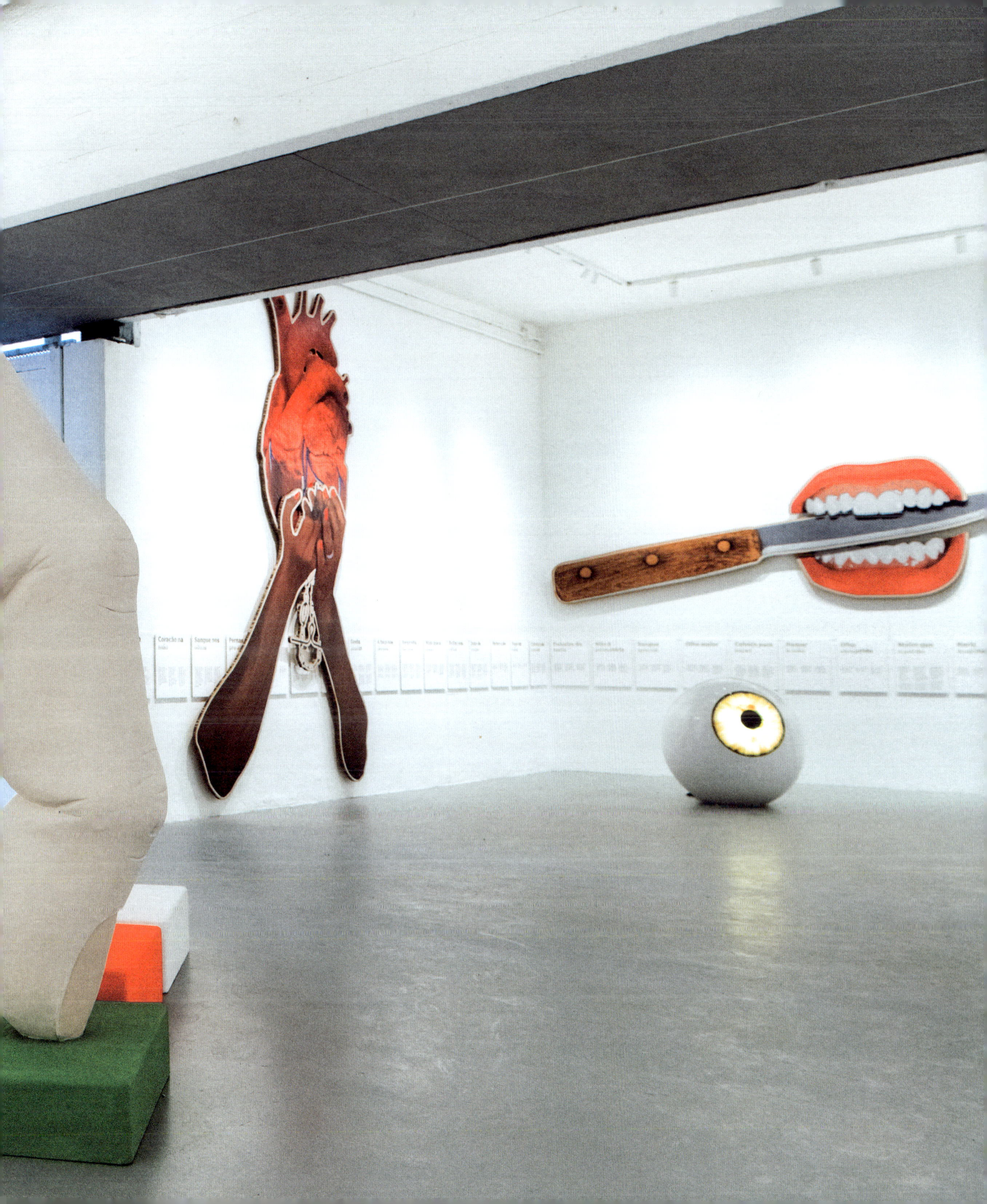

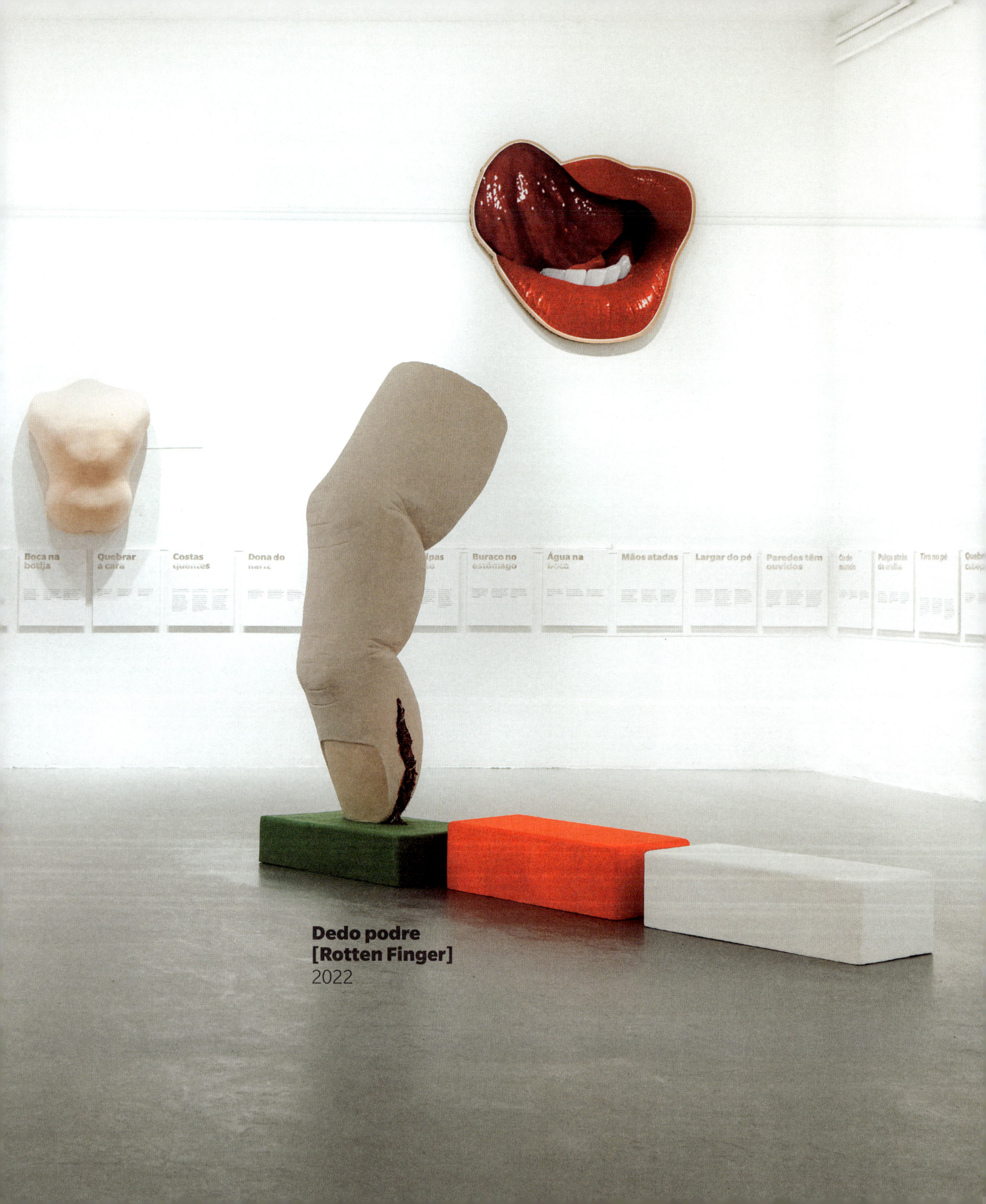

Dedo podre
[Rotten Finger]
2022

Jogo de corpo

Jacopo Crivelli Visconti

A entrada é por um ouvido. A saída, um pouco adiante, por outro. De uma das paredes emergem umas costas e, no chão, um olho brilha. Algumas mãos se movem por cima de chamas, enquanto um pé esmaga uma jaca e uma cabeça de vento flutua acima de uma língua mordida, decepada. Esses e outros pedaços de um imaginário corpo brasileiro ocupam um lugar simbolicamente carregado: o pavilhão nacional na 59ª Bienal de Veneza. Eles estão colocados, portanto, no âmago de uma discussão, pertinente e ontologicamente irresolúvel, sobre o significado e o mérito de se "representar" um país no âmbito de uma grande mostra internacional. Segundo o dicionário brasileiro de língua portuguesa Michaelis, representar é tanto "fazer as vezes de; apresentar-se no lugar de" quanto "ser a imagem ou a reprodução de; figurar como emblema, imagem ou símbolo"; e, ainda, "fazer-se ou tornar-se presente ou evidente; ser ministro ou embaixador de; interpretar; encenar". Todas essas acepções são desafiadoras: como "interpretar" o Brasil, nesse momento? Como "apresentar-se em seu lugar", como ser seu "emblema, imagem ou símbolo"? "Emblema, imagem ou símbolo" de qual parte de seu todo tão inapreensível?

Em sua instalação, Jonathas de Andrade sugere que o caminho para representar o Brasil, ou ao menos aludir a ele, ao sofrimento do seu povo e à destruição da sua paisagem, tem que passar inevitavelmente e em primeiro lugar pelo corpo de quem vive na pele e na carne, diariamente, as dificuldades, as violências e as injustiças que se repetem, ano após ano, década após década, século após século. Por isso a ênfase nas partes de corpo separadas e fragmentadas, porque se trata, de fato, de um corpo uma e outra vez humilhado, silenciado, ignorado e despedaçado. Não um, aliás, mas muitos: centenas, milhares, milhões de corpos de raças, gêneros, crenças e culturas diversas, mas não todos igualmente violentados – porque somos todos iguais perante a lei e o poder, mas alguns são bem menos iguais que outros, como sabemos.

Play of the Body

Jacopo Crivelli Visconti

The entrance is through one ear. The exit, a little further on, through another. From one of the walls a back emerges and, on the floor, an eye glows. Some hands move over flames, while a foot crushes a jackfruit and a windy head floats above a bitten, severed tongue. These and other pieces of an imaginary Brazilian body occupy a symbolically charged place: the national pavilion at the 59th Biennale di Venezia. They are thus placed at the heart of a pertinent and ontologically irresolvable discussion, about the meaning and merit of "representing" a country in the scope of a major international show.

According to the Michaelis dictionary of Brazilian Portuguese, to represent is both "to stand in the place of; to present oneself in the place of" and "to be the image or reproduction of; to figure as an emblem, image or symbol"; and also "to make oneself or become present or evident; to be a minister or ambassador of; to interpret; to stage." All these meanings are challenging: how to "interpret" Brazil at this moment? How to "present oneself in its place," how to be its "emblem, image or symbol"? The "emblem, image or symbol" of which part of its all so inapprehensible whole?

In his installation, Jonathas de Andrade suggests that the way to represent Brazil, or at least to allude to it, to the suffering of its people and the destruction of its landscape, must inevitably, first and foremost involve the bodies of those who live on a daily basis, in flesh and blood, the difficulties, the violence and the injustices that are repeated year after year, decade after decade, century after century. That is why the emphasis is on the separated and fragmented parts of a body, because it is, in fact, a body that is humiliated, silenced, ignored and torn apart again and again. Not one, incidentally, but many: hundreds, thousands, millions of bodies of different races, genders, beliefs and cultures, but not all equally brutalized – because we are all equal before the law and power, but some are far less equal than others, as we know.

Costas quentes
[Hot Back]
2022

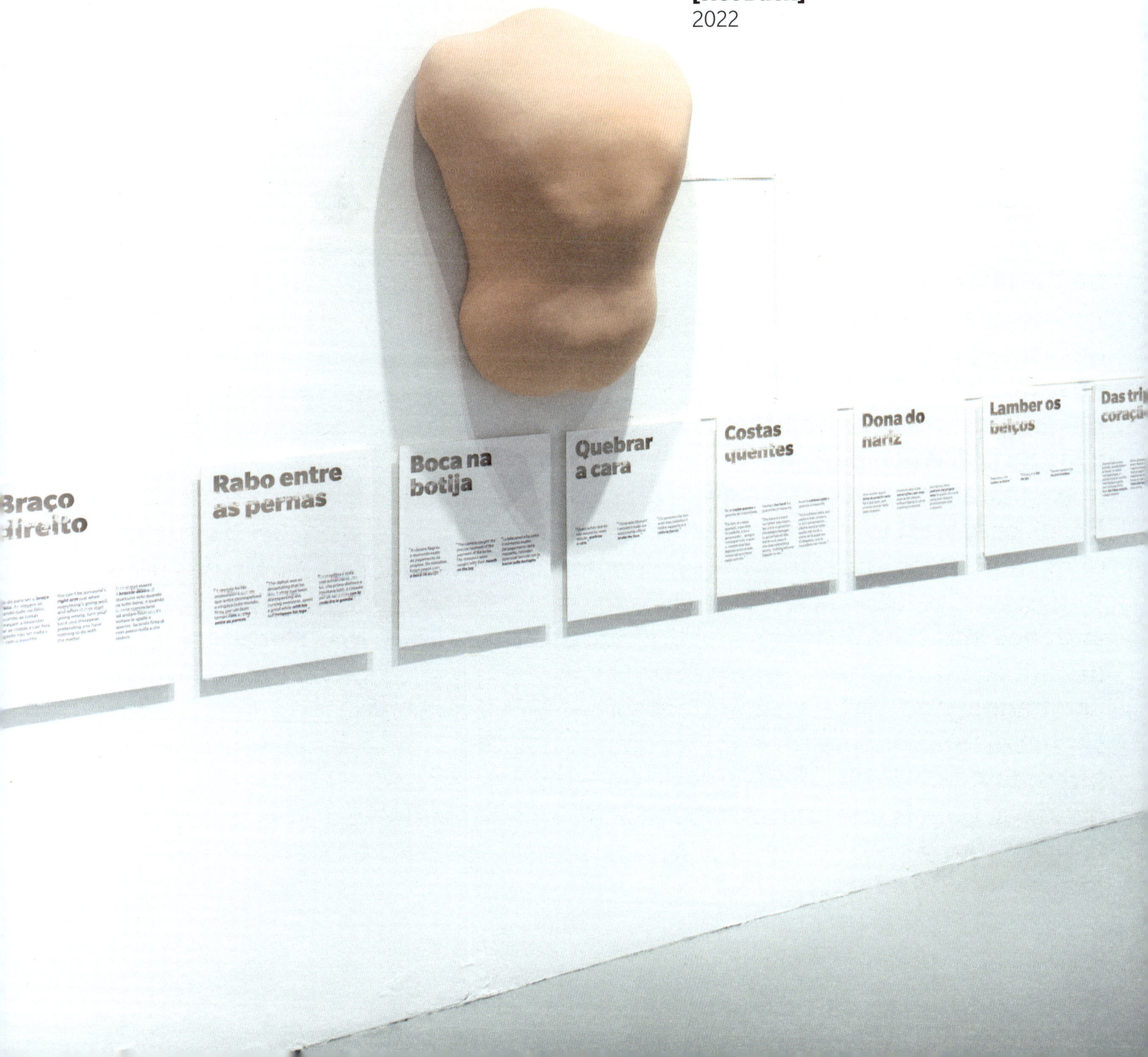

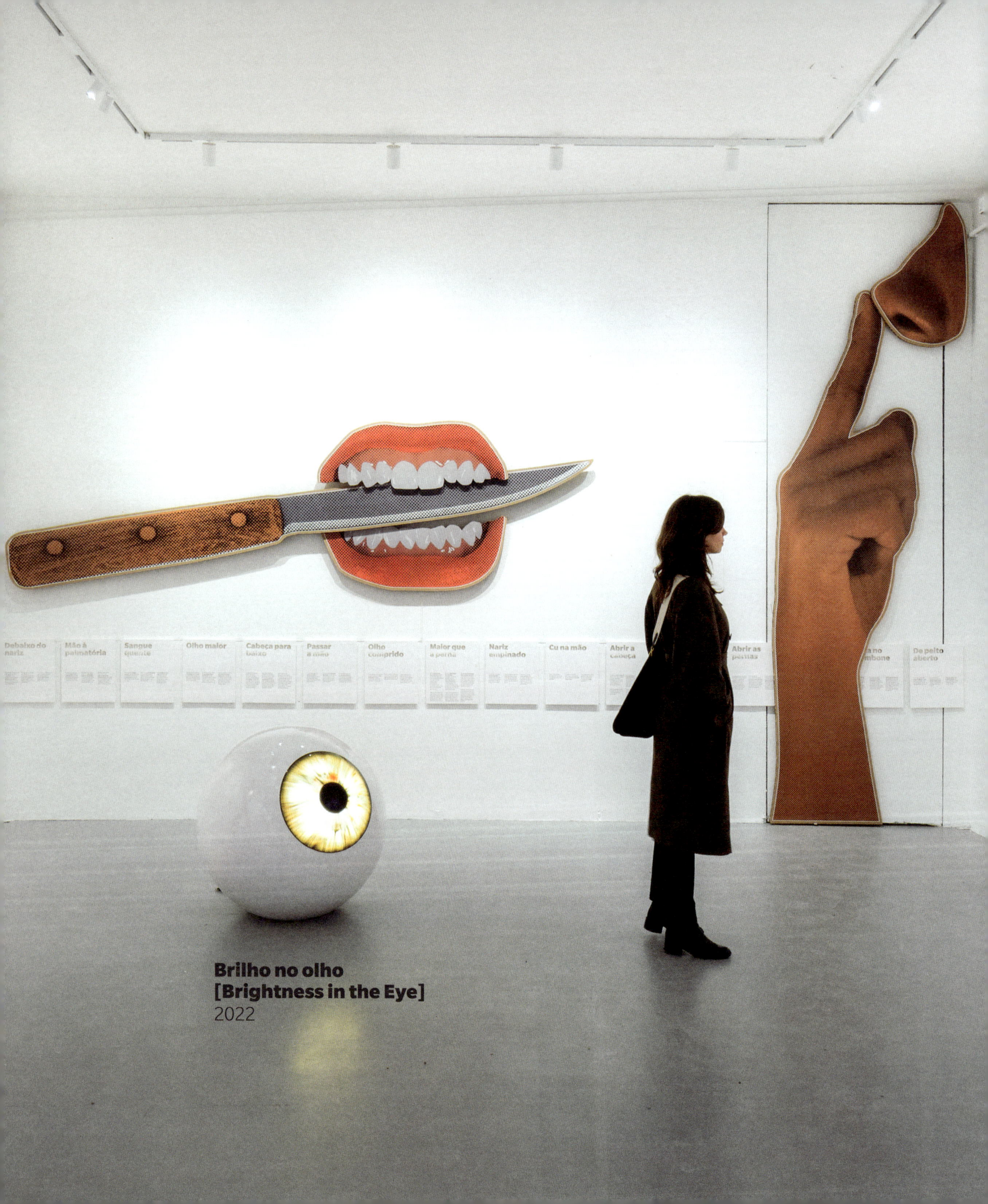

Brilho no olho
[Brightness in the Eye]
2022

Essas partes isoladas e objetificadas de um corpo também o transcendem, ao se introduzir outro elemento estruturante da exposição e da obra de Jonathas como um todo: a linguagem. A linguagem viva, do dia a dia, das inúmeras expressões que, para falar das fraquezas, das virtudes, das atitudes e das falhas pessoais e coletivas da gente brasileira, recorrem, certamente não por acaso, aos mesmos pedaços de corpo: pés, mãos, língua, cabeça, ouvidos, costas, estômago, pernas, braços, dentes, peito, bunda, olhos, queixo e esse coração que, de tão grande, generoso e desesperado, às vezes não cabe dentro do peito e acaba escapando pela boca. "Me dei conta de que existem literalmente centenas de expressões populares que fazem uso das partes do corpo para descrever sentimentos e situações. Elas envolvem literalidade e absurdo para dar conta da subjetividade, o que, neste momento histórico do Brasil, é muito revelador", diz Jonathas. E de fato, a literalidade – a quase corporeidade das expressões – é um de seus traços mais marcantes, e o que nos levou a optar por traduzi-las de forma estritamente literal, interessados mais em transmitir a sensação física e tátil envolvida nelas do que seu significado figurado. As expressões são organizadas na exposição como o fio condutor que explicita e torna quase tangível a existência de um universo de ditos imensamente maior do que os que foram traduzidos em obra.

É significativo – por evidenciar a dimensão afetiva e pessoal do trabalho, marcada por memórias do passado – que, entre as referências que ajudaram a definir a estética da instalação no pavilhão, estejam as "feiras de ciências". Outra referência visível é a experiência do artista, em seus anos de infância, de visitar Eva, uma gigantesca boneca de fibra e espuma na qual o público podia entrar para conhecer por dentro o funcionamento do corpo humano, e que passou por exibições em diversas cidades brasileiras ao longo dos anos 1980.

Those isolated and objectified parts of the body also transcend it, by introducing another structuring element in the exhibition and in Jonathas' work as a whole: language. The living language of everyday life, of the countless expressions that, when speaking of the weaknesses, virtues, attitudes, and personal and collective failings of the Brazilian people, resort, certainly not by chance, to those same body parts: feet, hands, tongue, head, ears, back, stomach, legs, arms, teeth, chest, bottom, eyes, chin, and this heart that, being so big, generous, and desperate, sometimes does not fit inside the chest and ends up escaping through the mouth.

"I realized that there are literally hundreds of popular expressions that refer to body parts to describe feelings and situations. They involve literality and absurdity to account for subjectivity, which, at this historical moment in Brazil, is very revealing," says Jonathas. In fact, the literality – the near corporeality of the expressions – is one of their most striking features, and what led us to choose to translate them in a strictly literal manner, being more interested in conveying the physical and tactile sensation they imply than their figurative meaning. This is also what led us to use them as the connecting thread that, in the exhibition, makes evident and almost tangible the existence of a universe of sayings immensely greater than those that were translated in artworks.

It is significant – as it reveals this affective and personal dimension of the work, marked by memories of the past – that among the references that helped define the aesthetics of the installation in the pavilion are "science fairs". Another visible reference is the artist's experience, in his childhood years, of visiting Eva, a gigantic doll made of fiber and foam that the public could enter to see how the human body works from the inside, and that was exhibited in several Brazilian cities throughout the 1980s.

Coração pela boca

Quem nunca sentiu ***o coração saindo pela boca*** não sabe o que é querer gritar e sentir que o grito (seja de amor, ódio, violência, humilhaçao ou paixão) morre na garganta, porque o coração não o deixa sair.

Those who have never felt ***the heart coming out of the mouth*** don't know what it is to shout and feel that this shout (be it of love, hatred, violence, humiliation or passion) dies in the throat, because the heart doesn't let it leave.

Chi non ha mai sentito ***il cuore che esce dalla bocca*** non sa cosa sia voler gridare e sentire che il grido (che sia di amore, odio, violenza, umiliazione o passione) muore in gola, perché il cuore non lo lascia uscire.

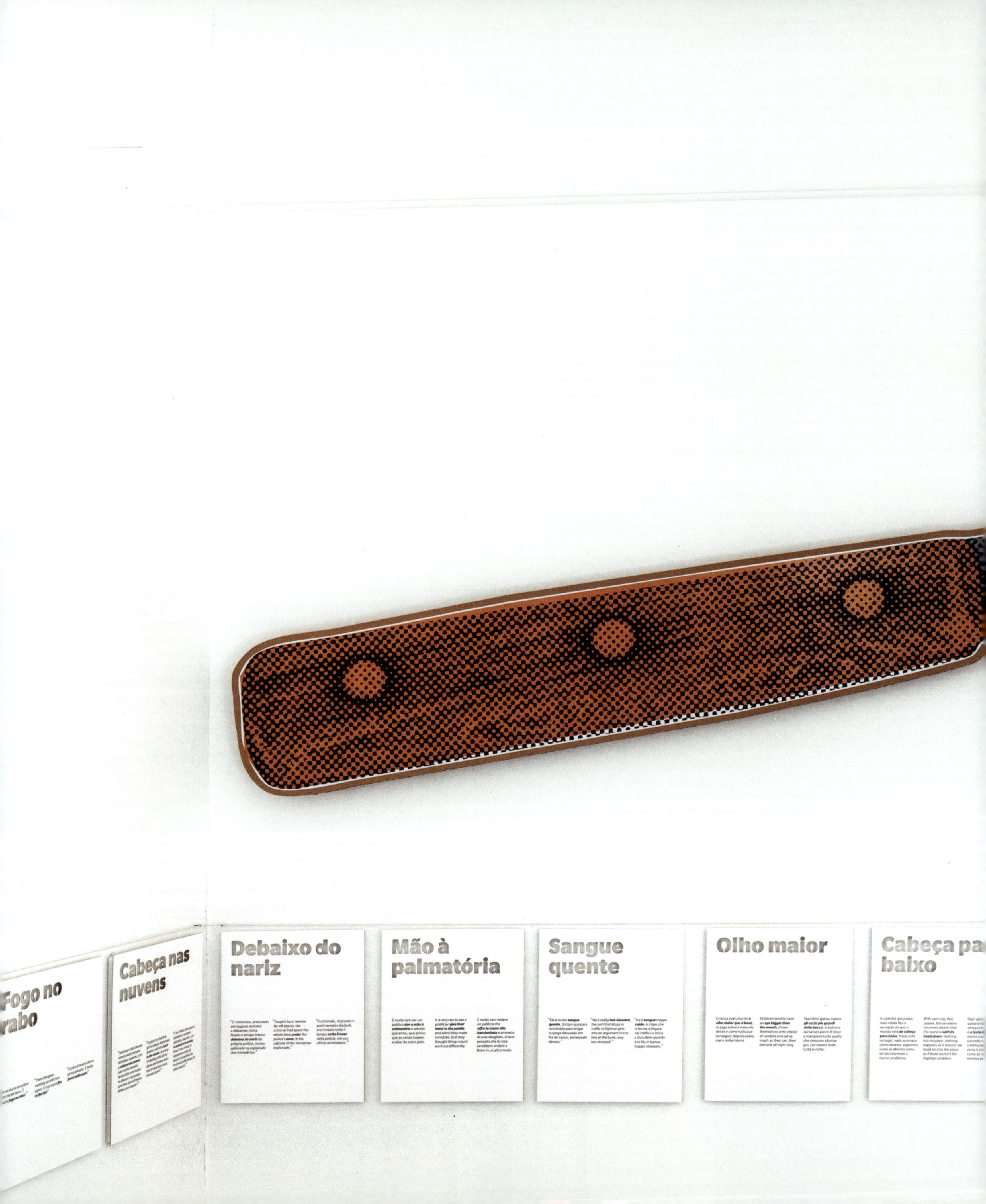
Fogo no rabo
Cabeça nas nuvens
Debaixo do nariz
Mão à palmatória
Sangue quente
Olho maior
Cabeça pa baixo

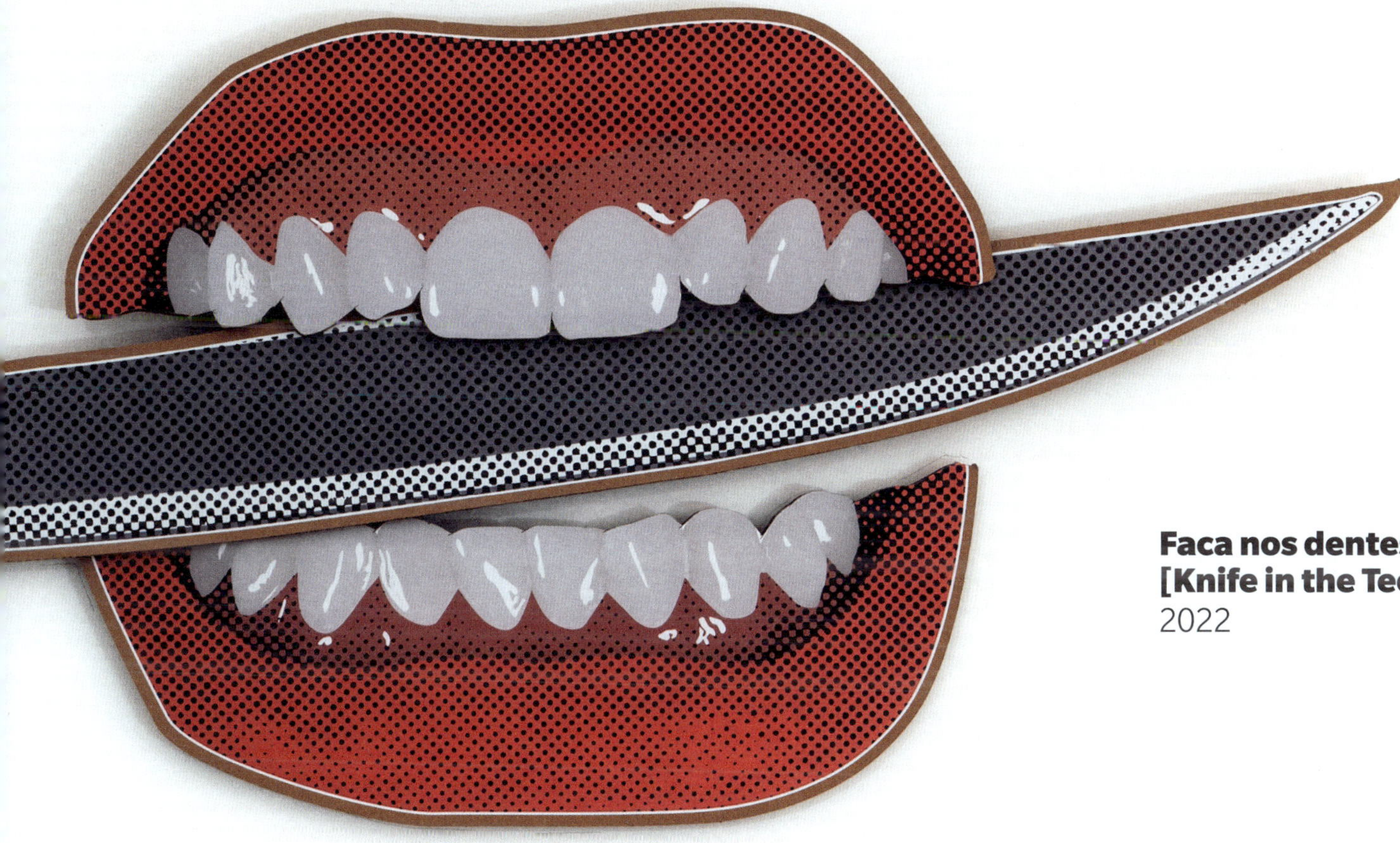

Faca nos dentes
[Knife in the Teeth]
2022

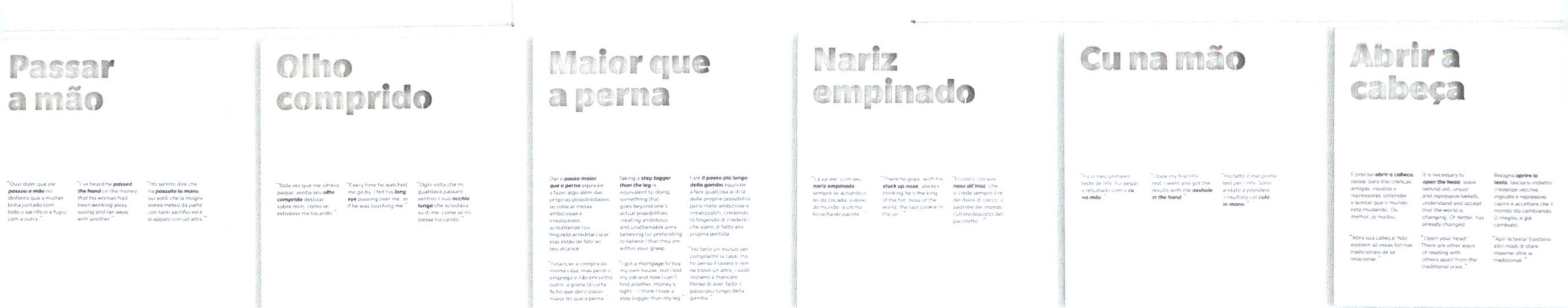

In the filigree of these expressions, of what they mean to say and how they say it (through strange and disjointed gestures, sudden shocks and jolts, like uncontrolled puppets), emerges "the sense of the senseless of the human condition and the inadequacy of the rational approach,"[1] as Martin Esslin wrote in his famous definition of the Theatre of the Absurd. The reference is not gratuitous: the aesthetic of the sculptures is as much carnivalesque (the ears, for example, are inspired by Jonathas' conversations and exchanges with Silvio Botelho, author of the popular giant puppets of the Olinda Carnival, and were realized by Carlos Brassesco, who has been producing sculptures for the Venice Carnival for decades), as it is theatrical. And absurdity, whether poetic, violent, scatological, or ironic, is the defining feature of many of these expressions, when taken in their literal sense; in the same way as the enormous soft buttocks on which the audience can sit or lie and rest for a while, or the huge rotten finger immortalized in the act of pushing, again and forever, the button history will prove to be the wrong one, are absurd.

The "rational approach" has no place in the social, political, ethical and racial reality of Brazil today, and perhaps in the world today. And the snakes that intertwine with the bodies of their guardians in the video *Nó na garganta* [Knot in the Throat] lay bare the impossibility, also, of rationalizing our relationship with nature, characterized by a mixture of fragility, eroticism, threats and destruction. It is necessary, then, to try to account for what this Brazil and this world are telling us and imposing on us, to follow the path of the irrational, the gigantic, the diminutive, the pantagruelic, the unfathomable, the allegory, the symbol, the excessive, the ludic. The path of absurdity and play, of the wisdom of the child who points the finger and says, "The king is naked."

1 Martin Esslin, *The Theatre of the Absurd* (1961). New York: Vintage, 2004.

Na filigrana dessas expressões, do que elas querem dizer e de como o dizem (através de gestos estranhos e desengonçados, de choques e trancos bruscos, como de marionetes descontroladas), aparece "o sentido do sem sentido da condição humana, e a inadequação da abordagem racional",[1] como escreveu Martin Esslin na sua célebre definição do Teatro do absurdo. A referência não é gratuita: a estética das esculturas é tanto carnavalesca (as orelhas, por exemplo, são inspiradas nas conversas e trocas de Jonathas com Silvio Botelho, autor dos populares bonecos gigantes do Carnaval de Olinda, e foram realizadas por Carlos Brassesco, cujas esculturas integram há décadas o Carnaval de Veneza) quanto teatral. E o absurdo, seja poético, violento, escatológico ou irônico, é o traço marcante de muitas dessas expressões, quando tomadas em seu sentido literal, da mesma forma como são absurdos a enorme bunda mole onde o público pode sentar-se ou deitar-se para descansar um pouco, ou o dedo podre e imenso imortalizado no ato de apertar, de novo e para todo o sempre, o botão que a história demonstrará ser o errado.

A "abordagem racional" não tem vez na realidade social, política, ética e racial do Brasil de hoje, talvez no mundo de hoje. E as cobras que se entrelaçam aos corpos de seus tutores no vídeo *Nó na garganta* escancaram a impossibilidade, também, de se racionalizar nossa relação com a natureza, caracterizada por uma mistura de fragilidade, erotismo, ameaças e destruição. É preciso, então, para tentar dar conta do que esse Brasil e esse mundo nos dizem e nos impõem, enveredar pelo caminho do irracional, do gigantesco, do diminuto, do pantagruélico, do inabarcável, da alegoria, do símbolo, do excessivo, do lúdico. O caminho do absurdo e do jogo, da sabedoria da criança que aponta o dedo e diz: "O rei está nu".

1 Martin Esslin, *O teatro do absurdo* (1961), trad. Bárbara Heliodora. Rio de Janeiro: Zahar, 1968.

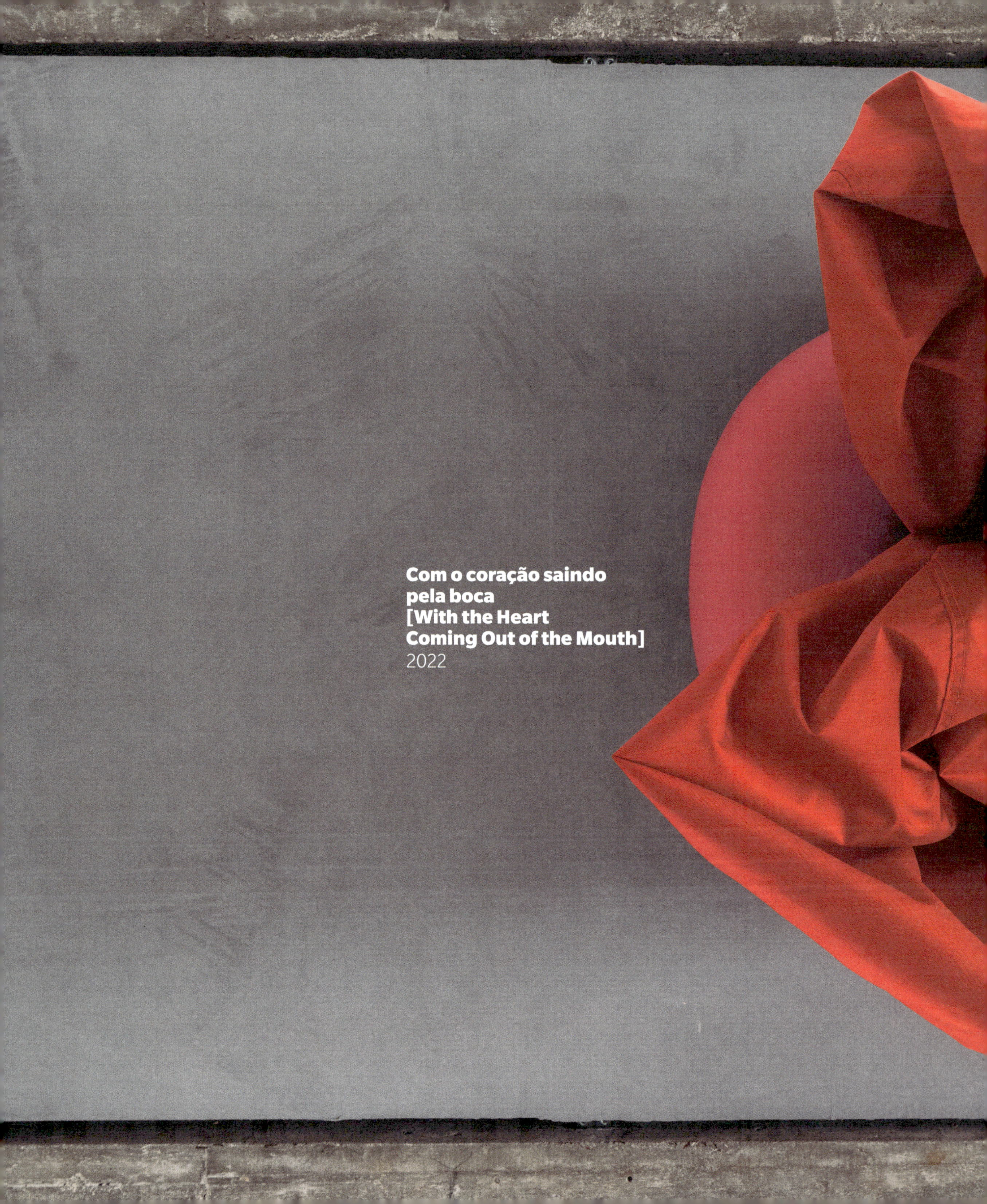

Com o coração saindo pela boca [With the Heart Coming Out of the Mouth]
2022

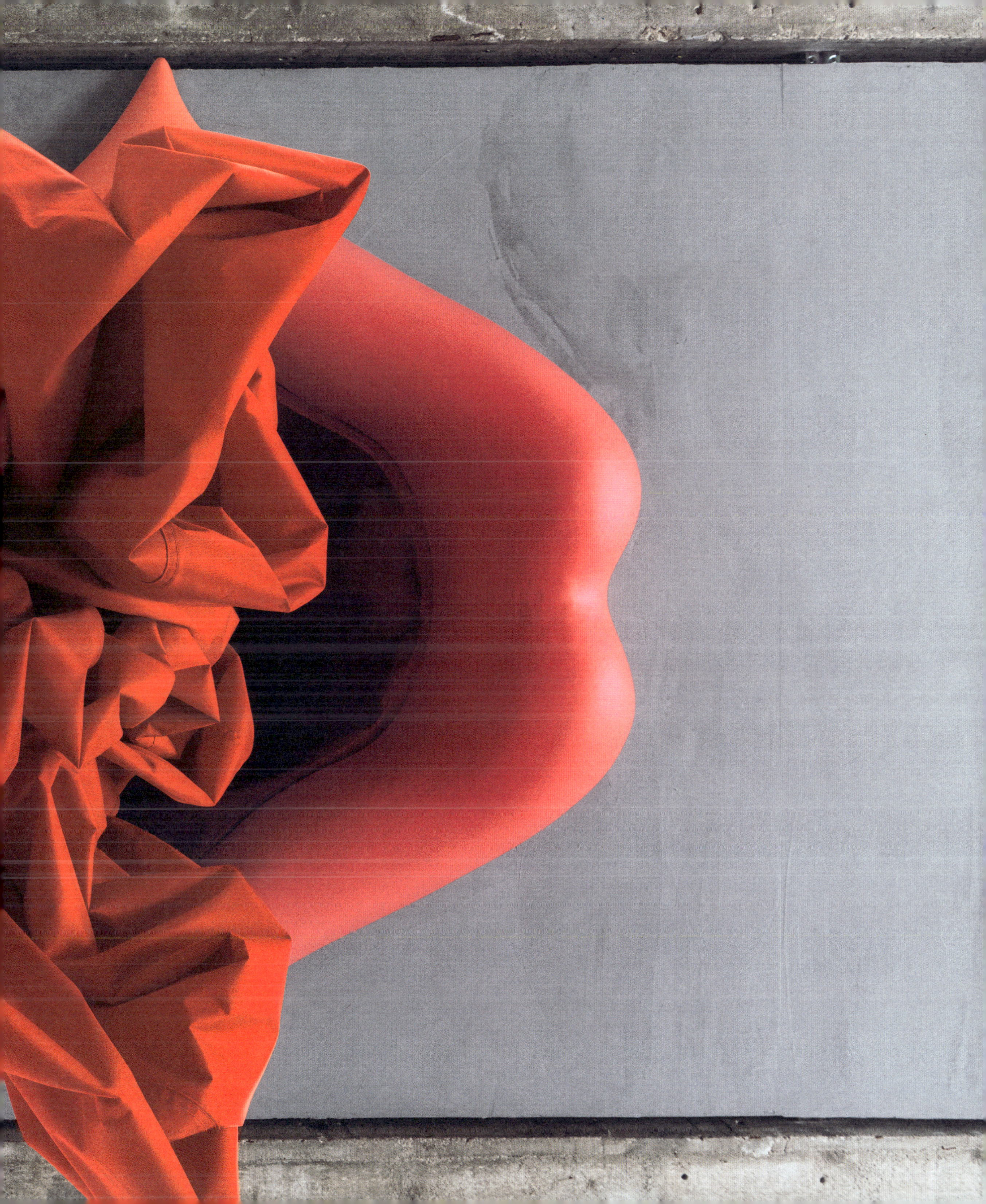

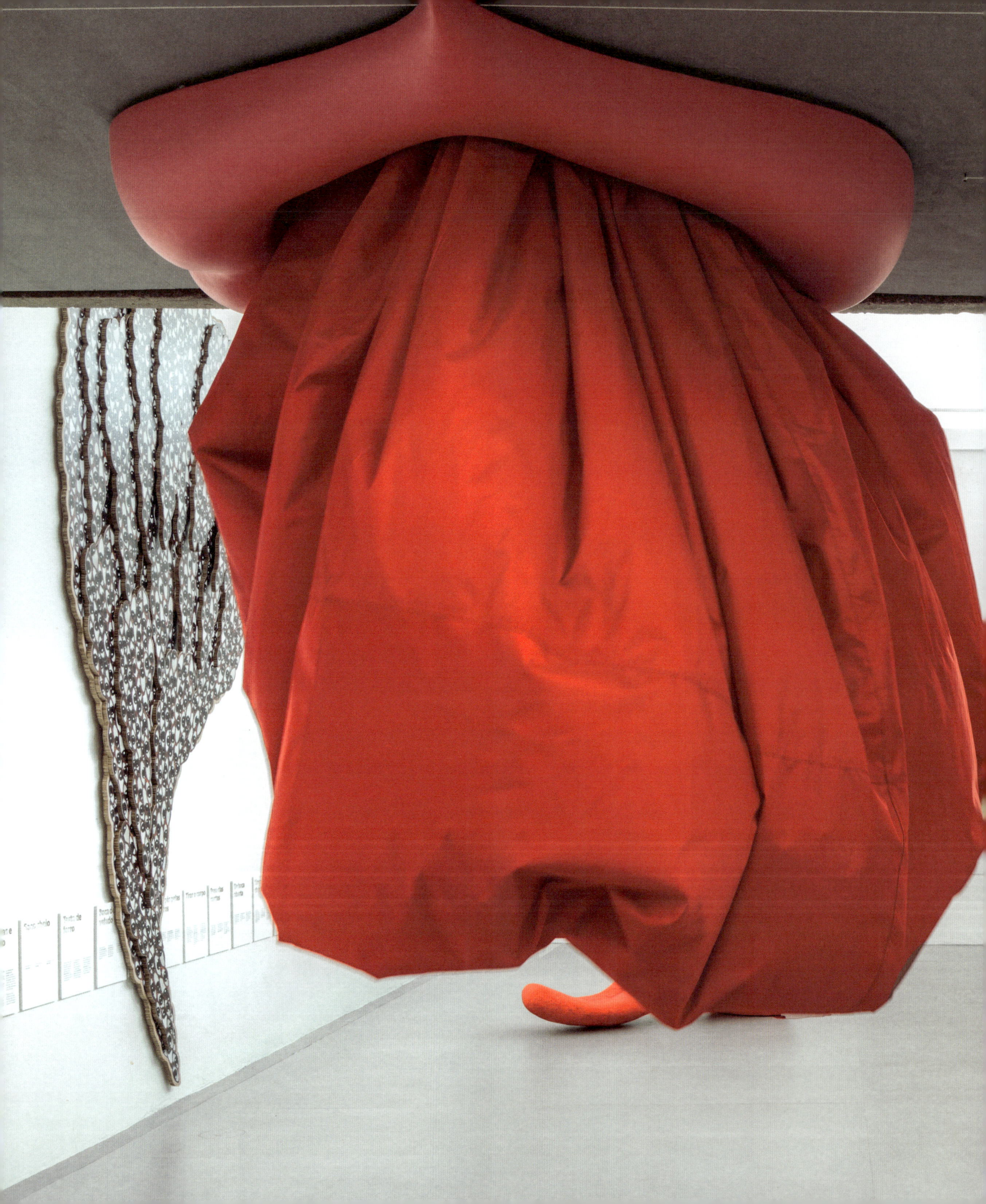

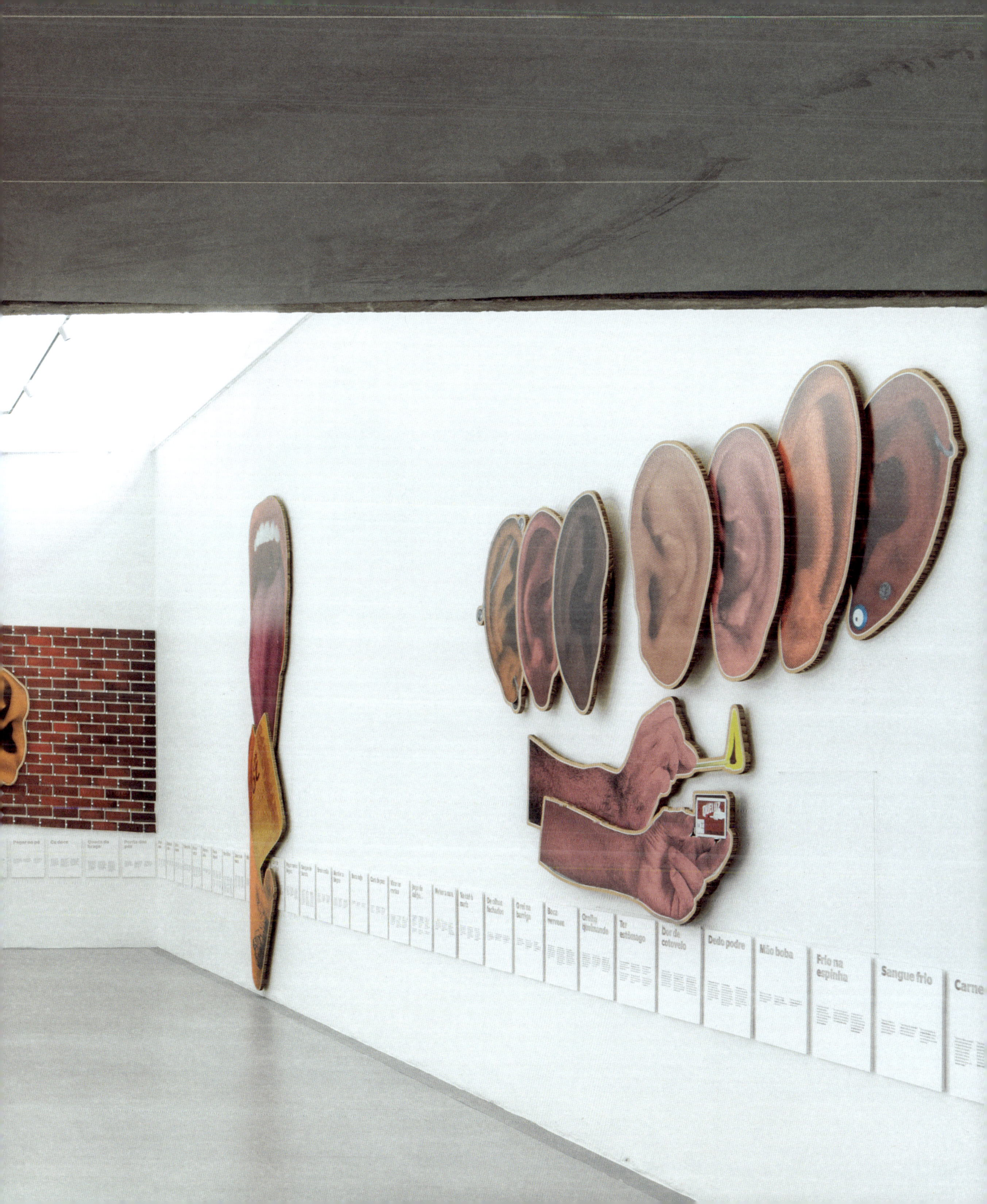

Dor de cotovelo
Dedo podre
Mão boba
Frio na espinha
Sangue frio

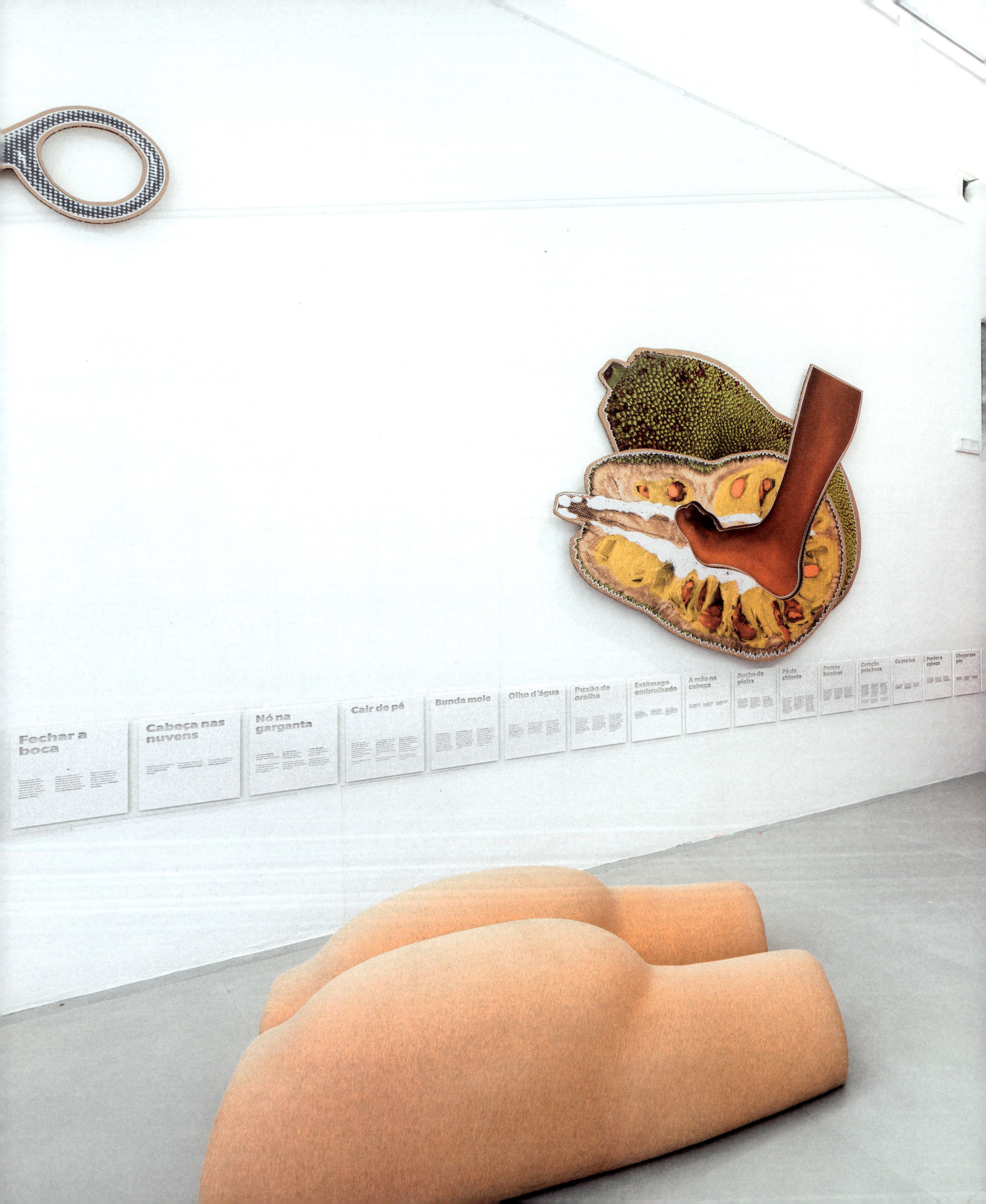
Fechar a boca
Cabeça nas nuvens
Nó na garganta
Cair de pé
Bunda mole
Olho d'água
Puxão de orelha
Estômago embrulhado
A mão na cabeça
Bucho de piaba
Pé de chinelo
Pernas bambas
Coração pela boca
Cu pra lua
Perder a cabeça
Chegar aos pés

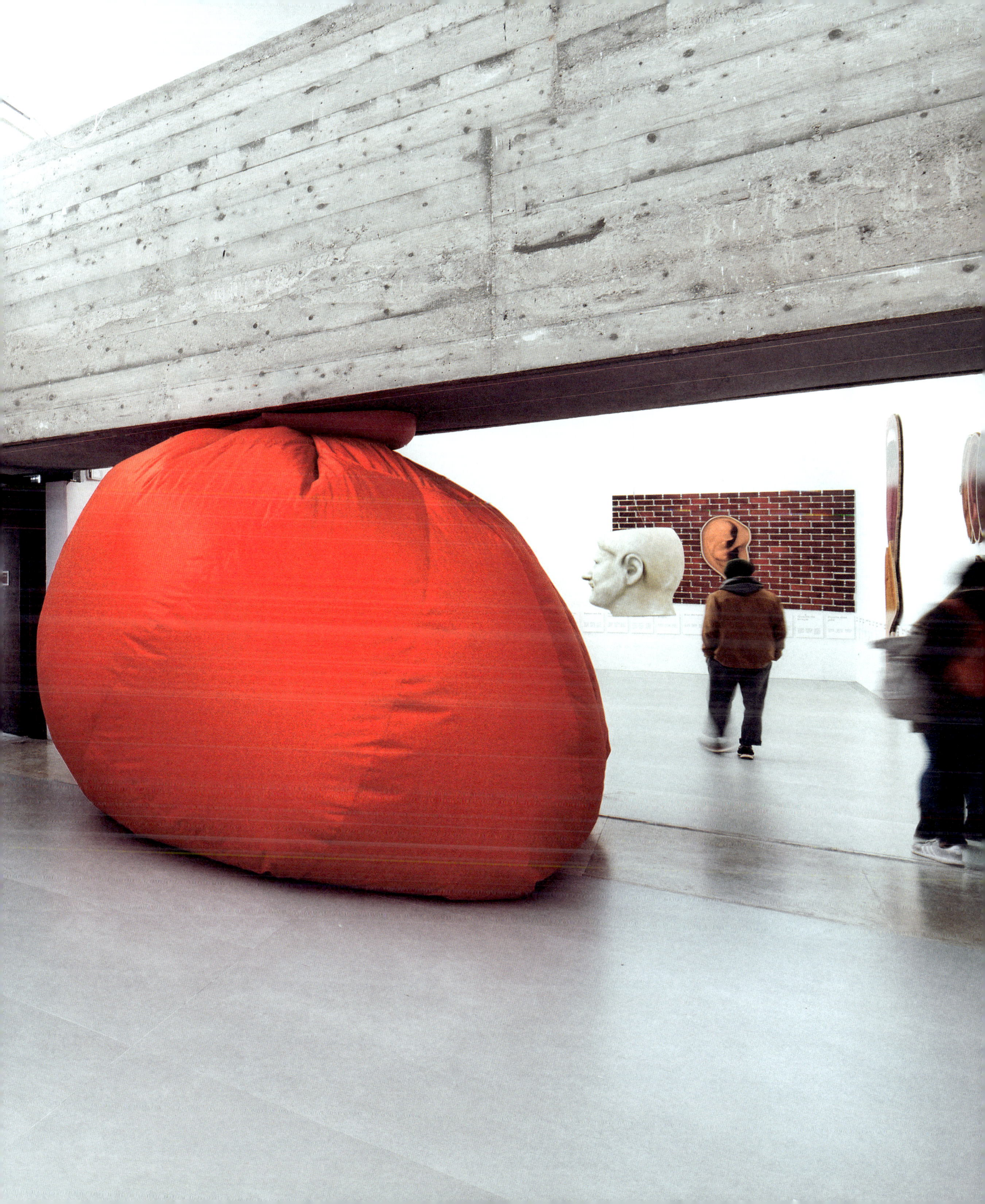

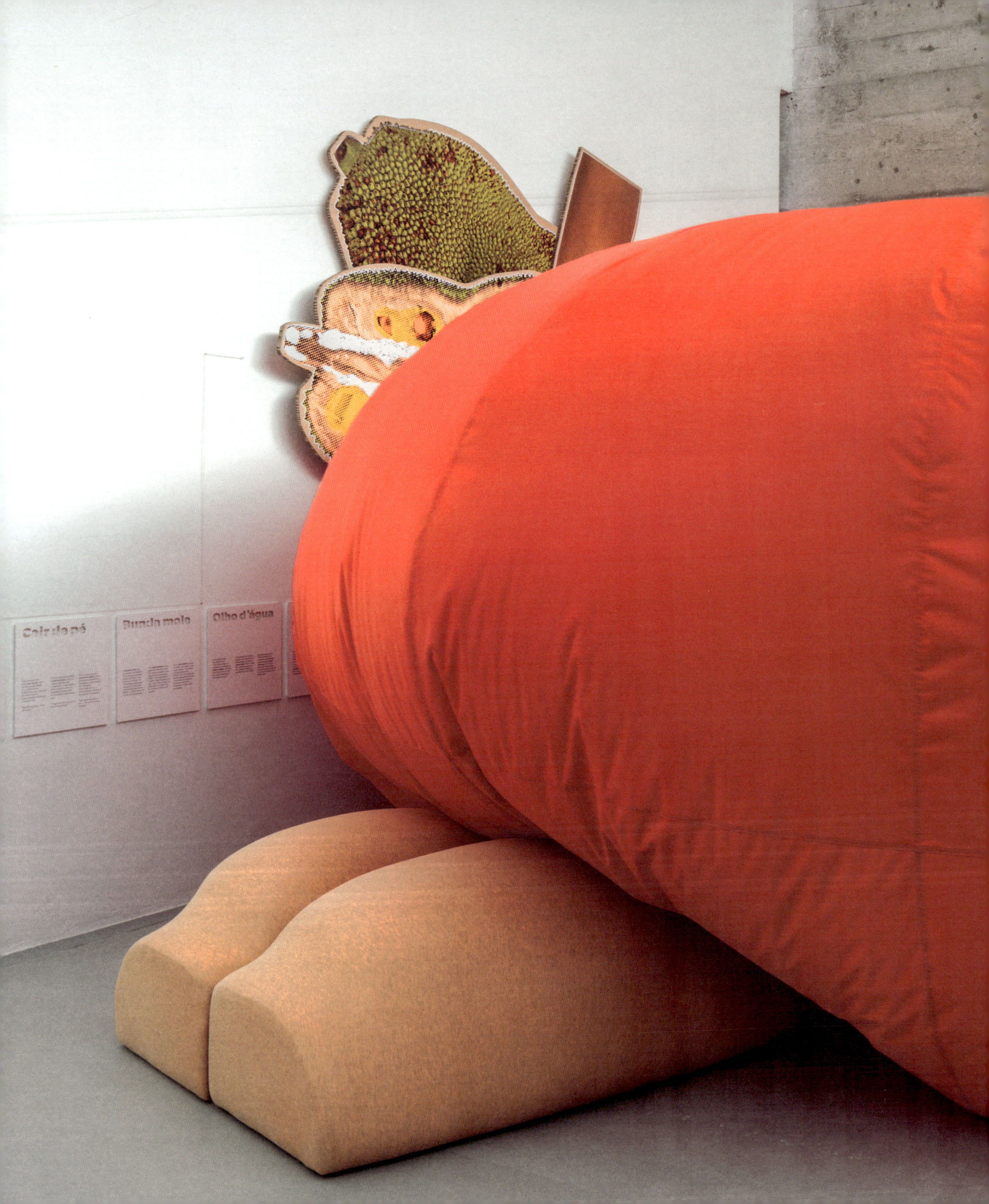
Cair de pé
Bunda mole
Olho d'água

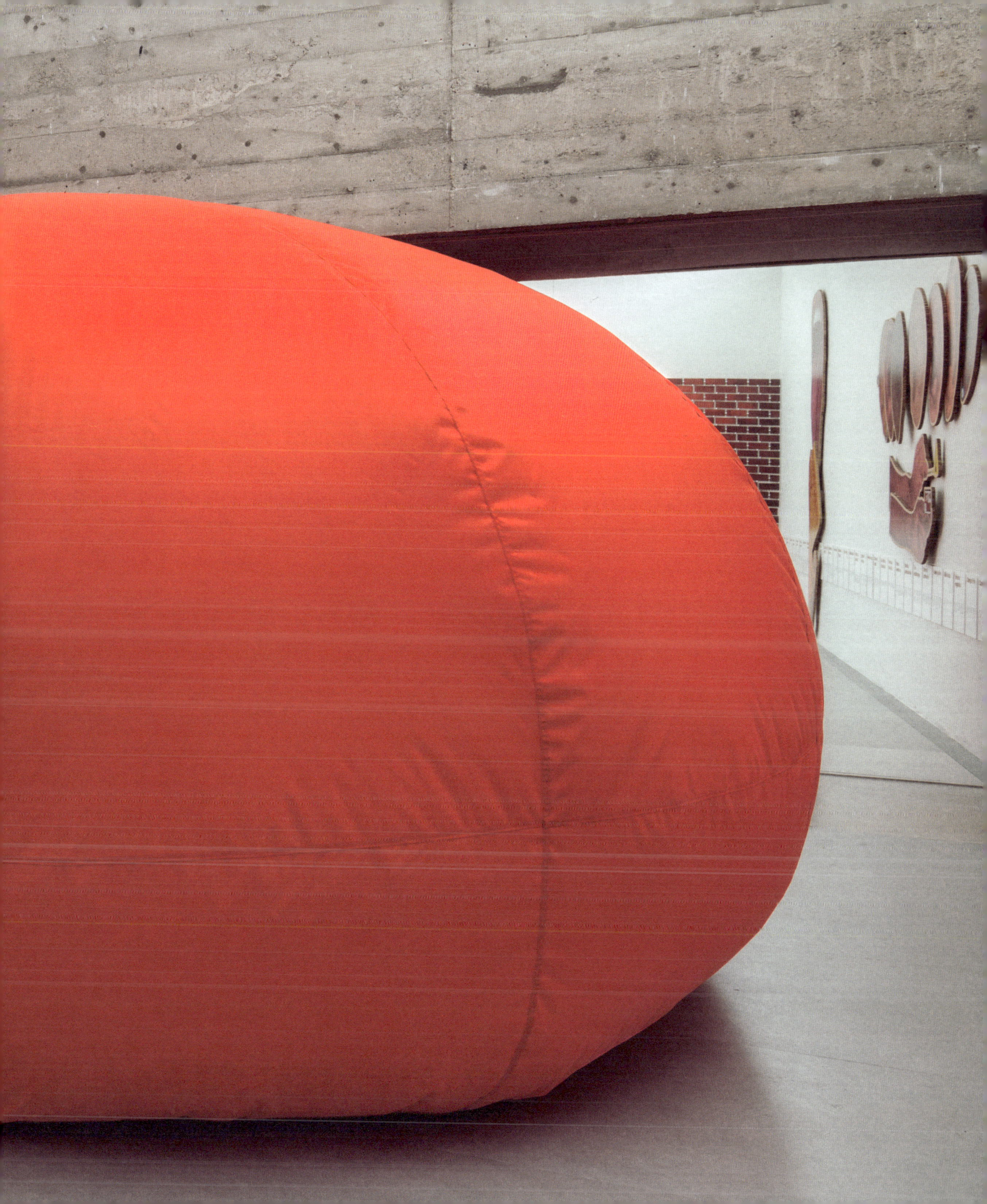

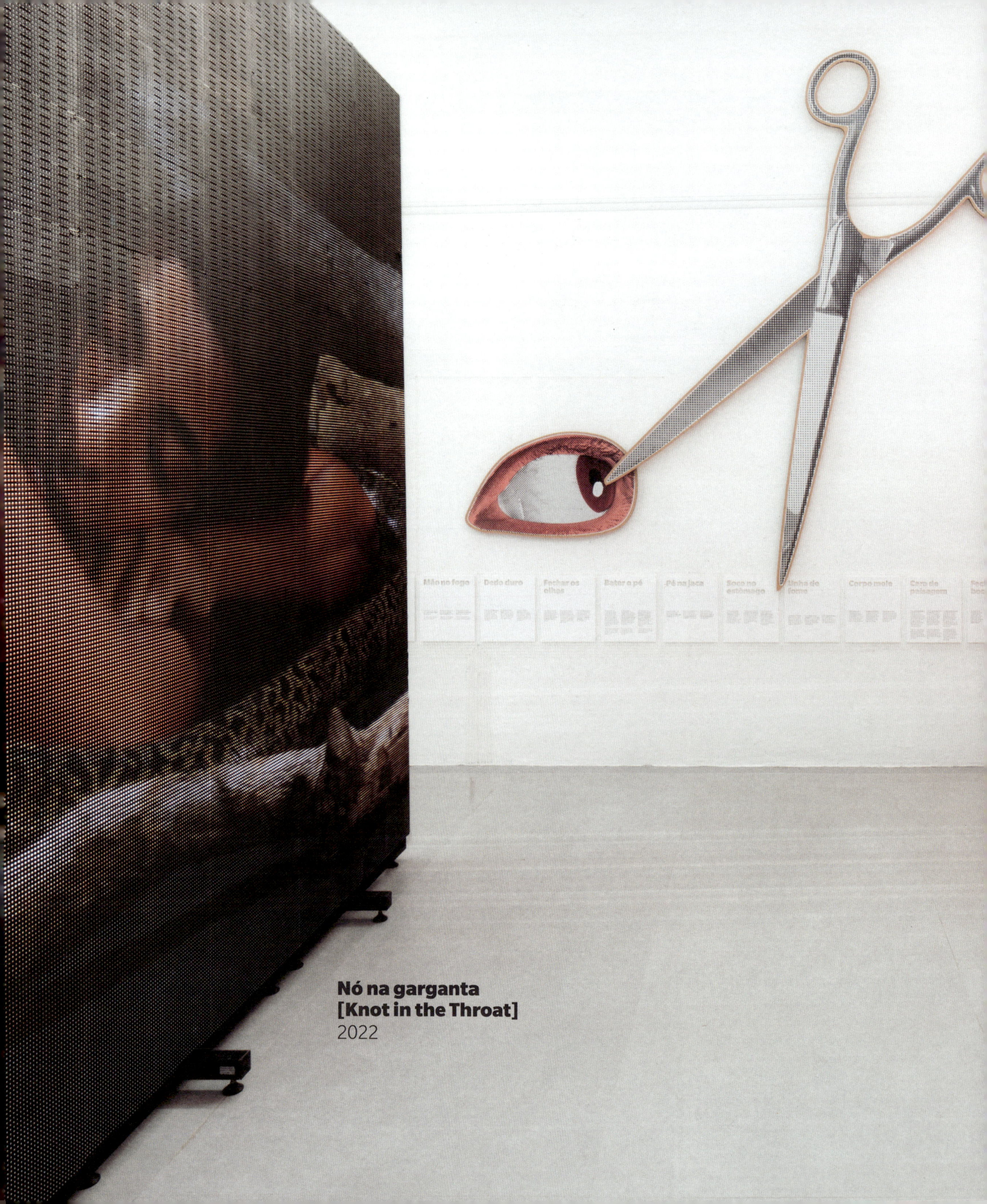

Nó na garganta
[Knot in the Throat]
2022

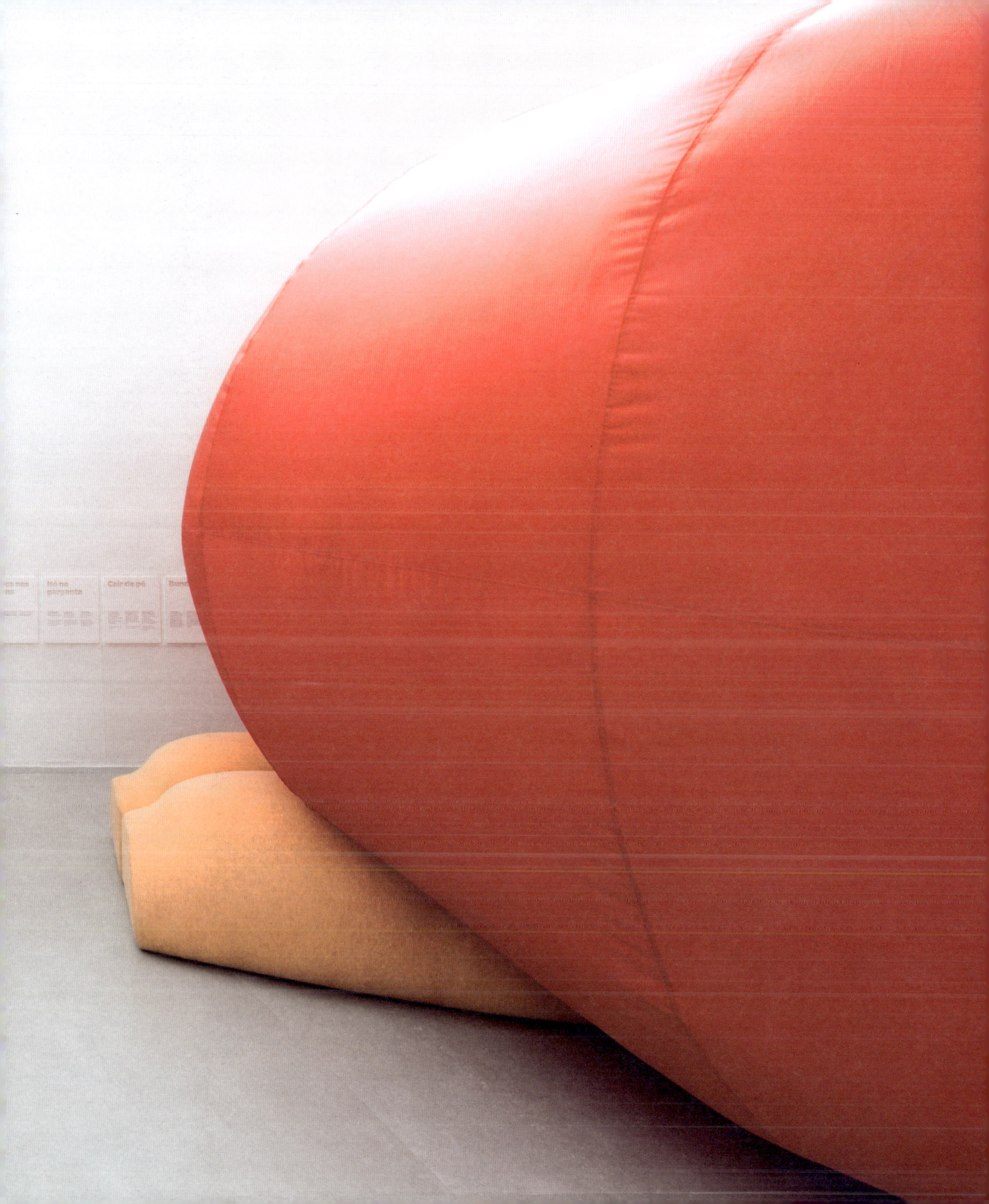

Nó na garganta
Cair de pé

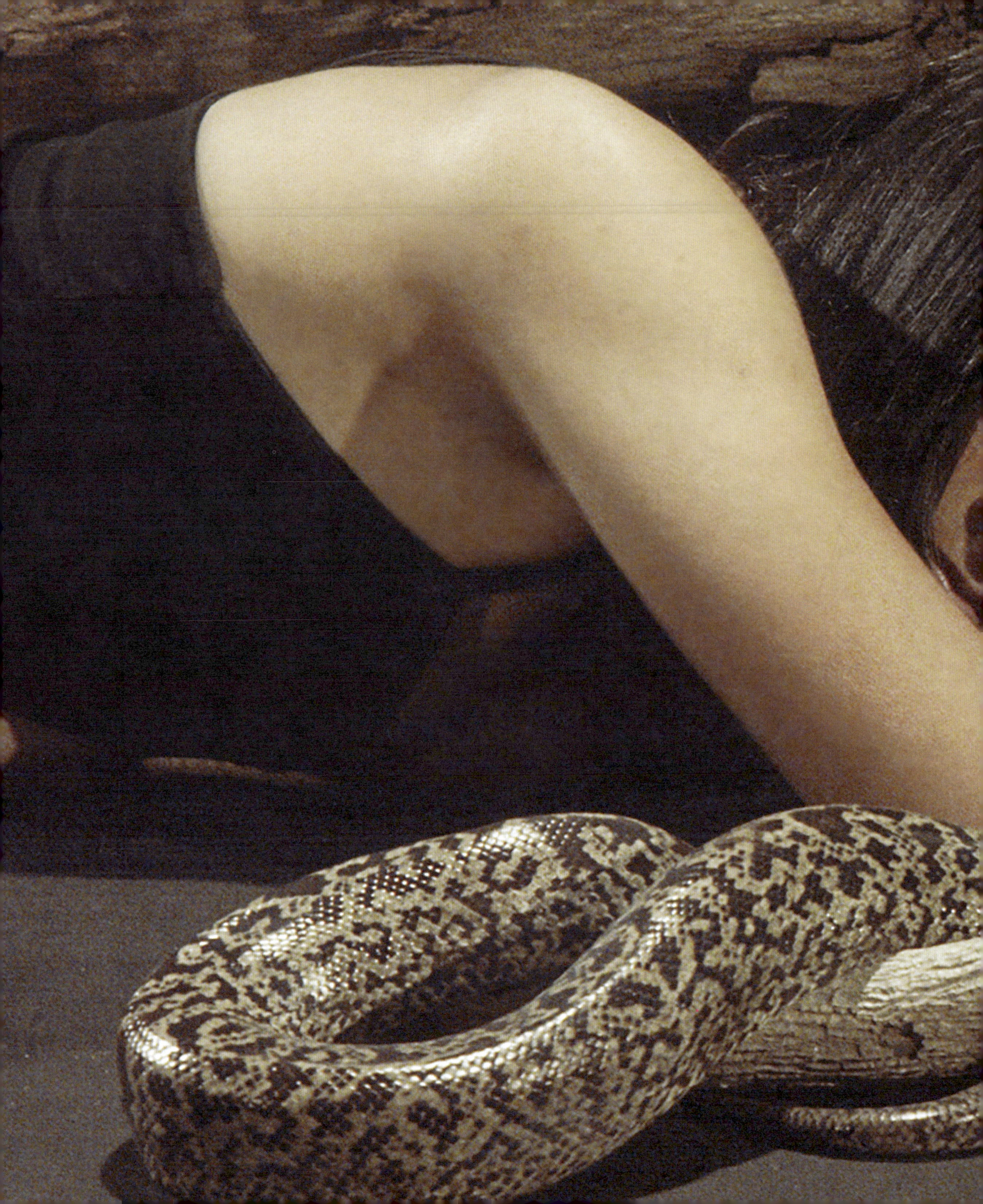

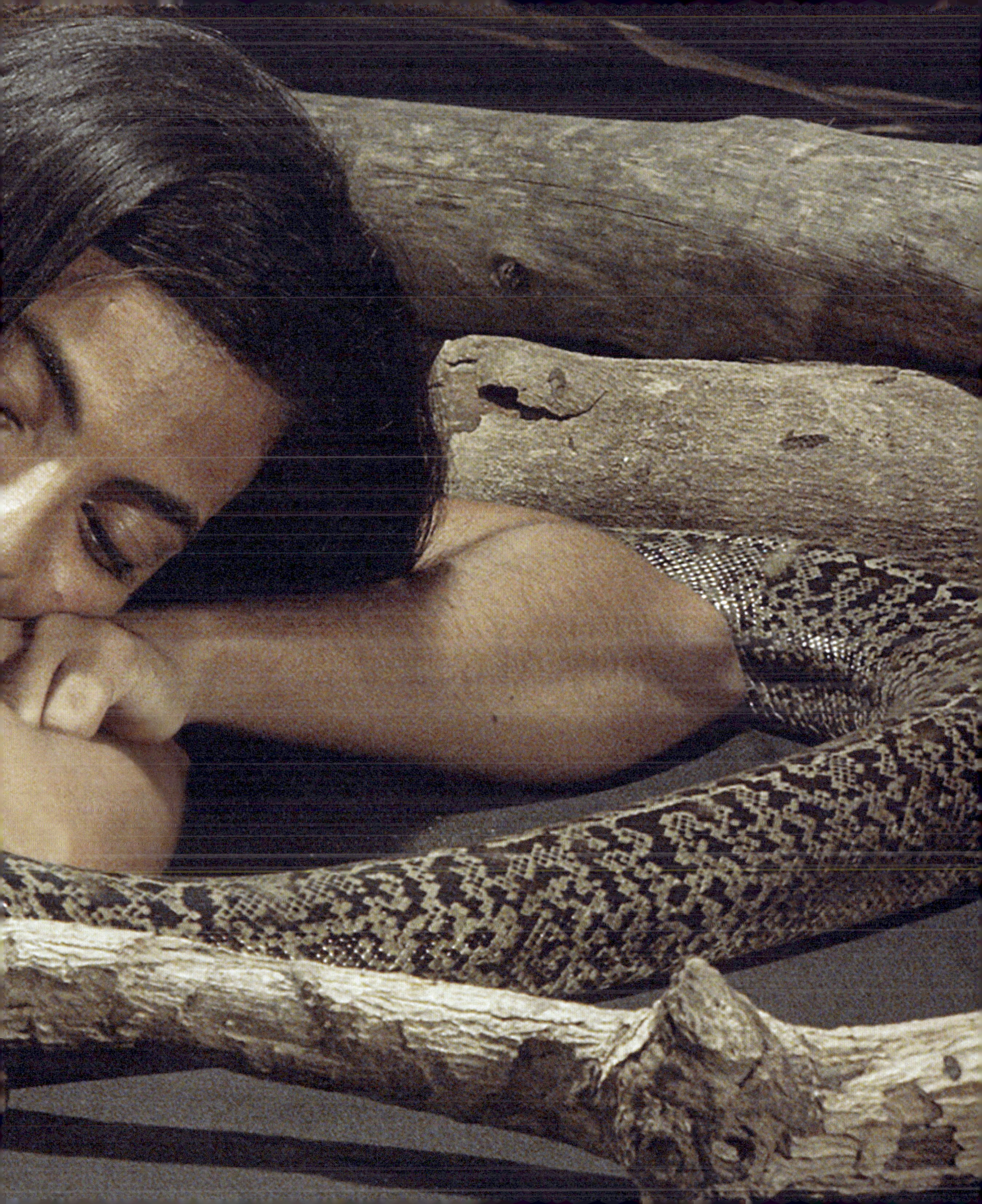

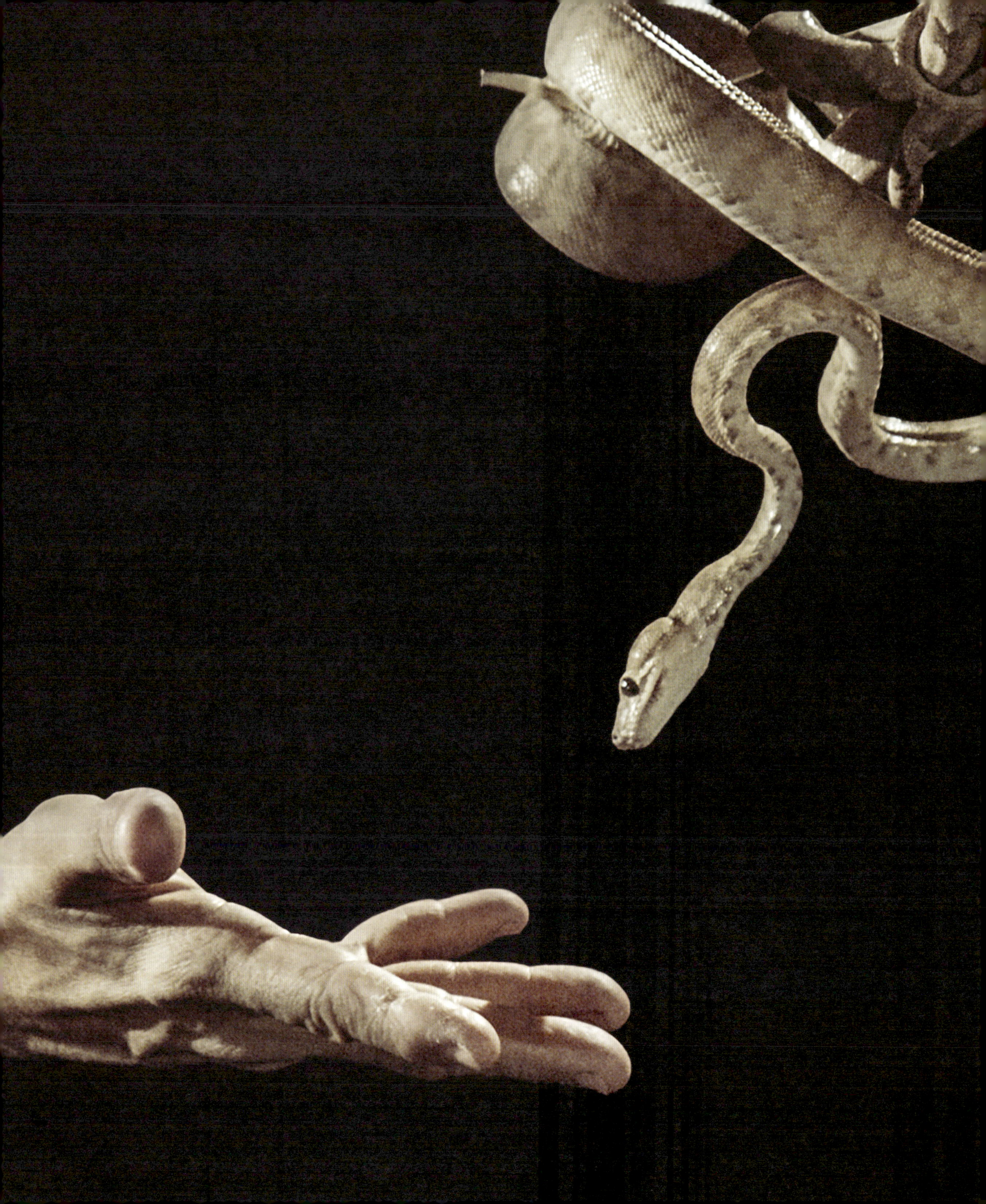

Nó na garganta
2022

Dando seguimento à fabulação de uma espécie de surrealismo ecológico, *Nó na garganta* fala da desconexão entre homem e natureza através de cenas de suave interação de pessoas com cobras. A pedido do artista, a performance é feita por um grupo de jovens praieiros que trabalham em um zoológico particular em Alagoas. As sequências repetem a mesma estrutura narrativa. Nos primeiros minutos, homens e mulheres contracenam com os animais em movimentos estendidos no tempo. Estes dão lugar a cortes em que a câmera, como num bote, aproxima-se rapidamente de partes do corpo relacionadas aos sentidos e às sensações – olhos, ouvidos, boca, mãos, pés, axilas, nariz. A seguir, closes velozes de rostos, pés, línguas, narinas e orelhas dão vida a expressões populares que, como o filme, integram a mostra *Com o coração saindo pela boca* (2022). As sequências culminam em imagens documentais de incêndios florestais, lixo no mar, deslizamentos de terra e outros desastres ambientais. *Nó na garganta* cria um contraste desconcertante ao opor imagens de proximidade quase sensual entre espécies diferentes e a ideia comum da cobra como símbolo de uma natureza indomável e traiçoeira. A narrativa circular alegoriza um envenenamento de parte a parte – da Terra pelo homem, do homem pela natureza – elevando a temperatura política da participação do artista na Bienal de Veneza.

Knot in the Throat
2022

Continuing with fabulations of a type of ecological surrealism, *Nó na garganta* [Knot in the Throat] speaks of the disconnect between man and nature through scenes portraying subtle interactions between people and snakes. At the artist's request, the performance takes place with a group of young people who live by the coast and who work in a private zoo in Alagoas. The sequences repeat the same narrative structure. During the first few minutes, men and women engage with the animals in movements extended in time. These give way to scenes in which the camera, as if it were an animal striking, seizes on parts of the body that relate to the senses and sensations – eye, ear, mouth, hands, feet, armpits, nose. This is followed by fleeting closeups of faces, feet, tongues, nostrils, and ears that bring life to the popular expressions which, just as the film itself, comprise the exhibition *Com o coração saindo pela boca* [With the Heart Coming Out of the Mouth] (2022). The sequences culminate in documentary footage of forest fires, marine debris, landslides and other environmental disasters. *Nó na garganta* creates an unsettling contrast by bringing together images of an almost sensual closeness between different species, and the conventional idea of a snake as a symbol of a treacherous and untamable nature. The circular narrative forms an allegory of mutual poisoning – of the Earth by man, and of man by nature – turning the political heat up on the artist's participation at the Biennale di Venezia.

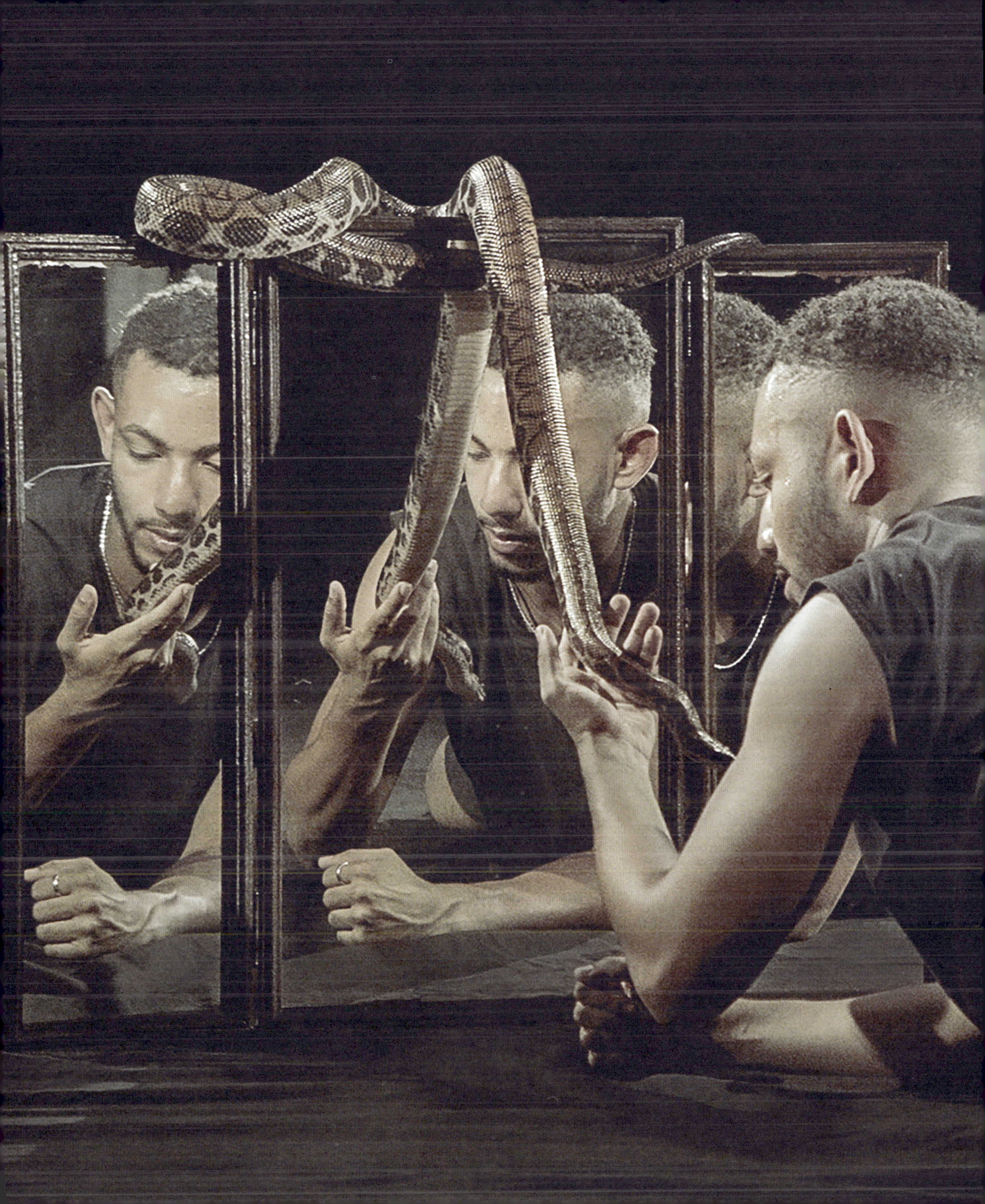

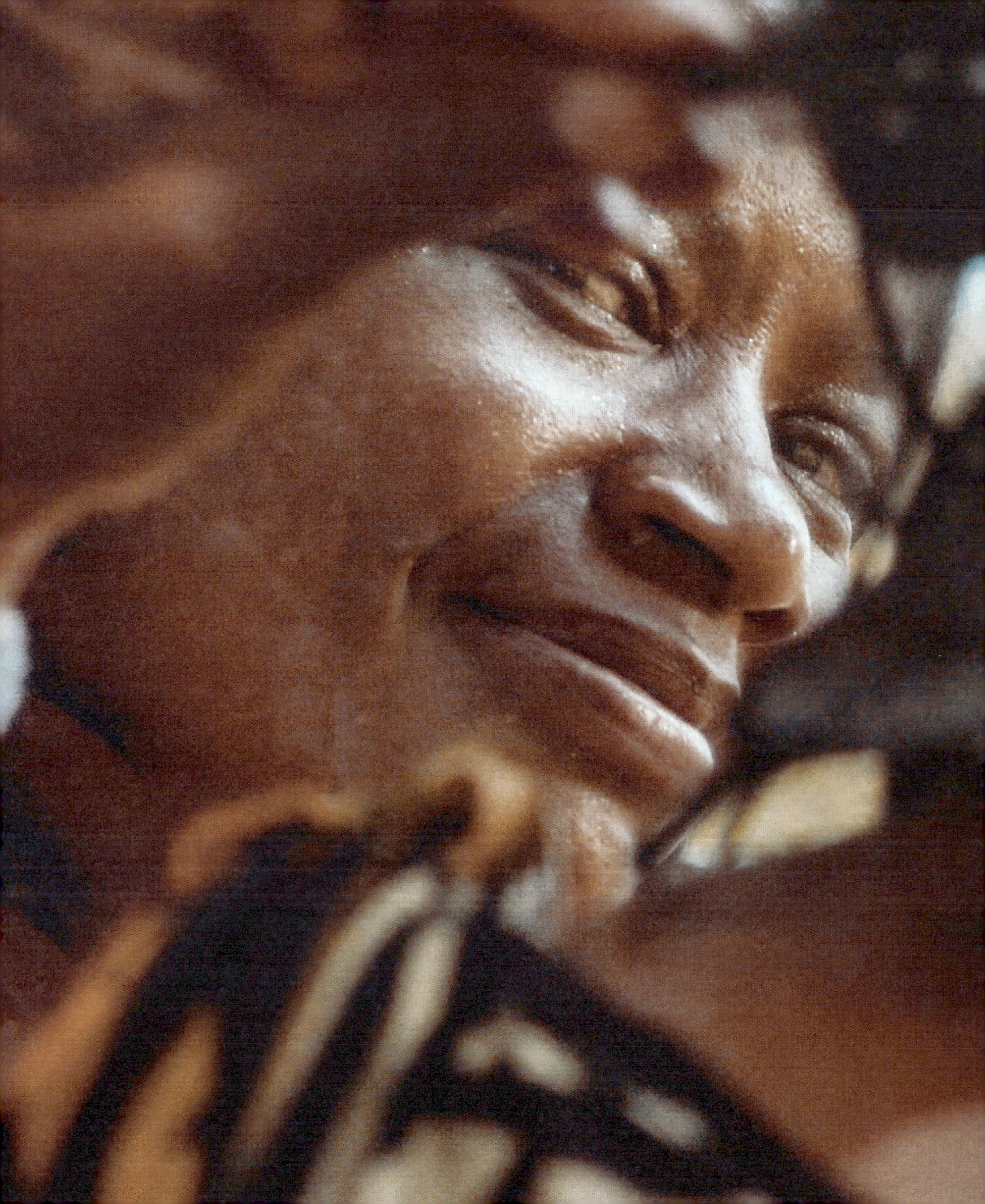

Olho da rua
2022

Tendo como elenco uma comunidade temporária de pessoas que vivem na rua no centro do Recife, o filme encena, em praça pública, uma série de atos performativos que, inspirados nas técnicas do Teatro do Oprimido de Augusto Boal, focam dinâmicas coletivas e exercícios para o olhar. Trabalhando na fronteira entre ficção e não ficção, o artista busca envolver o elenco de não atores em um debate feito de ações e palavras sobre identidade, cuidado, família, consciência de classe e visibilidade política e social. Sem roteiro, delicadamente receptiva à personalidade e ao mundo emocional de cada membro do elenco, a obra é um testemunho potente sobre o Brasil contemporâneo, com seu rico multiculturalismo e suas desigualdades estruturais. É pontuada pela trilha sonora hipnótica do percussionista Homero Basílio, que usa instrumentos com raízes na cultura do Nordeste do país. Mais do que apenas uma reflexão sobre a dinâmica de poder que se enraíza no colonialismo – e sobre como ela se manifesta no processo de criação de imagens – a obra faz uma provocação ao espectador. Usando a arte e ferramentas pedagógicas radicais para reposicionar as histórias de pessoas que foram marginalizadas e tornadas invisíveis, fomenta formas coletivas de repensar a realidade e imaginar alternativas.

Out Loud
2022

Adopting as its cast people who live in a temporary community on the streets of downtown Recife, this film stages a series of performative acts in a public square inspired by the techniques of Teatro do Oprimido [Theater of the Oppressed], by Augusto Boal, and focuses on collective dynamics and exercises that relate to the gaze. Operating on the boundaries between fiction and non-fiction, the artist seeks to engage the cast of non-actors in a debate consisting of actions and words about identity, care, family, class consciousness and political and social visibility. Without a script, and delicately receptive to the personality and emotional world of each cast member, the work is a powerful testament to contemporary Brazil, with its rich multiculturalism and its structural inequalities. It is permeated by a hypnotic soundtrack from percussionist Homero Basílio, who uses instruments rooted in the culture of the country's Northeast. Beyond being a reflection on the dynamics of power rooted in colonialism – and on how this is manifested in the process of creating images – the work also serves as a provocation to the viewer. In its use of art and radical pedagogical tools to reposition the stories of people who have been marginalized and made invisible, this work fosters collective approaches to rethinking reality and imagining alternatives.

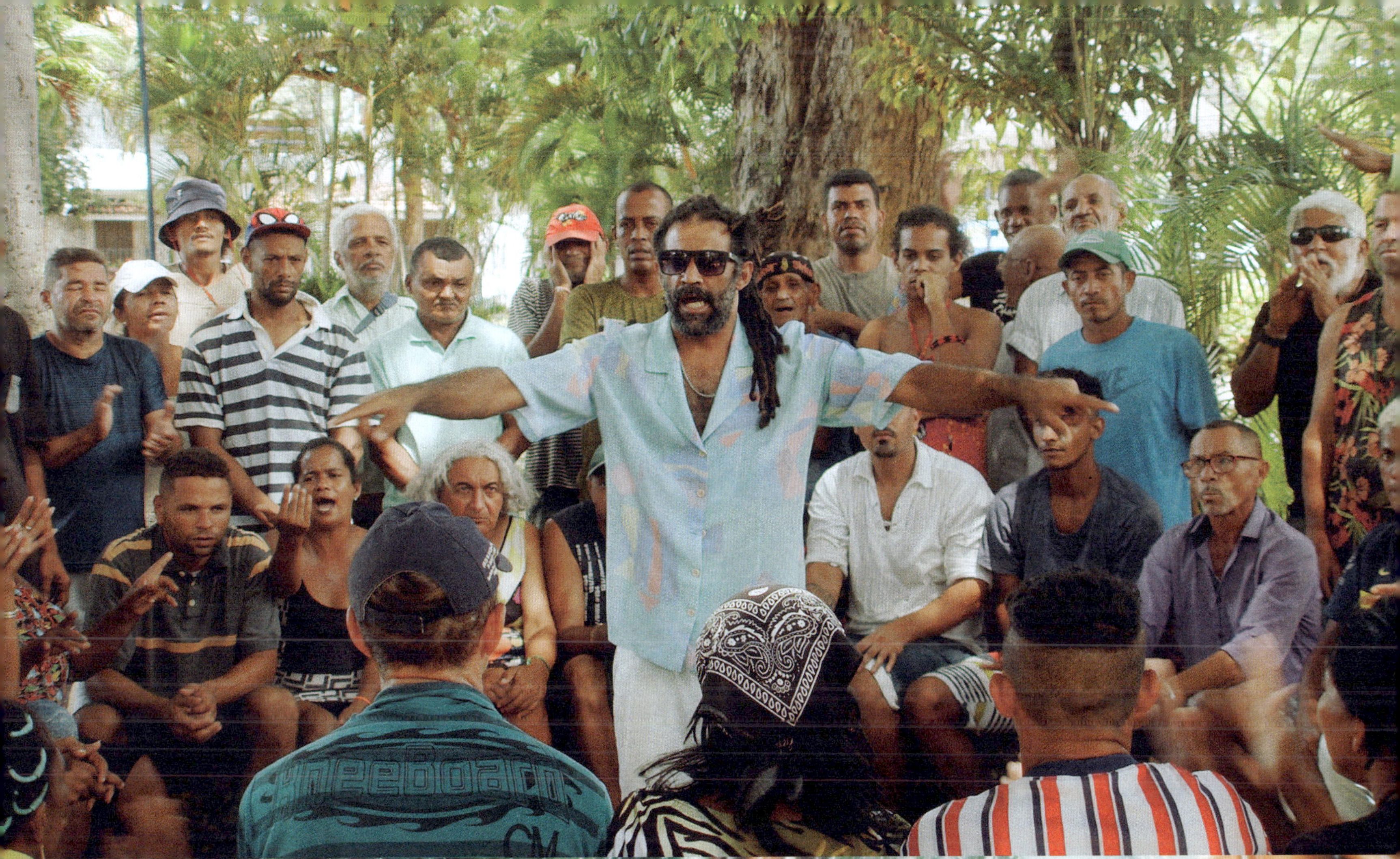
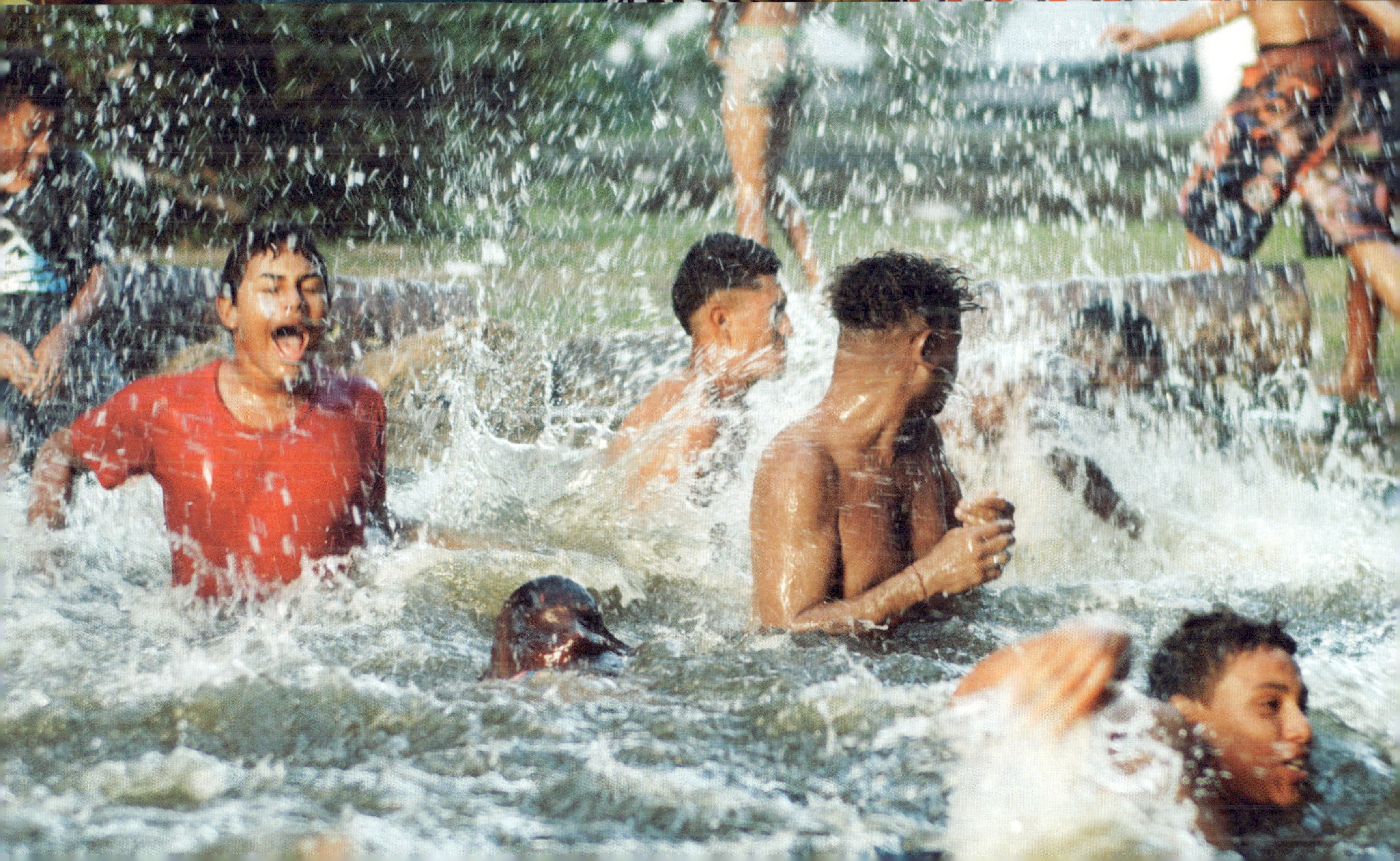

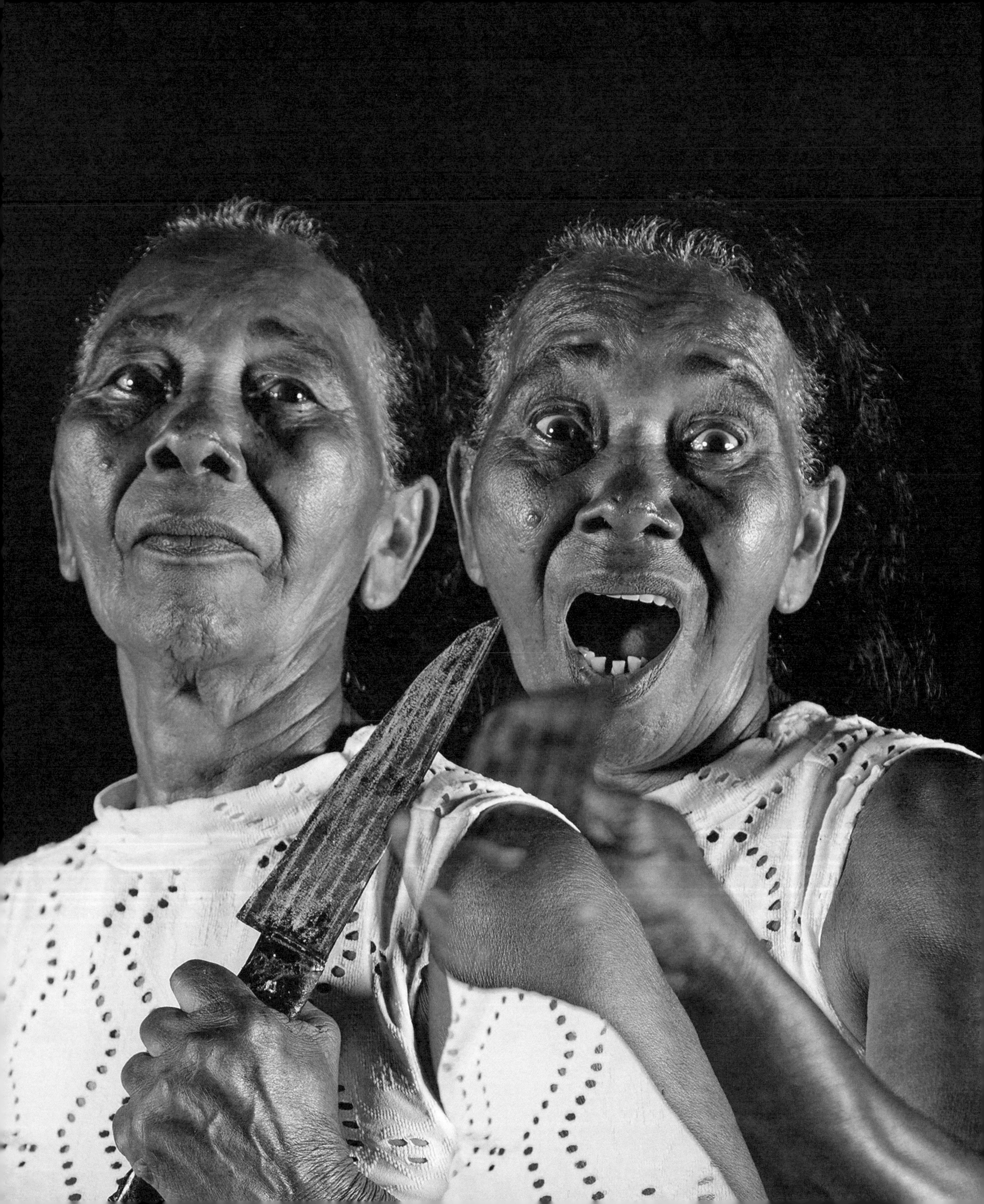

Teatro das Heroínas de Tejucupapo
2022
A batalha de todo dia de Tejucupapo
2022

Em 1646, a golpes de panela e água fervente com pimenta, mulheres de Tejucupapo expulsaram seiscentos soldados holandeses que, na ausência dos homens, haviam invadido o vilarejo pernambucano em busca de comida. Há trinta anos, o grupo Teatro das Heroínas de Tejucupapo encena o episódio histórico a céu aberto em Goiana (estado de Pernambuco), sempre no mês de abril.
O artista convidou as integrantes a representar momentos do confronto para uma série de fotografias. Usando as próprias roupas, em vez de roupas de época, como na encenação, elas contracenaram com jovens da cidade, no papel dos soldados holandeses. Intervenções gráficas sobre as imagens enfatizam a ideia de estratégia e de batalha. A obra ressalta a ideia de força feminina, sobretudo negra e indígena, do grupo, que inspira outras lutas sociais. *A batalha de todo dia de Tejucupapo* esboça um inventário de objetos pessoais de quatro casas de Tejucupapo, bairro-distrito de Goiana, hoje: a casa do Teatro das Heroínas, a de Luzia Maria da Silva, criadora do grupo teatral, e as de dona Elza Gomes da Silva e de dona Severina Maria da Silva, ambas integrantes do grupo. Cada objeto é acompanhado de um texto que fala de ações cotidianas vinculadas a ele, e de como a luta diária, tanto simbólica quanto material, atravessa sua história.

Tejucupapo Heroines Theater
2022
Tejucupapo Daily Battle
2022

In 1646, defending themselves with metal pans and boiling water full of chili peppers, the women of Tejucupapo successfully expelled six hundred Dutch soldiers, who, in the absence of men, had invaded the village in Pernambuco in search of food. For thirty years the Teatro das Heroínas de Tejucupapo group [Tejucupapo Heroines Theater] has been reenacting this historical moment in an open-air space in Goiana (Pernambuco state) every April. The artist invited the women who are the members of the group to represent moments during the confrontation for a series of photographs. Wearing their own clothes rather than the traditional period costumes they would typically wear in the reenactment, they face young adults from the city who play the role of the Dutch soldiers. Graphic interventions over the images emphasize the idea of strategy and of battle. The work underlines the idea of feminine strength, above all black and indigenous strength, as presented by the group, who also serve as inspiration for other social struggles. *A batalha de todo dia de Tejucupapo* [Tejucupapo Daily Battle] consists of a rough inventory of personal items from four houses in Tejucupapo, a neighborhood in the city of Goiana today: the houses of the Tejucupapo Heroines Theater, of Luzia Maria da Silva, creator of the theater group, and those of Elza Gomes da Silva and Severina Maria da Silva, both of whom are members of the group. Each object is joined by a text that speaks of the everyday activities connected to it, and of how everyday struggles, both symbolic and material, are present throughout its history.

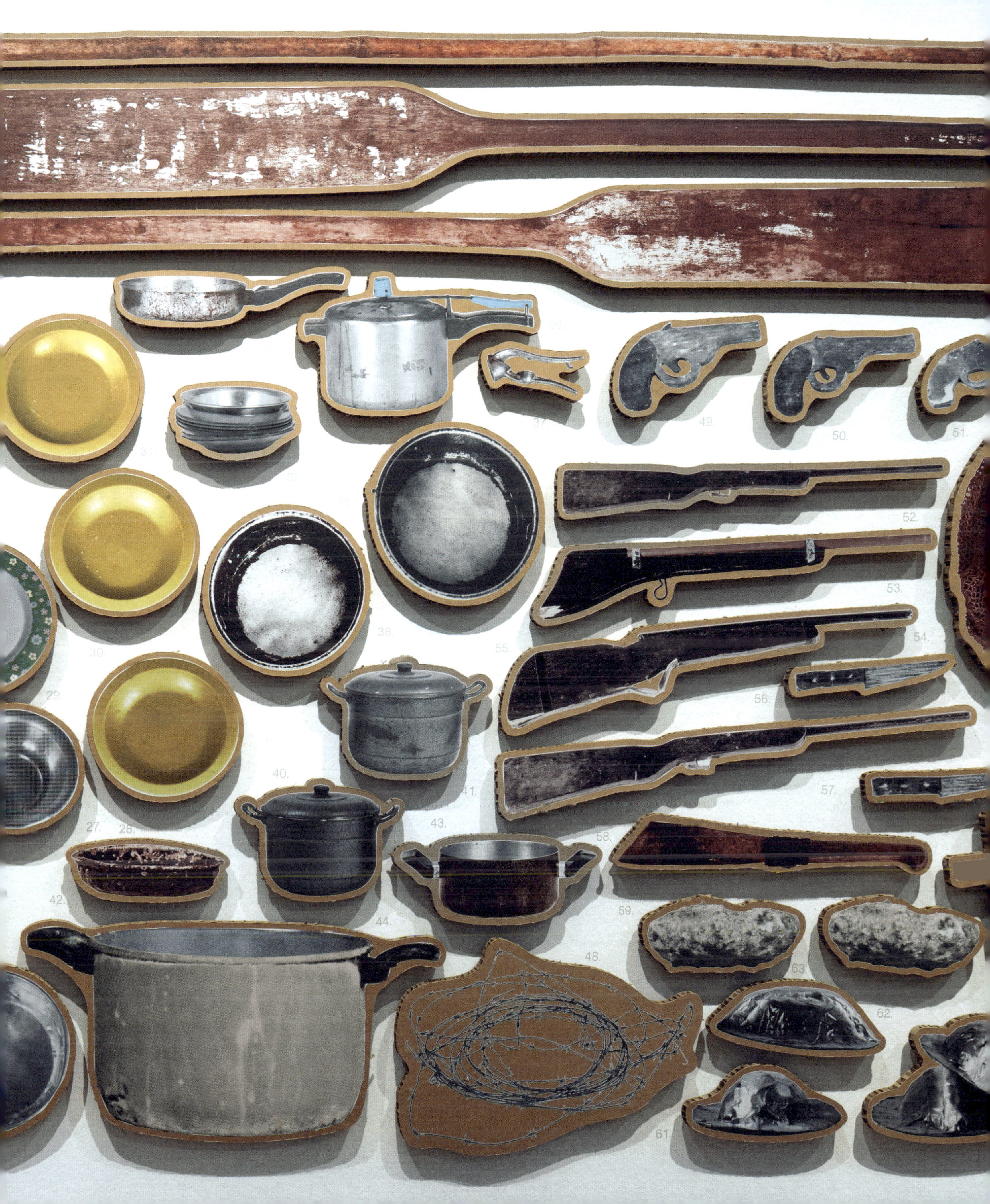

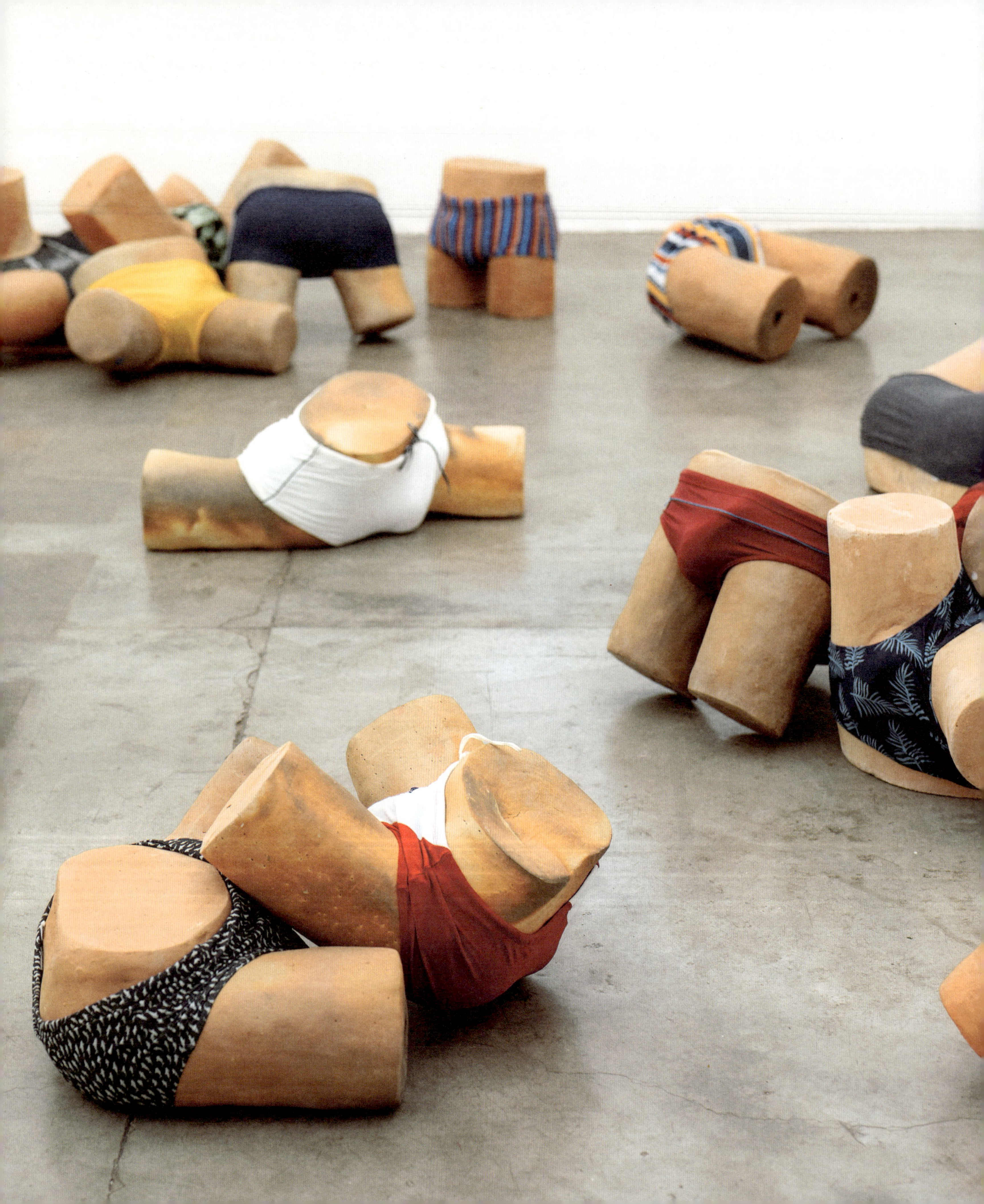

Achados e perdidos

2020

O trabalho parte de um conjunto de sungas esquecidas em vestiários de clubes de natação do Recife, e coletadas ao longo de dez anos. Para vesti-las, o artista encomendou fragmentos de corpos esculpidos em barro, em tamanho natural, a sete artesãos de Tracunhaém, cidade pernambucana conhecida pelas olarias e pela produção de peças de barro, inclusive esculturas e clássicos da cultura nordestina produzidos em série – santos, cenas da vida na região, utensílios. No processo de feitura, o artista pediu aos artesãos-escultores Nando Garcia, Leonardo Nascimento, Ivanildo de Tracunhaém, Nielson de Tracunhaém, Dinho de Zezinho, Robson Coragem e Bruno Rafael que criassem peças inteiriças, sem o oco que permite queimá-las igualmente por dentro e por fora. Exibindo rachaduras, aberturas, manchas do fogo e rastros dos gestos da mão no barro, as quase cem peças produzidas ao longo do processo evocam temas como a representação do corpo, a arte popular e a tradição da escultura popular e moderna, e provocam uma conversa curiosa e improvável sobre a masculinidade.

Lost and Found
2020

This work takes off from a collection of swimming shorts left behind in the changing rooms of swimming clubs in Recife and collected over the course of ten years. The artist commissioned life-sized fragments of bodies sculpted in clay to model these shorts. He invited seven artisans from Tracunhaém, a city in the interior of Pernambuco state known for its pottery and the production of ceramic work, which includes classic designs from Northeastern culture produced in series – saints, scenes from life in the region, and utensils. During the process the artist asked the artisan-sculptors Nando Garcia, Leonardo Nascimento, Ivanildo de Tracunhaém, Nielson de Tracunhaém, Dinho de Zezinho, Robson Coragem and Bruno Rafael to create these fragmented bodies without the hollow opening that would allow them to be fired evenly inside and out. Cracks, openings, marks of fire and the impressions of hands appear in the clay, and the almost one hundred pieces produced throughout the process evoke themes such as the representation of the body, popular art and the tradition of popular and modern sculpture, giving rise to a curious and unlikely discussion of masculinity.

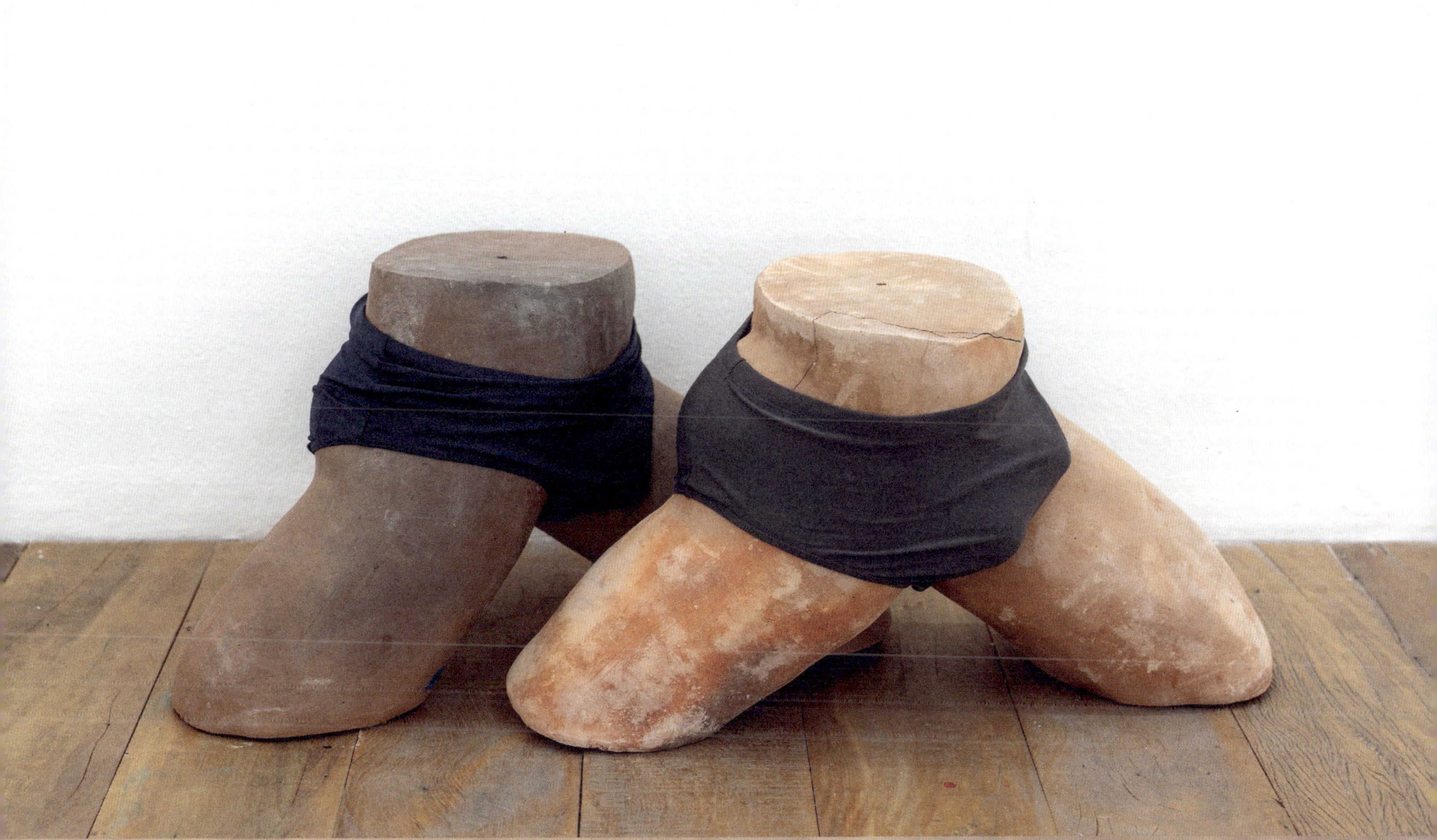

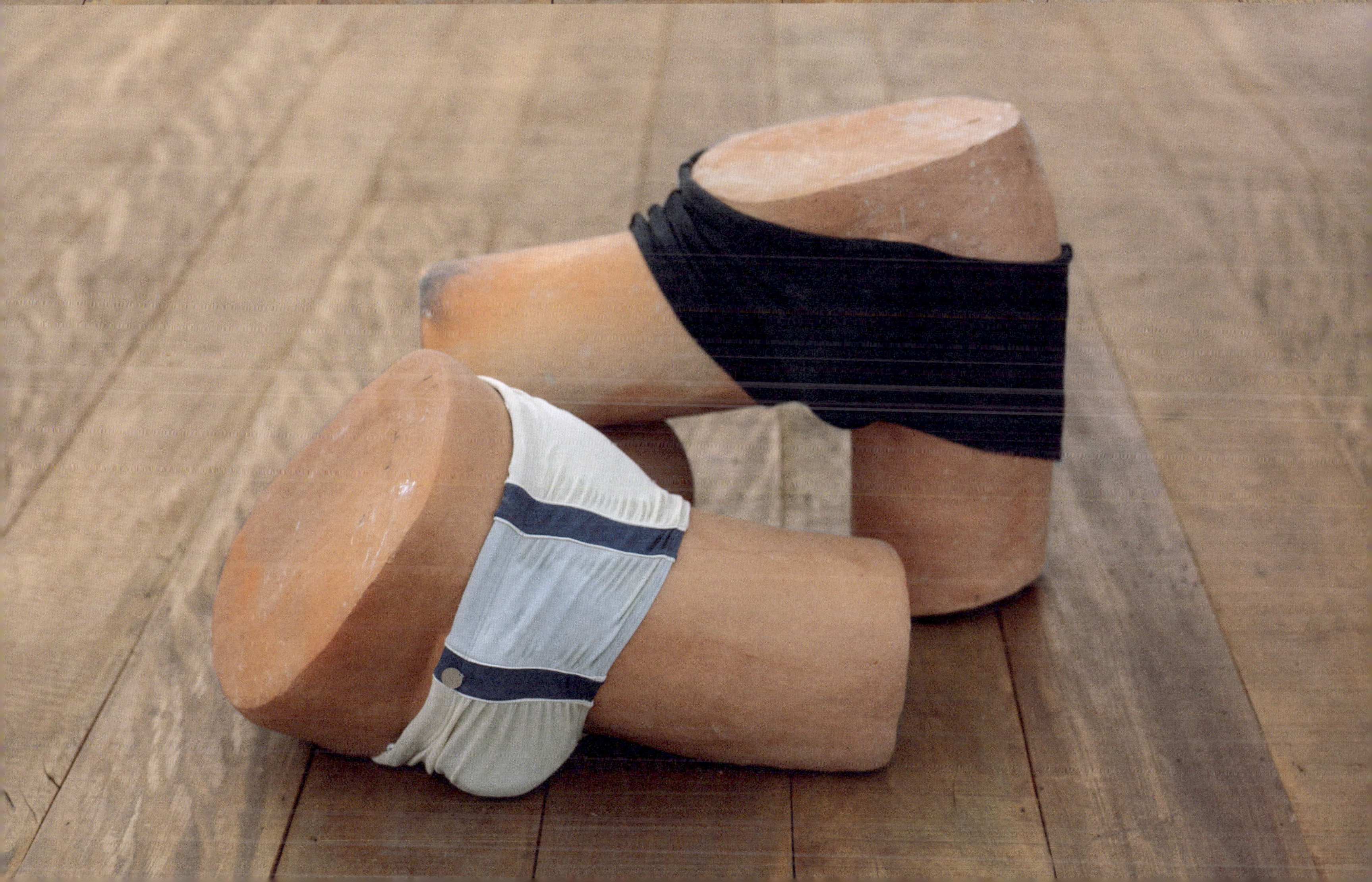

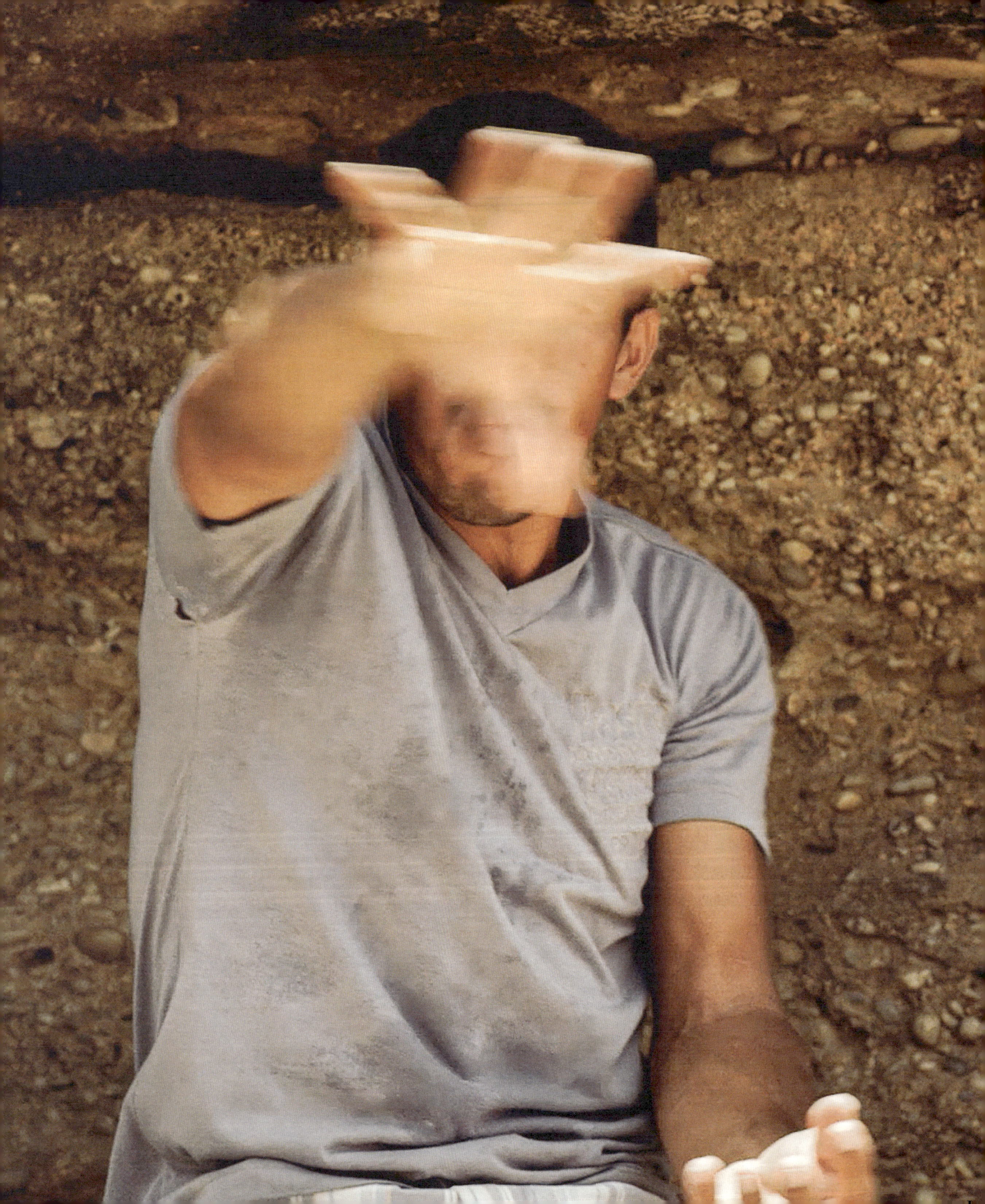

Jogos dirigidos
2019

Sem acesso ao aprendizado oficial de Libras, a grande comunidade de surdos-mudos de Várzea Queimada, povoado no sertão do Piauí com cerca de 900 habitantes, criou sua própria linguagem gestual. Improvisando palcos ao ar livre no local, e usando proposições cênicas que, pela primeira vez, cruza com os métodos de interação de elencos de Augusto Boal – algo que retomaria em outros trabalhos –, o artista registra depoimentos espontâneos e brincadeiras corporais coletivas de um grupo de dezoito homens e mulheres do povoado. O filme resultante da interação tem a estrutura de uma peça educativa que ensina a nova língua, inventada e dominada por eles, a um espectador que é colocado na condição de desconhecedor e aprendiz. Revisando as falas dos moradores, a obra traduz elementos de seu repertório de fisicalidade em palavras correntes e sistematiza o léxico gestual de Várzea Queimada. O tom teatral se sobrepõe ao didatismo e o universo e as questões de uma comunidade autodidata se apresentam. A obra fala de expressão, de silêncios e da norma subvertida no isolamento.

Directed Games
2019

With no access to official training in Sign language, the considerable speech and hearing-impaired community of Várzea Queimada, a town in the interior of Piauí state with a population of roughly 900 inhabitants, have created their own language in gestures. Improvising open air stages and adopting their own proposals for scenes which, for the first time, meet with Augusto Boal's methods for interaction among cast members – something he would return to in other works – the artist records spontaneous testimonies and the collective body-games of a group of eighteen men and women from the community. The film that results from this interaction has the structure of an educational play designed to teach the new language this community has invented and mastered to an unversed viewer who will learn it from scratch. In reviewing the speech of these residents the work translates elements of their physical repertoire into everyday words and systematizes Várzea Queimada's lexicon of gestures. The theatrical tone overrides the didacticism and the realities and issues of a self-taught community begin to surface. The film speaks of expression, of silences and of a rule subverted in isolation.

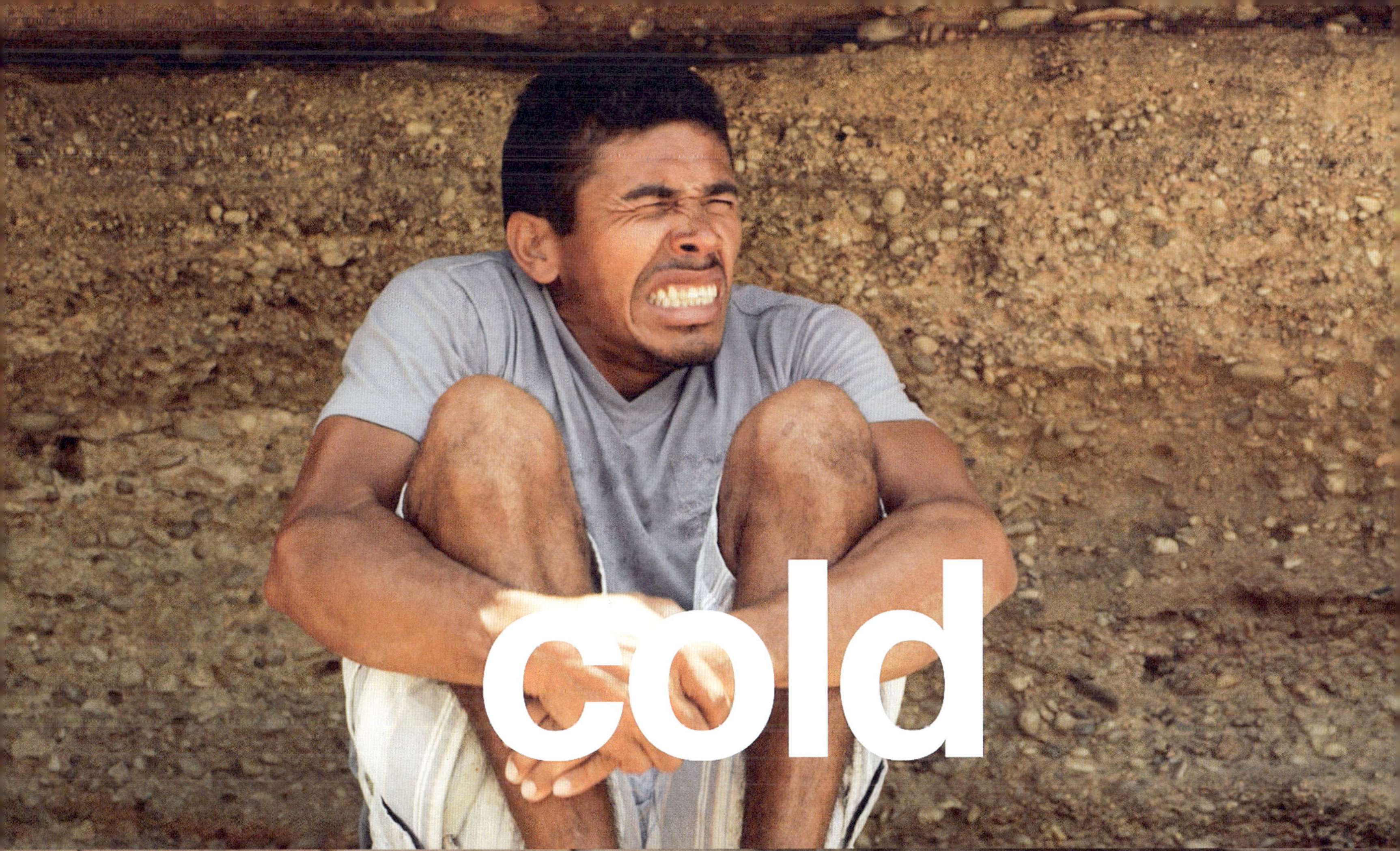
cold

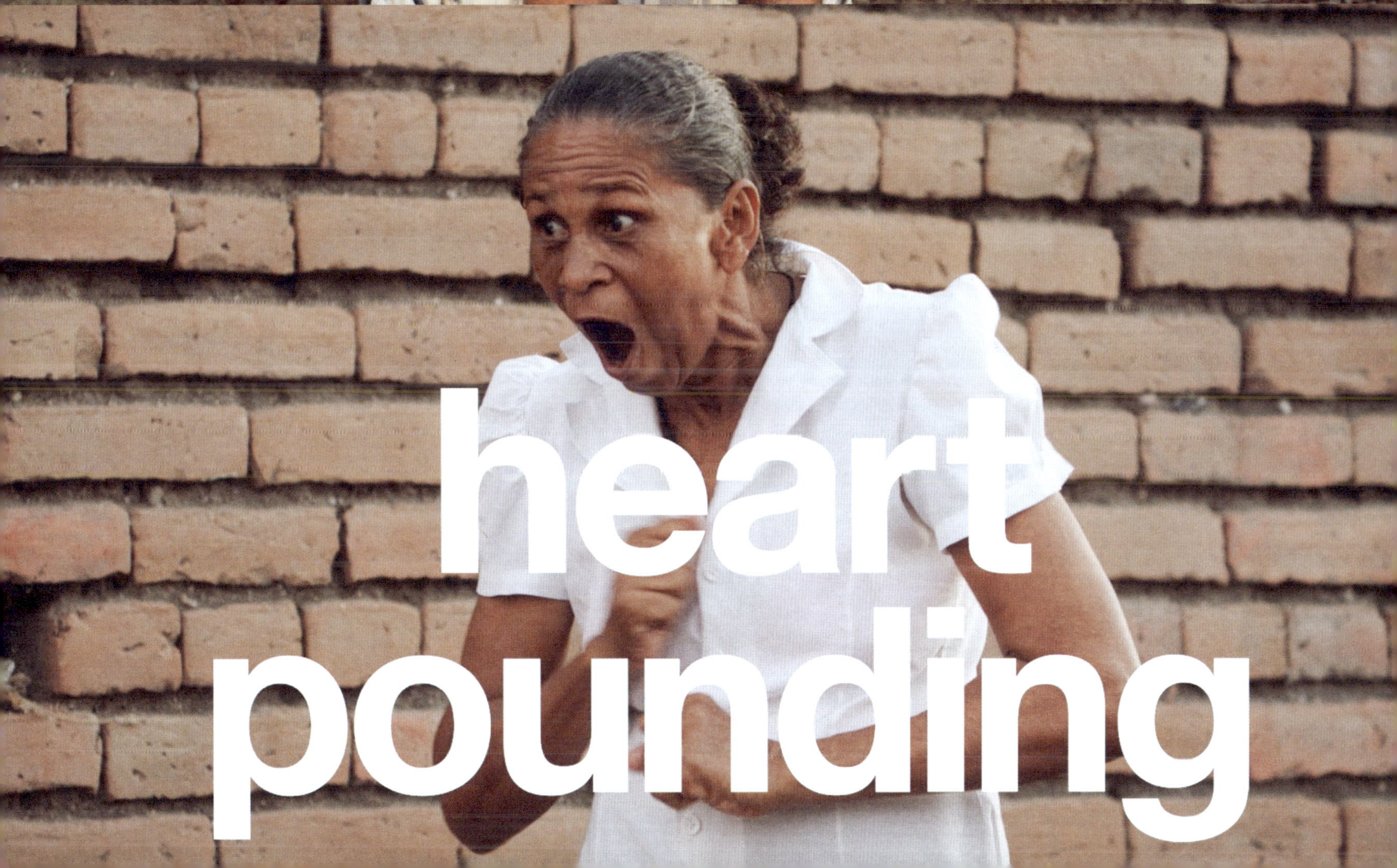
heart
pounding

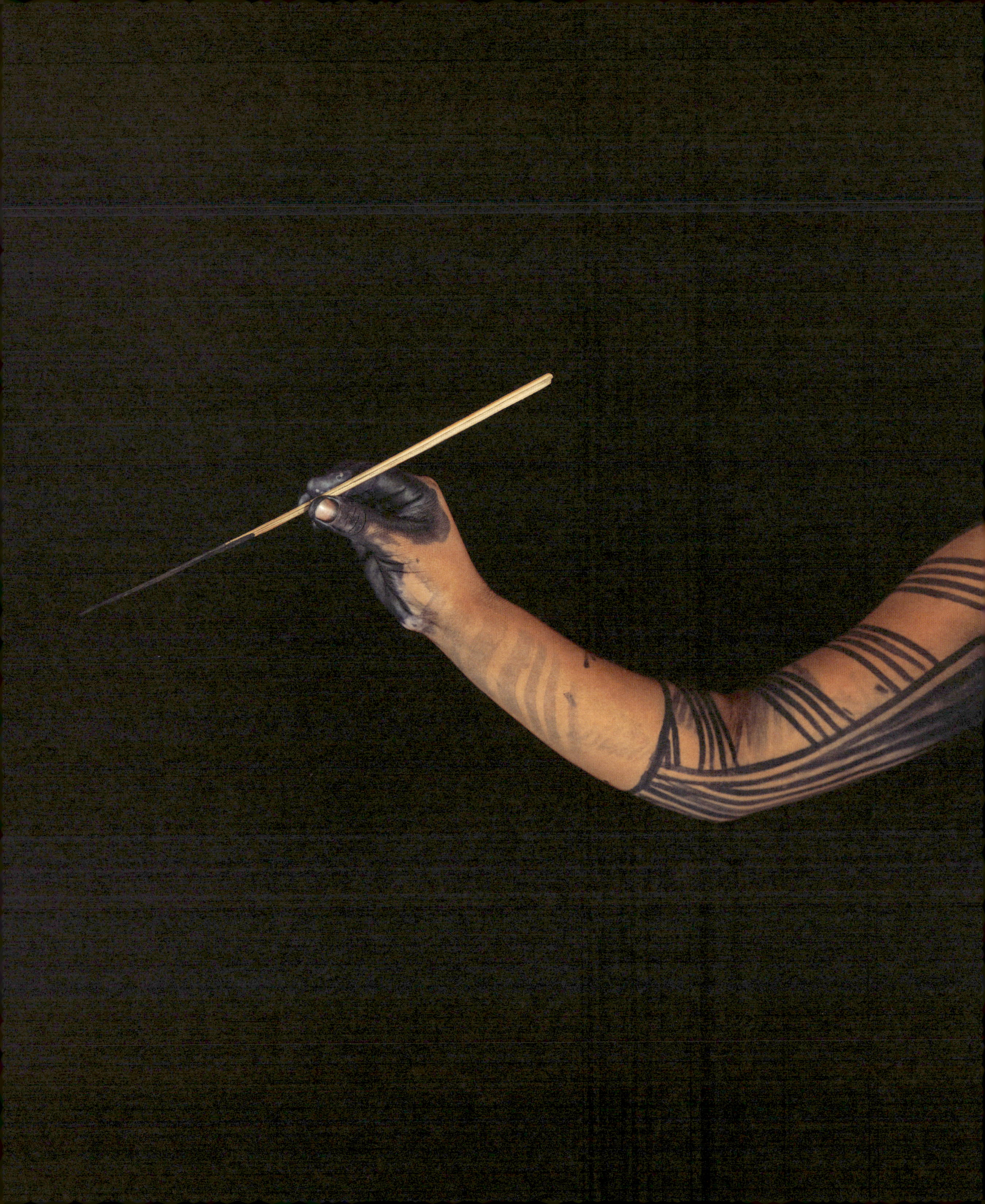

Fome de resistência

2019-2020

Parte da série *Infindável mapa da fome*, que olha para a fome como desejo de resistência, o projeto foi concebido com mulheres da etnia kayapó, da aldeia Pukany, território Menkragnoti, no sul do Pará. Convidadas a intervir sobre mapas históricos do território kayapó demarcado e protegido, produzidos pela Superintendência do Desenvolvimento do Nordeste (Sudene) e pelo Exército Brasileiro entre os anos 1970 e 1990, elas desenham neles grafismos ancestrais usados por seu povo na pintura corporal. Impregnada nos grafismos, a cultura kayapó toma todo o espaço do mapa e ultrapassa a linha vermelha do território demarcado. A intervenção cria uma fricção entre dois tipos de desenho: o mapa, fruto da lógica ocidental, que delimita um território a medir e explorar; e o desenho indígena, nascido de um gesto natural e de um modo de vida. De forma simbólica e poética, o desenho kayapó marca uma presença política que transborda os limites da presença cultural. De longe, o mapa que as folhas pintadas pelas mulheres formam é percebido como uma grande bandeira kayapó. Além do mapa, constituem o projeto outras duas obras: um conjunto de trinta fotografias de mãos em riste, que apresentam o gesto coletivo de resistência das mulheres pintoras, e uma série de dípticos que combinam imagens de mãos e mapas. Ambas realçam uma autoria que não pode ser entendida como individual.

Hunger of Resistance

2019-2020

Part of the *Infindável mapa da fome* [Endless Hunger Map] series, which interprets hunger as a desire for resistance, this project was conceived together with women of the Kayapó ethnic group, from the Pukany community, Menkragnoti territory, in the south of Pará. These women were invited to intervene in historical maps of demarcated and protected kayapó territory, produced by the Northeast Development Superintendence (Sudene) and the Brazilian Army between the 70s and the 90s, over which they drew ancestral patterns used by their people in traditional body painting. Impregnated in these patterns, the kayapó culture occupies the entire space of the map and crosses the red line that outlines the demarcated territory. This intervention creates a type of friction between two types of drawing: the map, fruit of Western logic, delimiting a territory to be measured and exploited; and the indigenous drawing, born of a natural gesture and way of life. Symbolically and poetically, the kayapó drawings mark a political presence that flows beyond the limits of their cultural presence. From a distance, the map created on the sheets the women painted on can also be seen as an enormous kayapó flag. In addition to the map, two other works comprise the project: a collection of thirty photographs of raised hands representing the collective gesture of resistance of the women painters, and a series of diptychs combining images of hands and maps. Both attain a kind of authorship that cannot be considered individual.

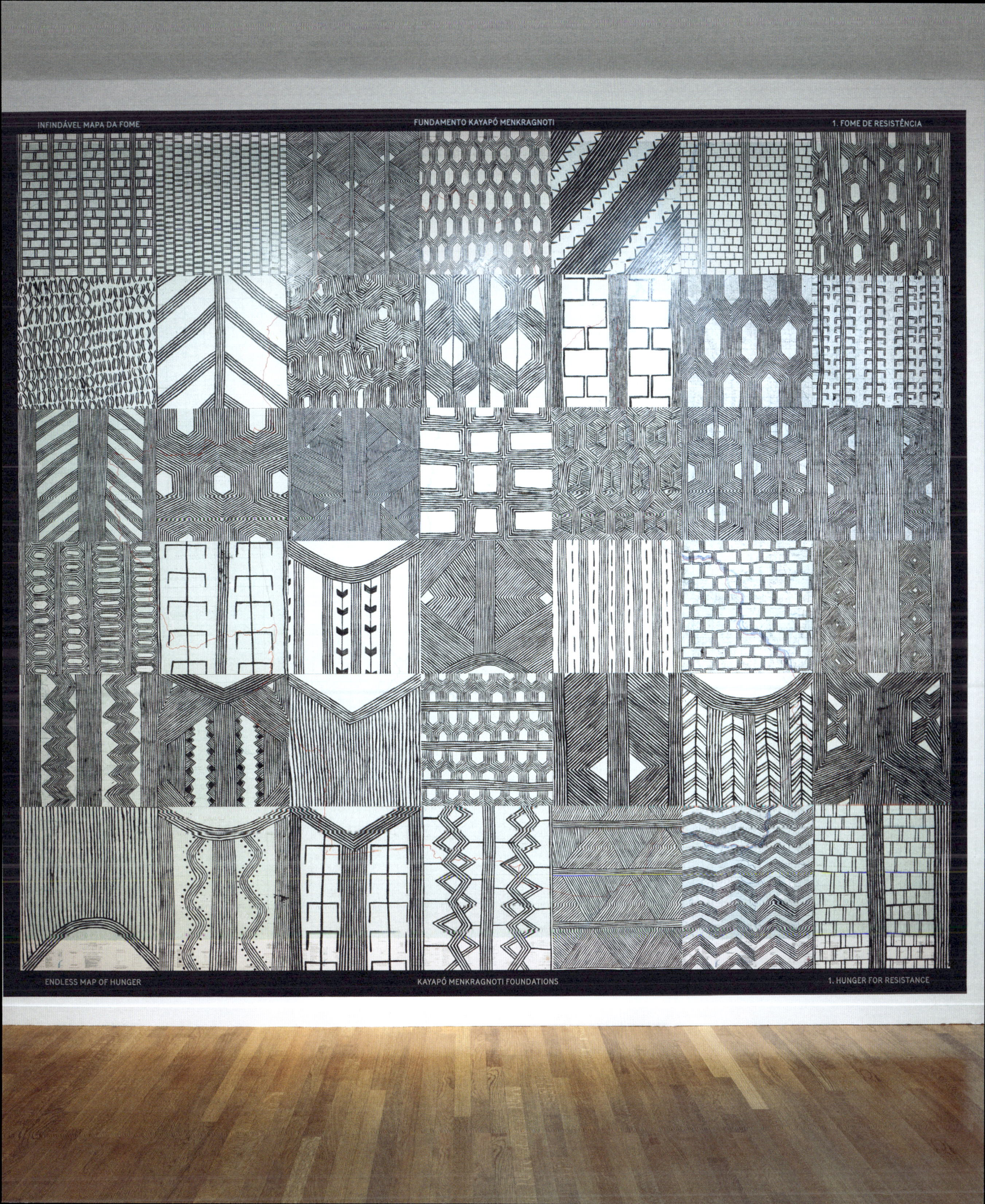
INFINDÁVEL MAPA DA FOME
FUNDAMENTO KAYAPÓ MENKRAGNOTI
1. FOME DE RESISTÊNCIA
ENDLESS MAP OF HUNGER
KAYAPÓ MENKRAGNOTI FOUNDATIONS
1. HUNGER FOR RESISTANCE

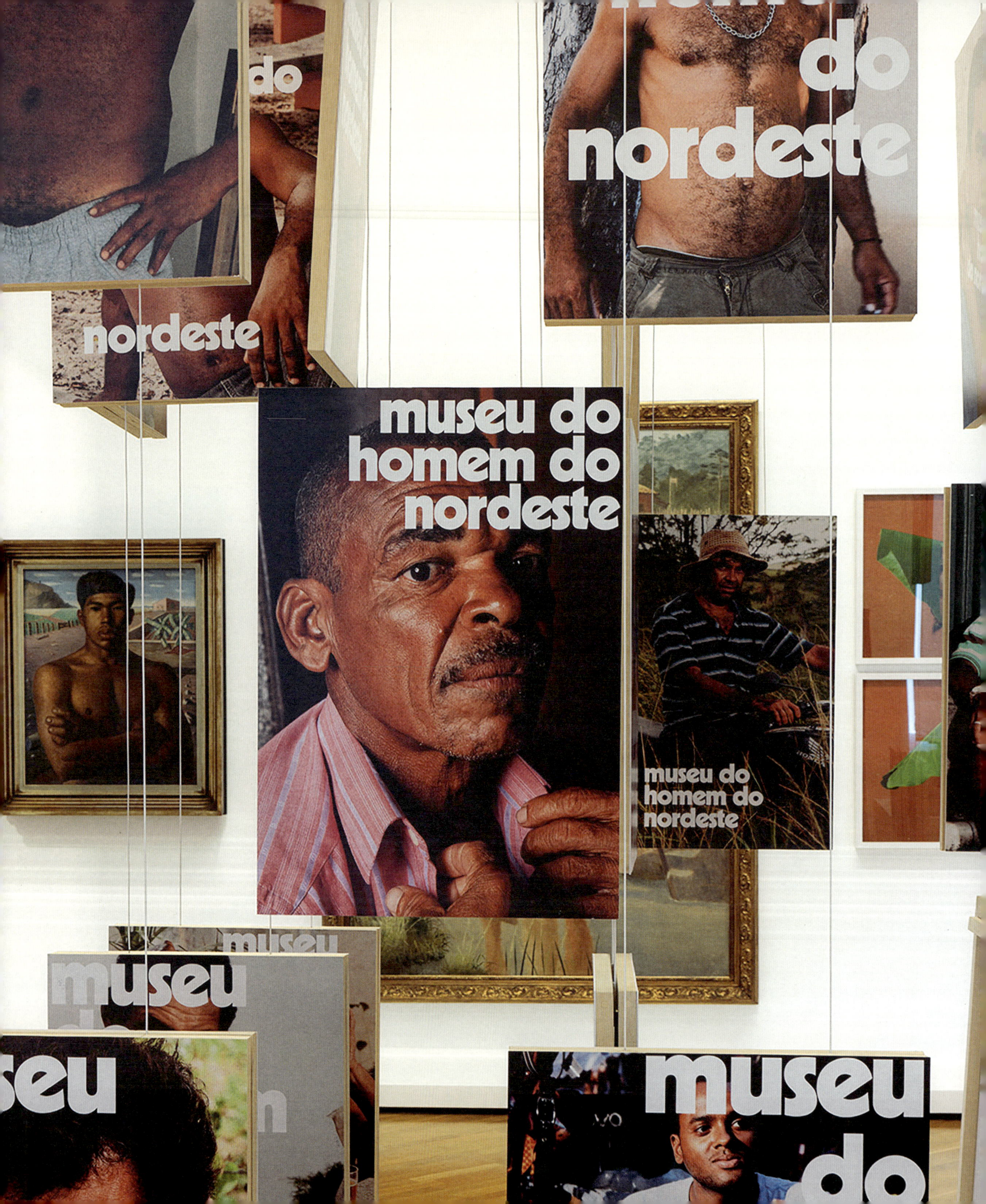
do
nordeste
do
nordeste
museu do
homem do
nordeste
museu do
homem do
nordeste
museu
museu
seu
museu
do

Museu do Homem do Nordeste
2013-

A partir de 2013, o artista exibe sob esse título uma coleção paralela ao museu antropológico homônimo, em diálogo com peças emprestadas pelo Museu do Homem do Nordeste original. Criada pelo escritor e sociólogo Gilberto Freyre em 1979 e ativa até hoje, a instituição recifense revisa a história colonial e a identidade da região a partir de um acervo de artefatos e objetos históricos. Em suas adições voluntárias ao museu, o artista investiga os rastros e as consequências da mesma história, tomando as relações entre presente e passado recente como pretexto e objeto. Compõem o projeto instalações como *Suar a camisa*, coleção de 120 camisas suadas que foram trocadas, compradas ou recebidas, uma a uma, em negociações com trabalhadores que voltavam para casa ao fim do expediente; *Cartazes para o Museu do Homem do Nordeste*, com imagens de homens recrutados para esse fim por anúncios de jornal ou descobertos em encontros fortuitos nas ruas do Recife; e *Posicionamentos monumentos*, placas de cimento com textos que enunciam posicionamentos institucionais, trazendo ambiguidade sobre quem fala neles – se o artista ou o museu que recebe a exposição. Conviviam com as obras itens como o esboço que Gilberto Freyre fez para orientar o artista Cícero Dias na criação de ilustração para a primeira edição de sua obra máxima, *Casa-grande e senzala* (1933).

Museum of the Man of the Northeast

2013-

Since 2013, the artist has been exhibiting a collection under this title, in tandem with the anthropological museum of the same name, featuring dialogues with objects borrowed from the original Museu do Homem do Nordeste [Museum of the Man of the Northeast]. Created by Brazilian writer and sociologist Gilberto Freyre in 1979 and still active today, the institution in Recife revises colonial history and regional identity through a collection of historical artifacts and objects. In his voluntary contributions to the museum, the artist investigates the traits and the consequences of this same history, looking into the relationships between present and recent past as both pretext and subject. This project comprises installations such as *Suar a camisa* [Sweating the Shirt], a collection of 120 secondhand shirts that were exchanged, bought or received, one by one, in negotiations with workers returning home at the end of a shift; *Cartazes para o Museu do Homen do Nordeste* [Posters for the Museum of the Man of the Northeast], with images of men hired to this end through newspaper adverts or discovered by chance on the streets of Recife, and *Posicionamentos monumentos* [Monument Positionings], blocks of cement with texts declaring institutional perspectives, bringing ambiguity to those who speak through them – be it the artist himself or the museum that holds the exhibition. Included alongside these works are items such as the synopsis that Giberto Freyre gave as a guide to artist Cícero Dias for the illustration of the first edition of his masterpiece, *Casa-grande e senzala* [The Masters and the Slaves] (1933).

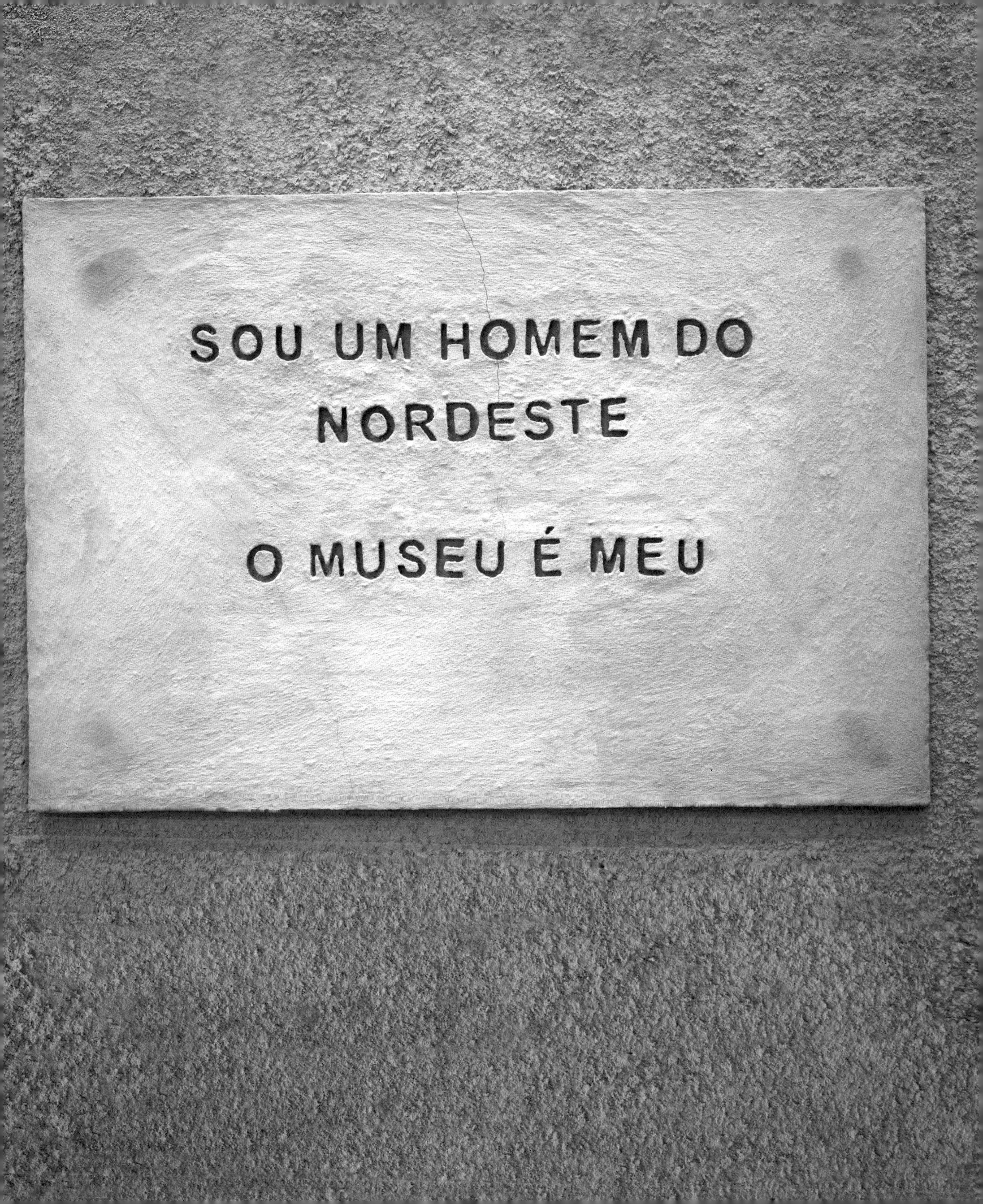
SOU UM HOMEM DO
NORDESTE
O MUSEU É MEU

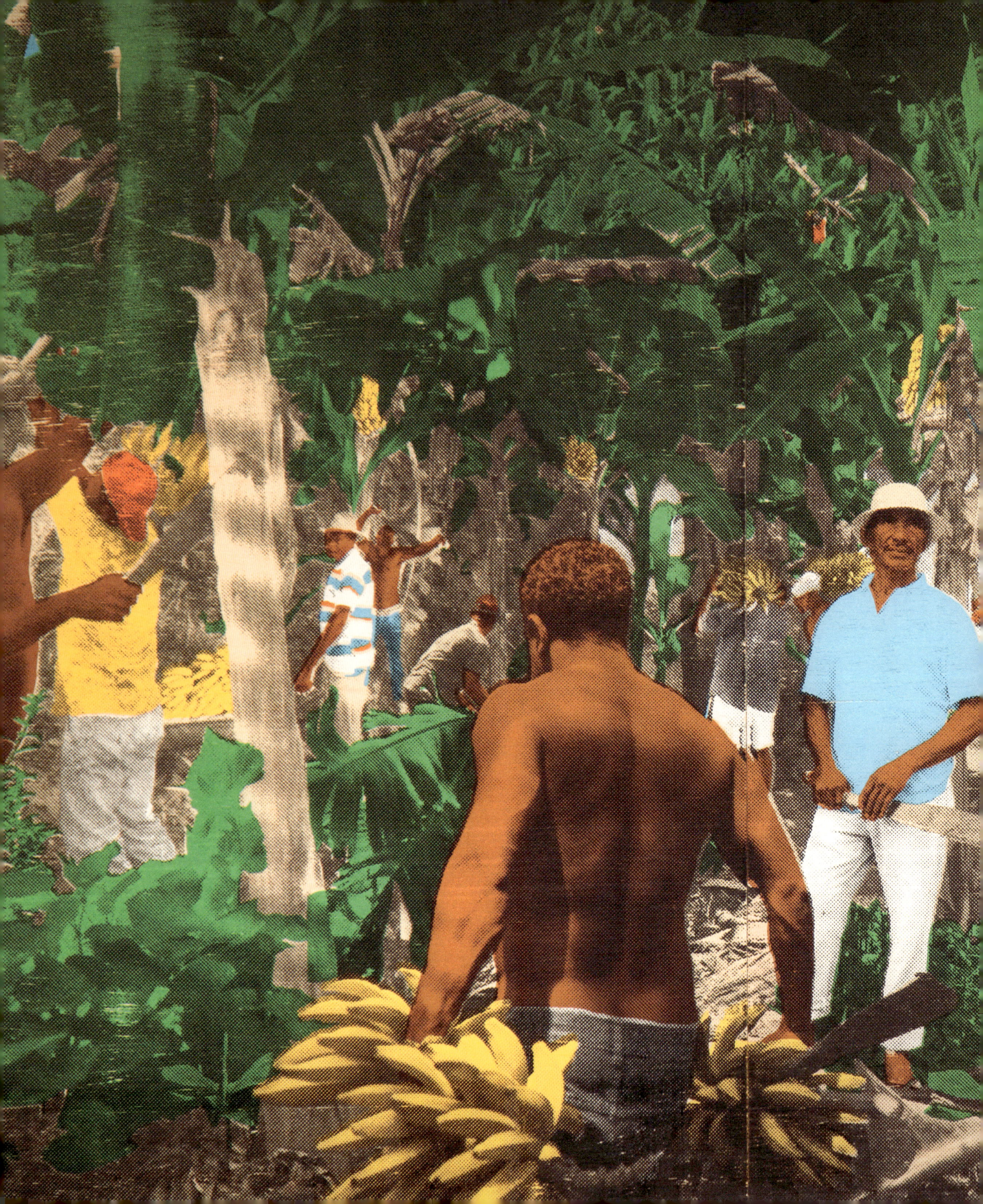

40 nego bom é um real
2013

A instalação tem como mote o nego bom, doce de banana tradicional do Nordeste brasileiro. No primeiro segmento, impressões risográficas e serigráficas compõem cenas do processo de preparação do doce em uma fábrica fictícia. No segundo, imagens dos quarenta trabalhadores do fabrico são relacionadas a textos que relatam acertos de contas de trabalho permeados por relações pessoais. Desde o título, que se apropria do canto usado para apregoar o doce em mercados e ruas, a obra alude, a um tempo, à poesia da oralidade popular e à perversidade da história racial brasileira. Os traumas do colonialismo na formação do país estão referidos na mistura de açúcar, base da economia colonial, e banana, símbolo de tropicalidade exótica. À ideia de cordialidade na interação entre raças e classes – característica da sociedade brasileira, para Gilberto Freyre – contrapõe-se a herança racista da escravidão, presente no nome nego bom e nas relações de trabalho que se confundem com vínculos de afeto.

40 Black Candies for R$ 1,00
2013

This installation takes as its motif the *nego bom*, a traditional sun-dried banana candy from the Brazilian Northeast. In the first part of the installation risograph and silkscreen prints portray scenes of the manufacturing process of the candy in a fictional factory. In the second, images of the forty factory workers are accompanied by texts that account for the salary in terms of personal domestic relationships. In the title, an appropriation of the song used to hawk the candy in markets and on the streets, the work alludes both to the poetry of oral tradition and the perversity of Brazilian racial history. The traumas of colonialism in the country's development are referenced in the combination of sugar, the basis for the colonial economy, and the banana, symbol of tropical exoticism. The notion of cordiality in the interaction between races and classes – features of Brazilian society for Gilberto Freyre – is set against the racist inheritance of slavery, present in the name *nego bom* [good negro] and relationships of work as they blur with personal emotional bonds.

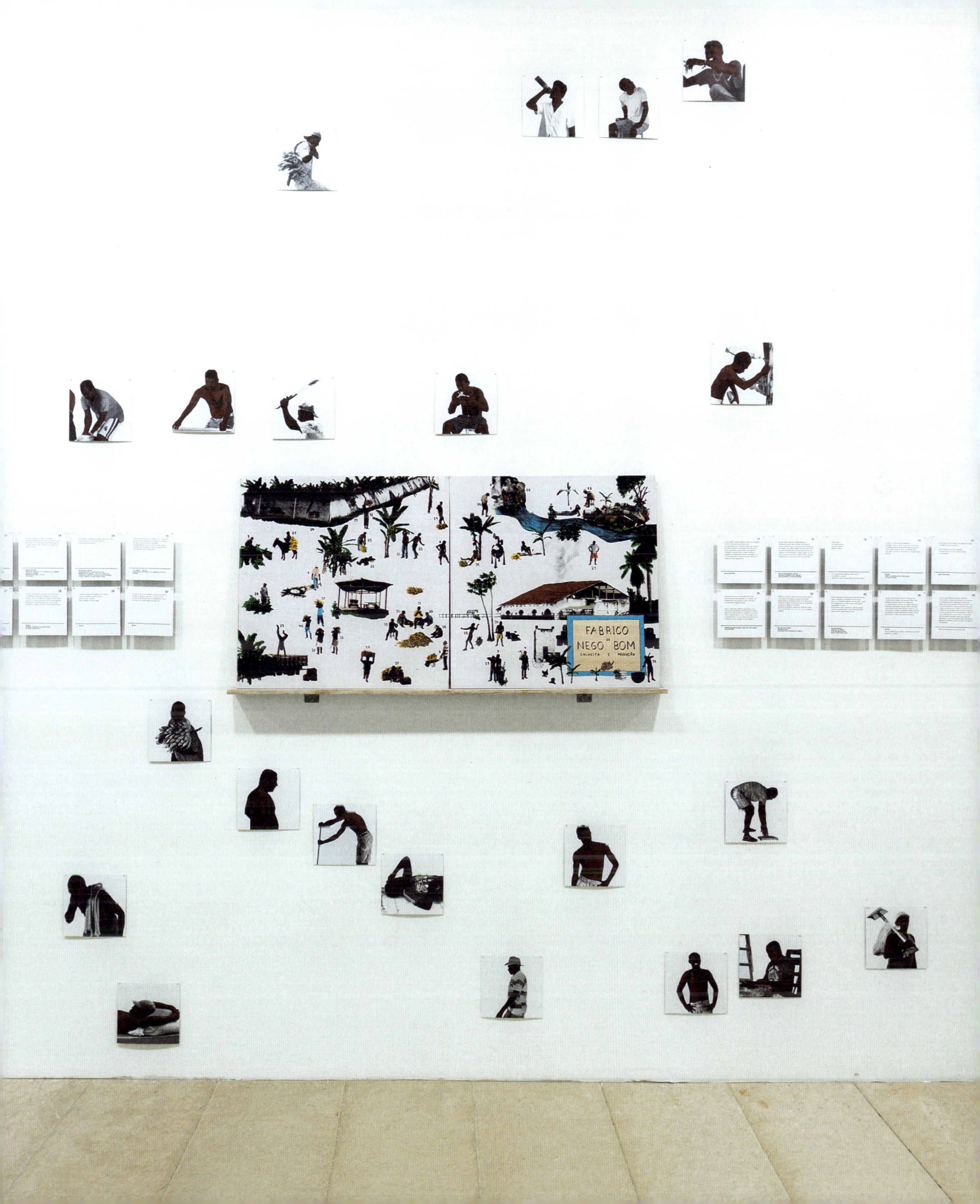
FABRICO
DE
NEGO BOM

1ª Corrida de Carroças do Centro do Recife

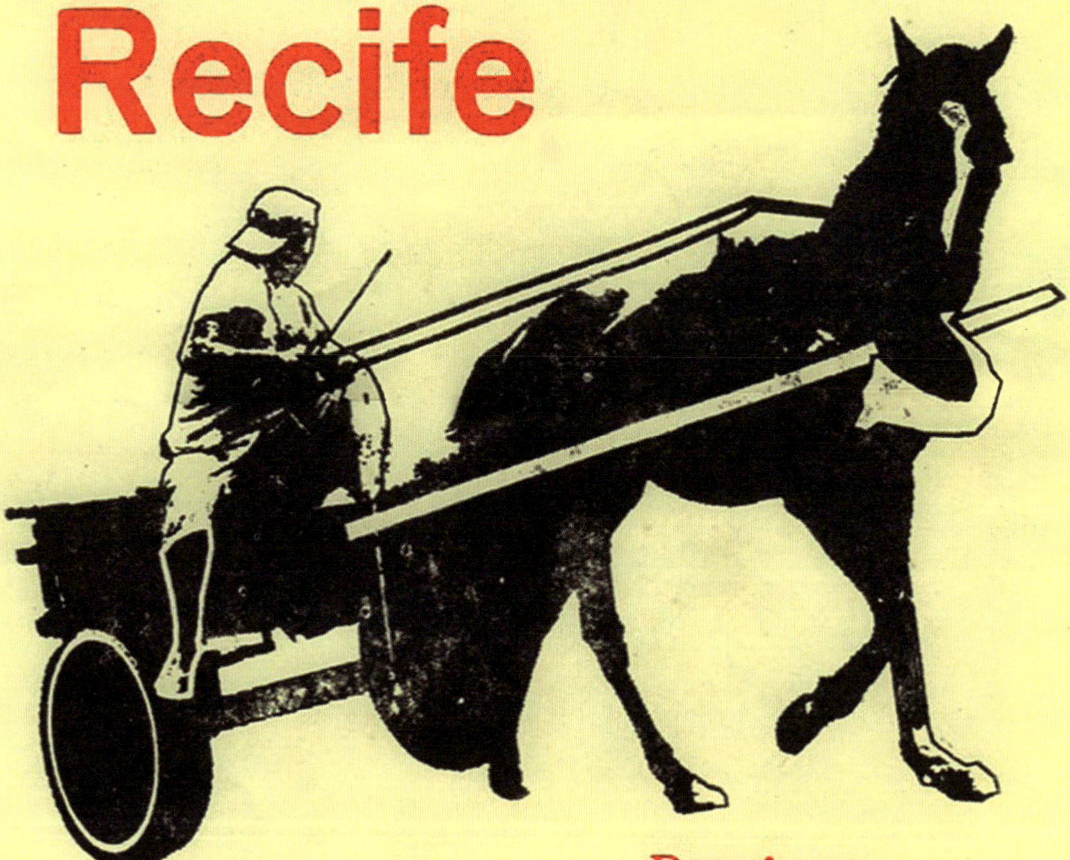

ORGANIZAÇÃO:

Peta - 8790-8887
João Lucas - 8640-5797
Jonathas - 8425-9646
Cristina - 9672-8897
Carlota - 9187-4474

Domingo,
5 de agosto
inscrição 14h
largada 15h
local: Marco Zero

PRÊMIOS

bode, porco, acessórios de montaria, distribuição de ração no final do cortejo

gravação de filme do filme O Levante

O levante
2012

Carroceiros, carroças e cavalos são proibidos de entrar no centro do Recife, ainda que sigam presentes na vida da cidade e nos arredores, transportando verduras e participando de cavalgadas, corridas e procissões. *O levante* parte de uma ação em torno desses testemunhos vivos da tradição rural, ao mesmo tempo entranhados na vida da cidade, ignorados no dia a dia e expulsos pela lei. Promovida pelo artista em um domingo de agosto, a 1ª Corrida de Carroças do Centro do Recife reuniu cerca de cinquenta carroças nas ruas de São José e Santo Antônio. Os vencedores foram premiados com bodes, e um cortejo ganhou a cidade vedada ao som da cantoria de João Aboiador. Para obter da prefeitura as licenças necessárias à realização da corrida, o artista usou como dispositivo/pretexto a realização do registro em vídeo; entendida como peça de ficção, a ação foi autorizada. Também integra a obra a documentação em fotos e textos *O que sobrou da 1ª Corrida de Carroças do Centro do Recife* (2014). Neles, a ideia excludente de desenvolvimento do Recife encontra o corpo vivo e volumoso de um grupo social que vive de transitar. *O levante* é parte do conjunto desenvolvido em torno do projeto *Museu do Homem do Nordeste*.

The Uprising
2012

Carts, carriages and horses are forbidden from entering the center of Recife, although they are still present in the life of the city and its surroundings for the transportation of agricultural produce as well as horse riding, races and processions. *O levante* [The Uprising] is based on living testimonies of rural traditions, entrenched in city life, while at the same time ignored in everyday life and prohibited by law. Promoted by the artist on a Sunday in August, the 1st Horse Race of Downtown Recife saw around fifty horses and carts brought together on the streets of São José and Santo Antônio. The winners were awarded with goats and a procession moved through the "forbidden" city to the sound of João Aboiador's singing. In order to obtain the required licenses for the race from the city hall, the artist used video footage as a device/pretext and the event was granted authorization as it was understood as a work of fiction. This work also comprises documentation in photos and texts entitled *O que sobrou da 1ª Corrida de Carroças do Centro do Recife* [What's Left of the 1st Horse Race of Downtown Recife] (2014). Here the exclusionary dimension of Recife's development comes into tension with the living and voluminous body of a social group living in transit. *O levante* is part of the collection of works developed around the *Museu do Homen do Nordeste* [Museum of the Man of the Northeast] project.

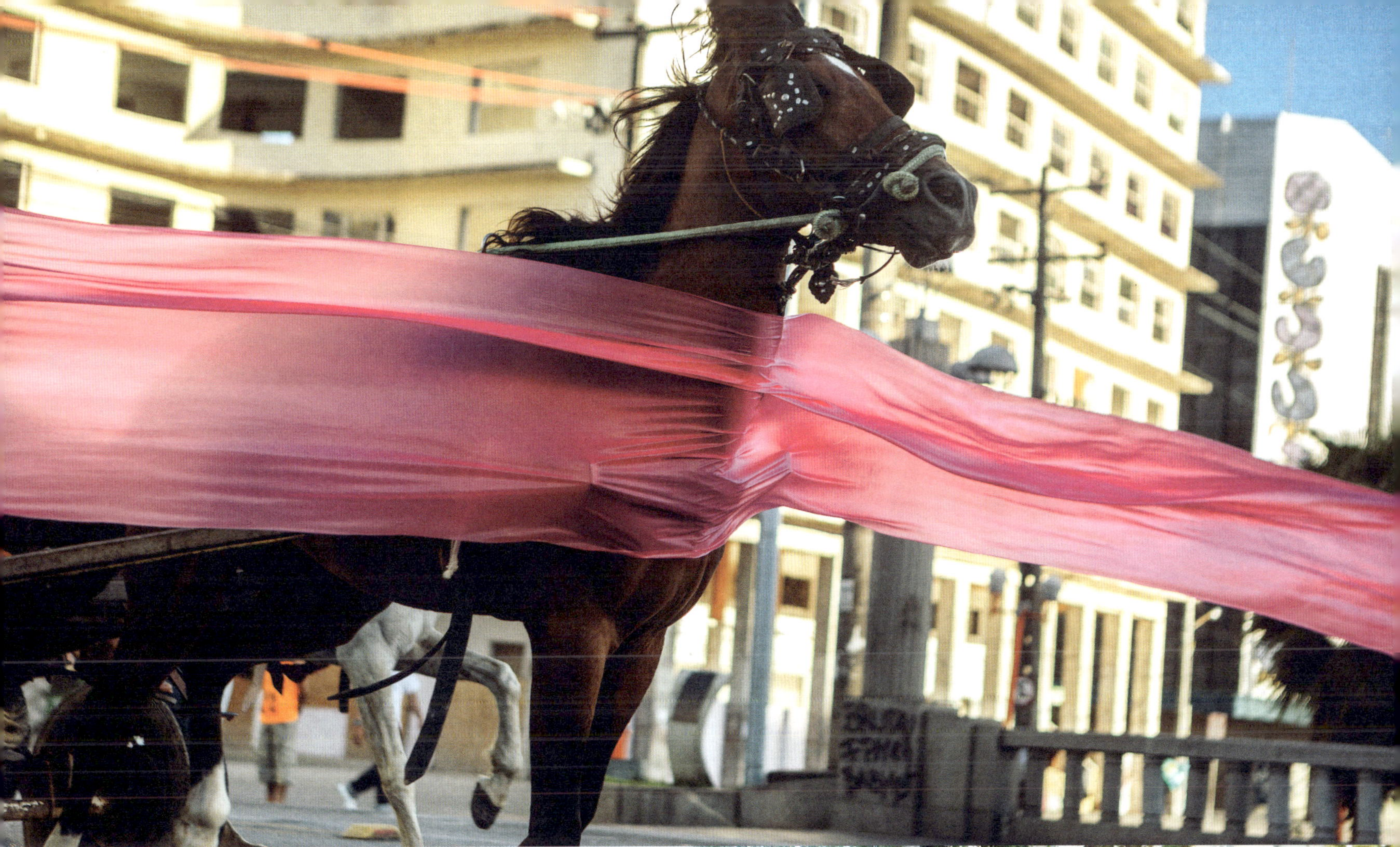

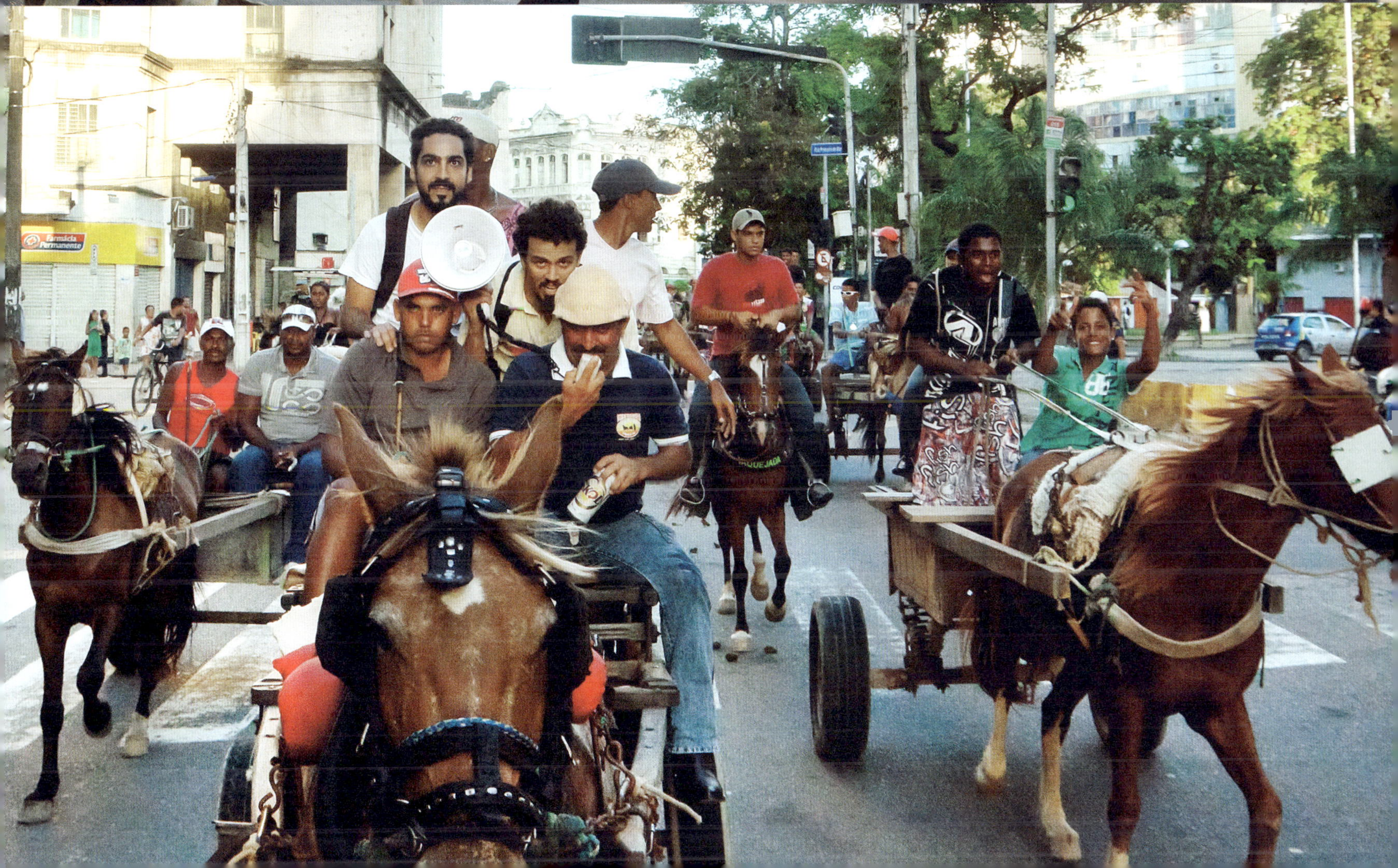

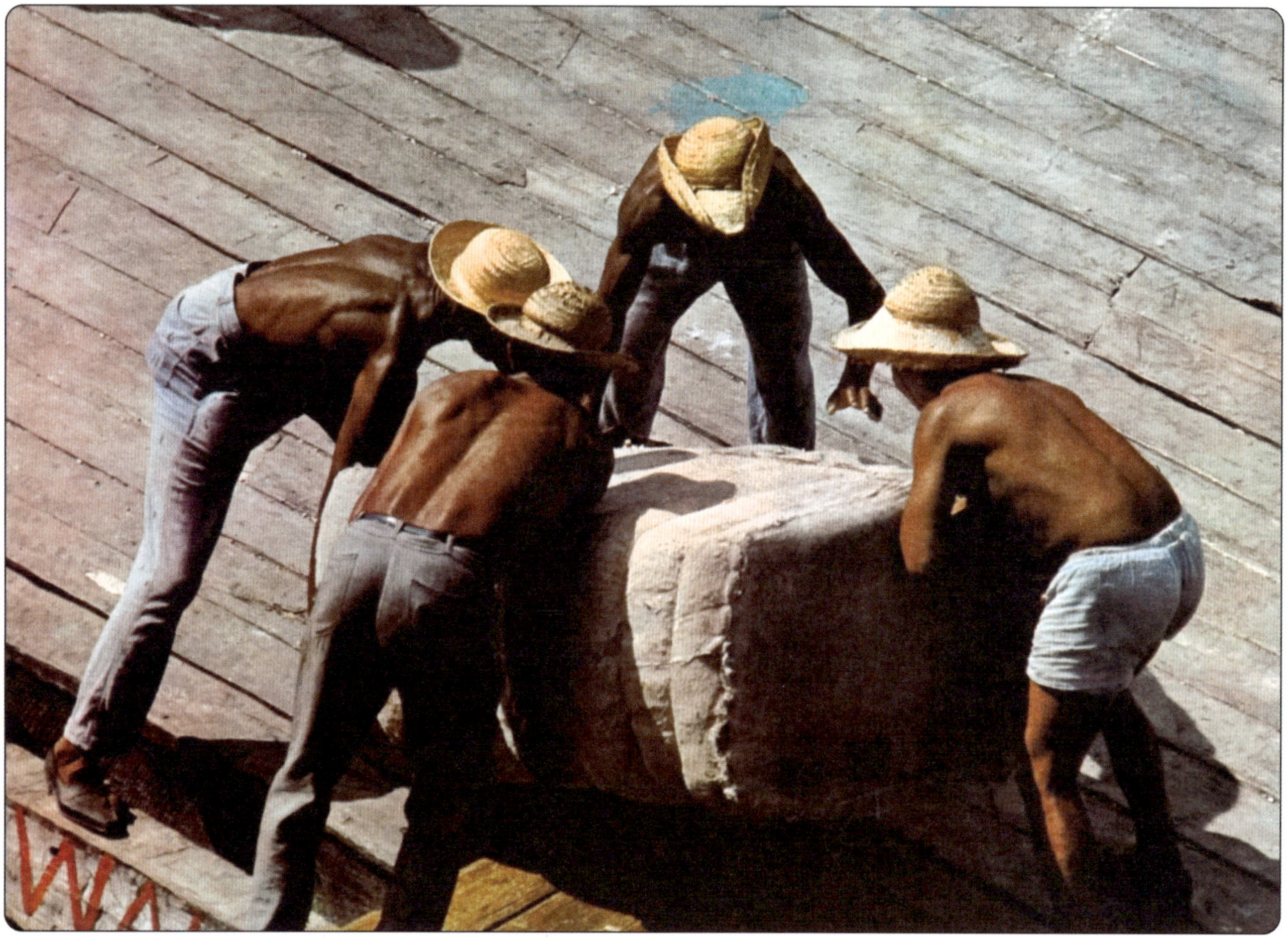

saque

Educação para adultos

2010

O projeto nasce de vinte cartazes educacionais da década de 1970, utilizados pela mãe do artista, que foi pedagoga na rede pública de ensino nos anos 1980 e 1990. Unindo imagens comuns e as palavras que as designam, o material usa conceitos do método Paulo Freire de alfabetização, que partia do universo vocabular do aluno, articulava aprendizado e formação de consciência e foi o cerne de uma campanha de Estado para ensinar dois milhões de brasileiros a ler, interrompida pelo golpe militar de 1964. Por um mês, os cartazes foram discutidos em encontros diários do artista com seis mulheres analfabetas, arregimentadas junto à Associação de Lavadeiras e Costureiras de Casa Amarela, no Recife. O percurso das conversas se transformava em pauta fotográfica para a criação de novos cartazes, que eram apresentados pelo artista ao grupo nas sessões seguintes, configurando uma espécie de engrenagem artístico-educacional. A obra empresta um fôlego de outro tempo para revelar uma utopia desajustada, que expõe a opressão sem saber se isso é, de fato, uma prática da liberdade.

Education for Adults
2010

This project takes its inspiration from twenty educational posters produced in the 1970s, used by the artist's mother, who herself was a teacher in the public school system during the 80s and 90s. Associating images of common things together with the words that designate them, the material adopts the concepts of Paulo Freire's methodology for achieving literacy – drawing from the student's own lexical world so as to stimulate learning and raise awareness – which formed the core of a state campaign to educate two million Brazilians to read, ultimately interrupted by the military coup in 1964. Over the course of a month these posters were discussed in daily meetings between the artist and six illiterate women members of the Association of Washerwomen and Seamstresses of Casa Amarela in Recife. These conversations led to a discussion about photographs that could become new posters, which were then presented to the group by the artist in the following sessions, constituting a type of type of artistic-educational interface. The work borrows from the zeal of another age to reveal a misaligned utopia that exposes oppression without knowing if this is, in fact, a practice of freedom.

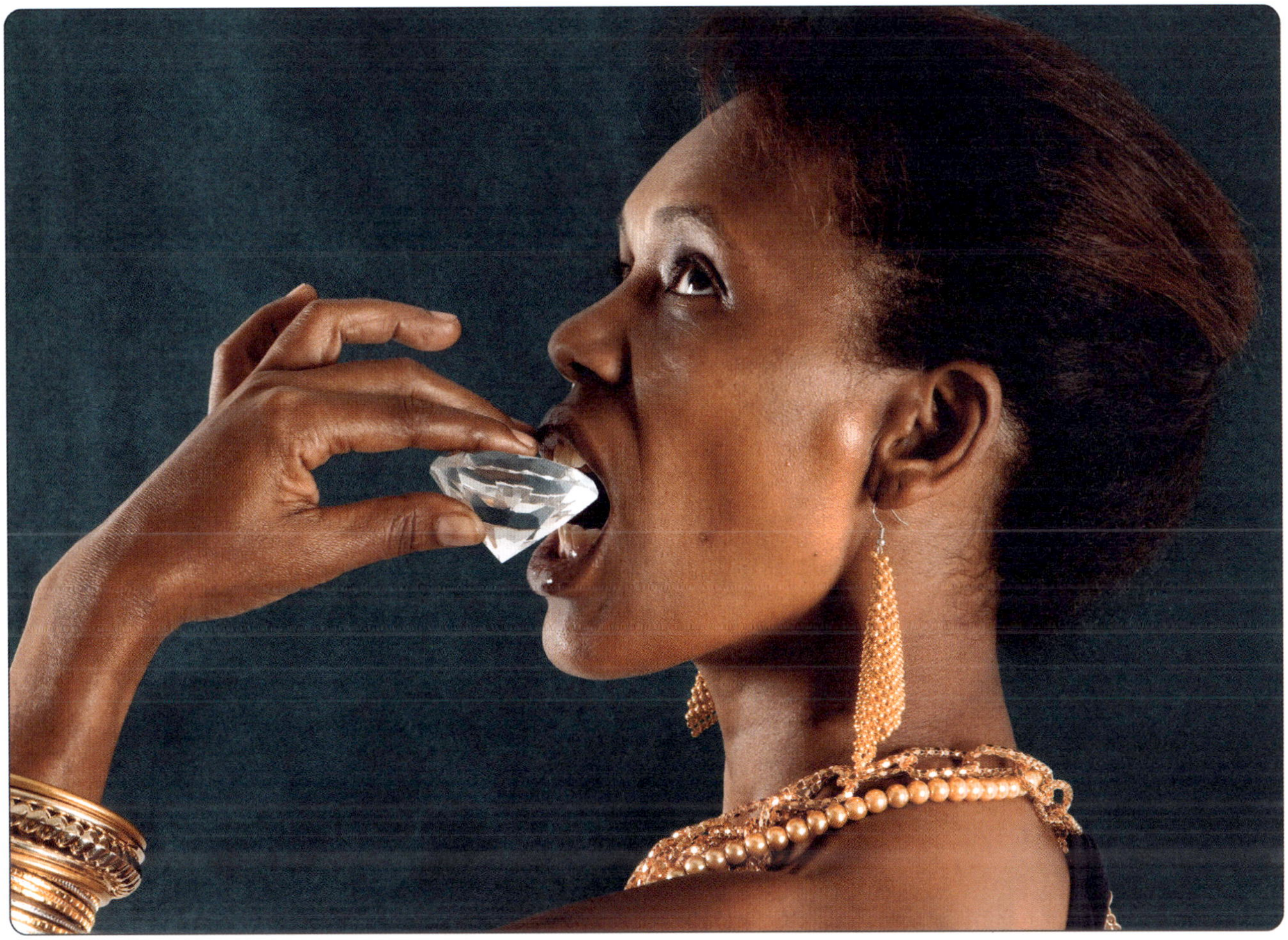

riqueza

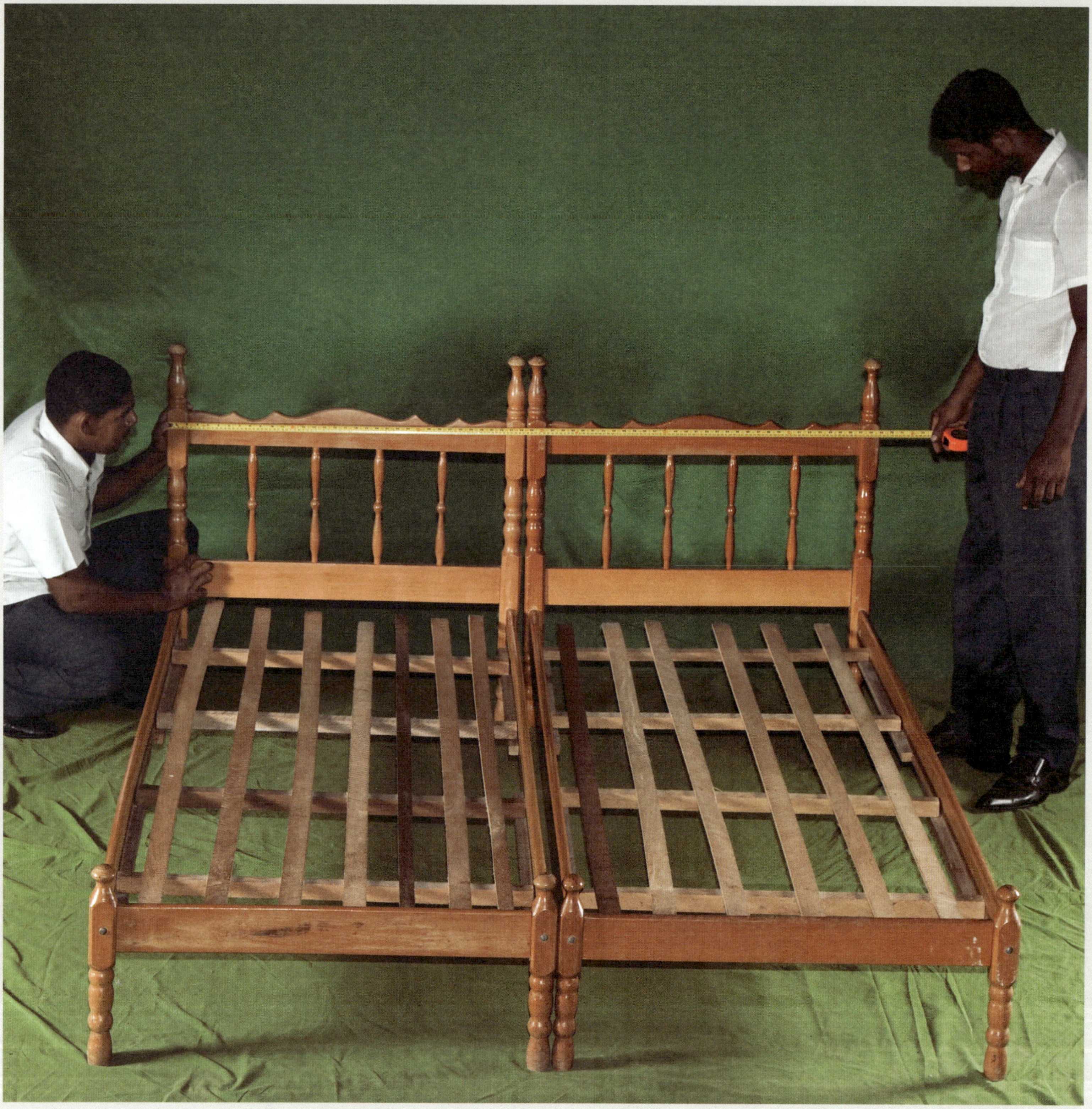

2 em 1
2010

O artista convida dois marceneiros, que integram uma associação da classe do bairro de Casa Amarela, no Recife, para transformar duas camas de solteiro em uma cama de casal. A ação é registrada em fotografias que, ao lado de desenhos técnicos explicativos, compõem uma instalação que apresenta a operação de junção de forma didática e reprodutível, aos moldes dos manuais de instruções do tipo "faça você mesmo". A obra coloca em tensão os limites que têm como necessariamente isoladas as partes de um espaço, tempo, coisa ou relação. Ao mesmo tempo em que remete à ideia de trabalho, o passo a passo da união das camas sugere metaforicamente as etapas de uma relação, o que é reforçado pela coreografia de colaboração e proximidade composta, nas imagens, pelo jogo dos corpos dos dois marceneiros.

2 in 1
2010

The artist invites two joiners who belong to a guild in the neighborhood of Casa Amarela in Recife to turn two single beds into a double bed. The activity is documented in photographs which, together with technical drawings as illustrations, form an installation that presents the technicalities of joinery in an educational and reproducible form, in a similar vein to "do-it-yourself" instruction manuals. The work places tension on the limits that keep parts of a space, time, thing or relationship necessarily isolated. While also expressing the idea of work, the steps taken in joining the beds together alludes metaphorically to the stages in a relationship, reinforced by the choreography of the collaboration and the proximity composed, in the images, by the interaction between the bodies of the two carpenters.

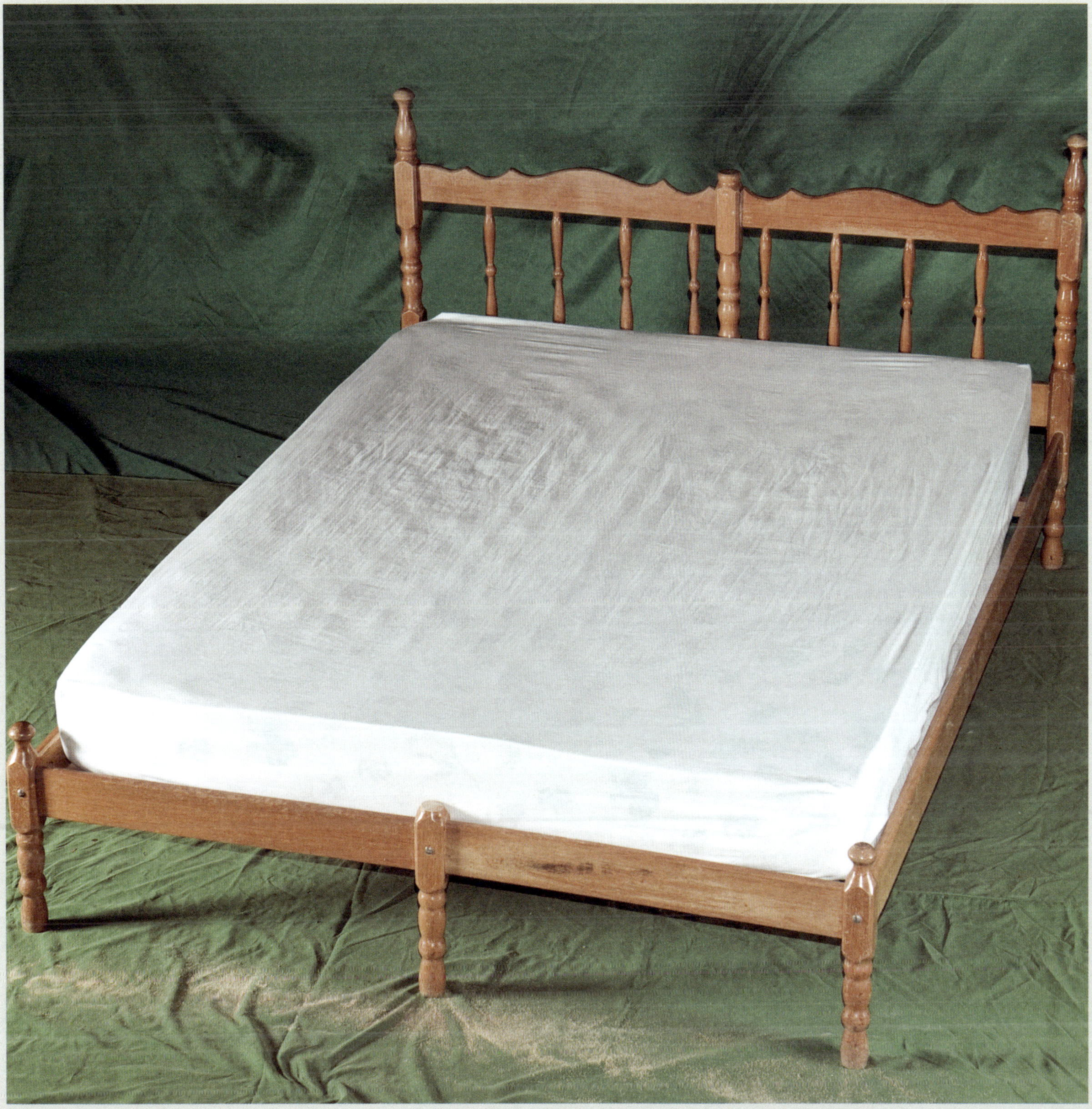

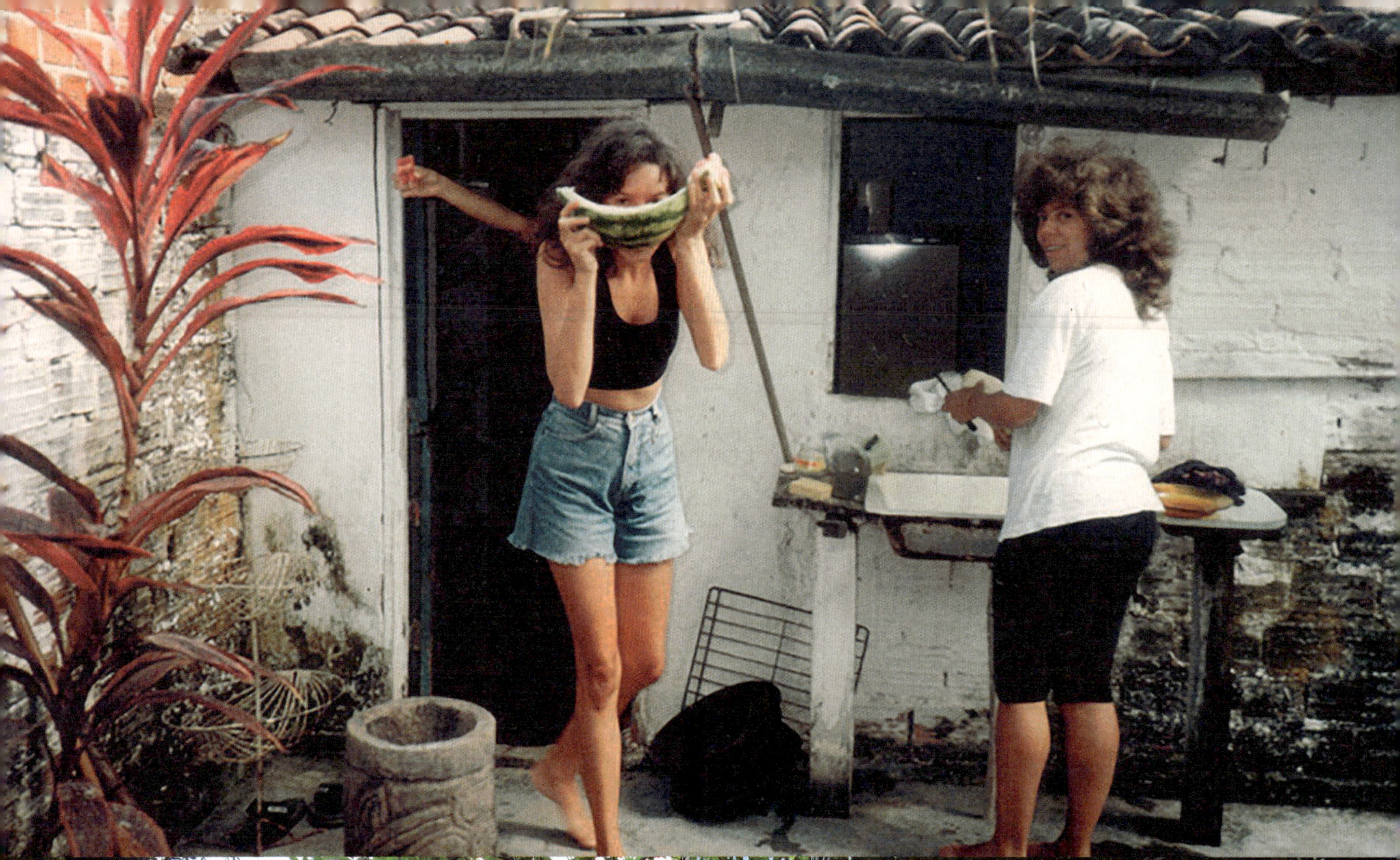

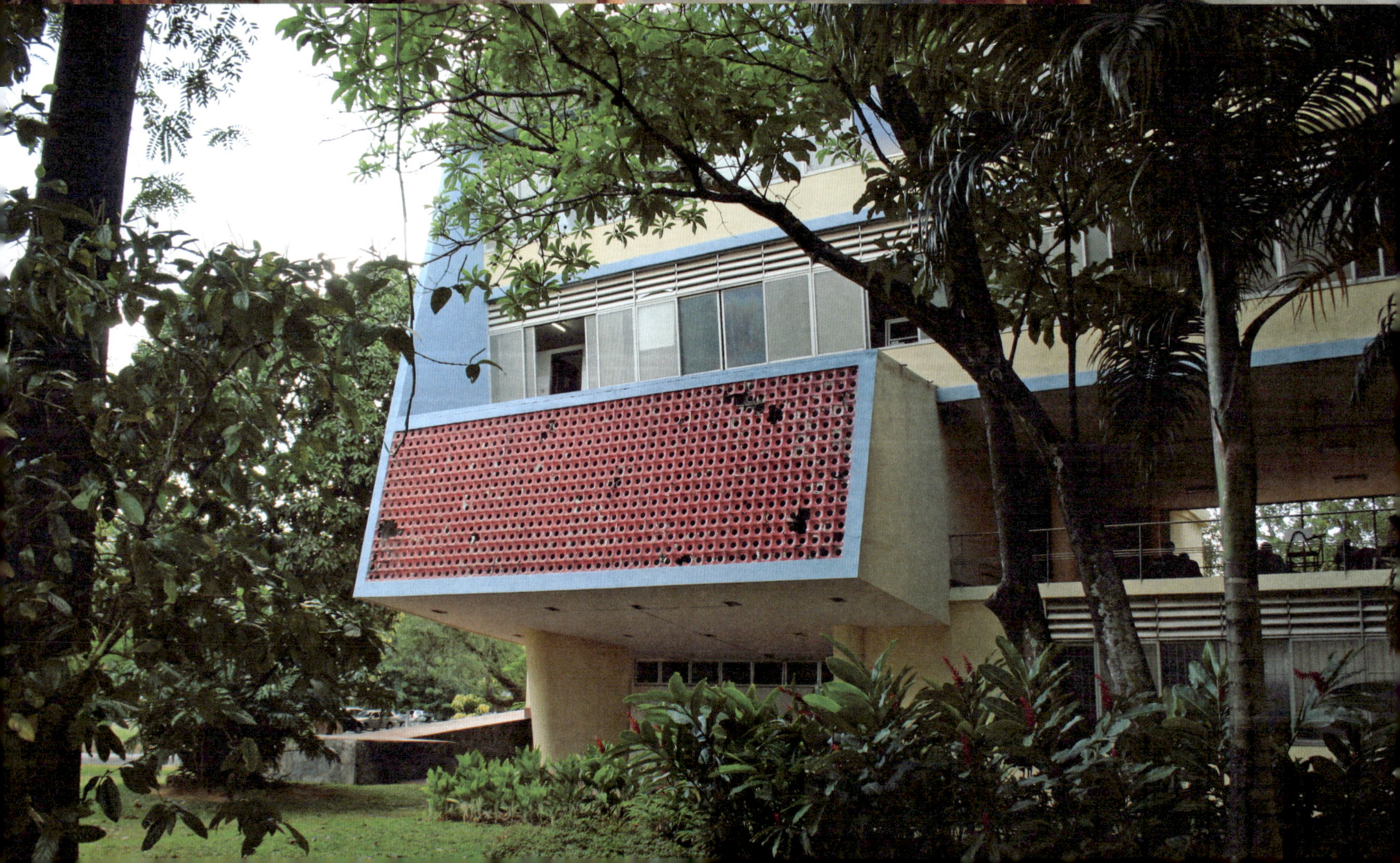

Ressaca tropical
2009

A instalação articula páginas de um diário amoroso encontrado no lixo no Recife e fotografias da cidade em vários tempos e registros, desde imagens históricas de Alcir Lacerda, da Fundação Joaquim Nabuco, a outras produzidas pelo artista ou colhidas em acervos pessoais. A partir de documentos que atravessam a segunda metade do século 20 e chegam ao presente, compõe-se uma ficção na qual Recife é uma cidade latino-americana qualquer, marcada ao mesmo tempo por uma tropicalidade erótica e pelos resquícios de um projeto modernista e desenvolvimentista externo à sua lógica.
Em um cenário que se mantém, construção e destruição se confundem, e arquitetura e natureza se enfrentam. Fragmentos de uma vida perdida no tempo e seus cruzamentos com a cidade conduzem uma obra que discute o legado modernista no continente, contrapondo ruína, desejo e natureza a construção, progresso e modernidade. Nesse olhar em retrospecto, o abandono se revela como um novo assentamento.

Tropical Hangover
2009

This installation presents pages from a love diary found in the trash in Recife together with photographs of the city at various moments throughout history, ranging from historical images of Alcir Lacerda, of the Joaquim Nabuco Foundation, to others produced by the artist or taken from personal collections. Based on documents that span the second half of the 20th century up to the present day, a fictional work emerges in which Recife could be any Latin American city, while at the same time featuring an erotic tropicality and the remnants of a modernist and developmentalist plan external to its own logic. In a scenario that continues to persist, construction and destruction interweave, and architecture and nature are set against each other. Fragments of a life trapped in time and the forms that it still dialogues with the city provide the focus for a work that discusses the legacy of modernism on the continent, juxtaposing the ruin, desire and nature with construction, progress and modernity. In this retrospective gaze, abandon emerges as a new settlement.

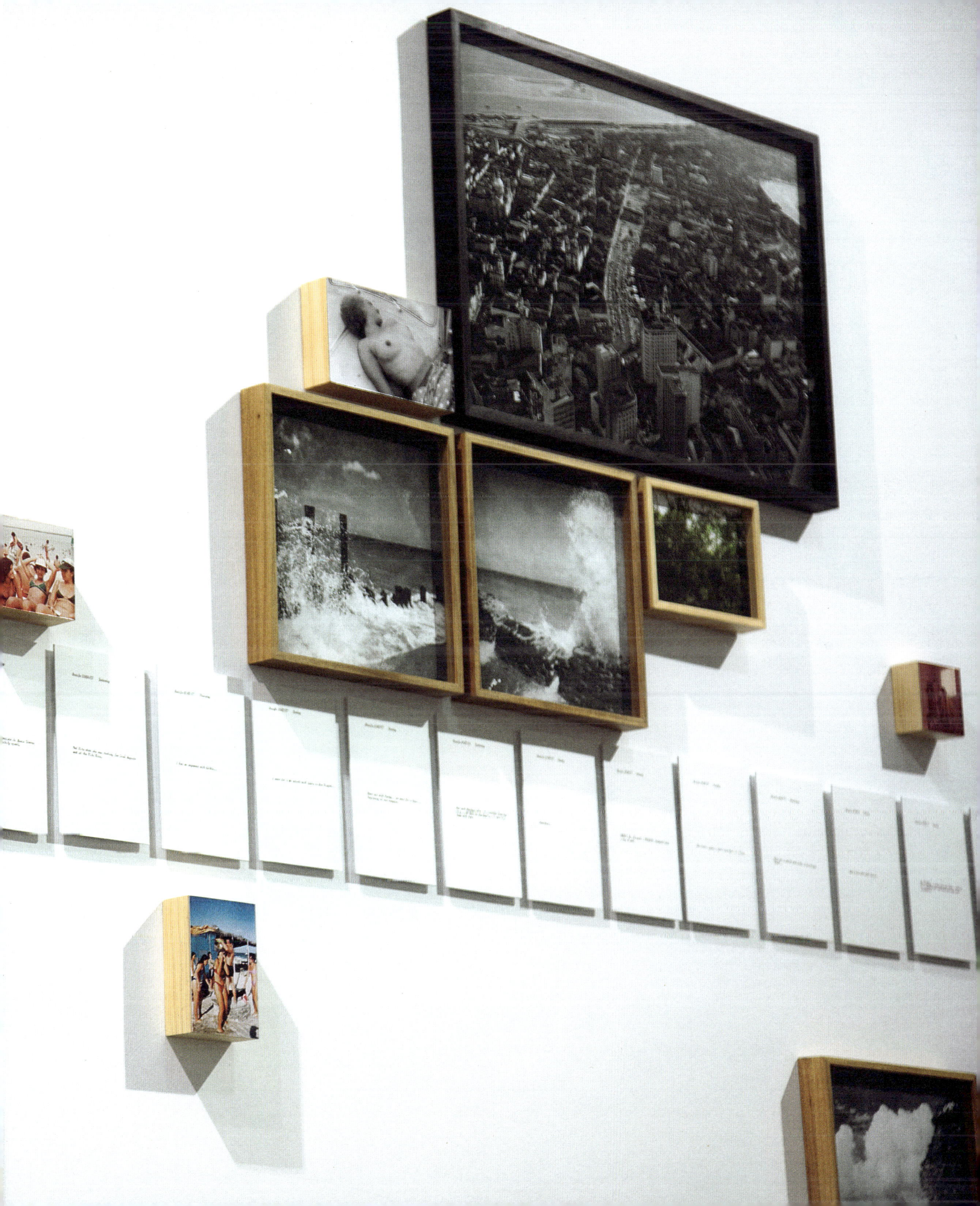

Jonathas de Andrade: politics of ambiguation and the unambiguable

Clarissa Diniz

In 2010, Jonathas de Andrade produced two works around the idea of cutting that were headed in opposite directions. Having just begun his career – whose inaugural work was *Amor e felicidade no casamento* [Love and Happiness in Marriage] (2007) – the artist seemed interested in investigating the meanings that are inscribed among topology. He was fictionalizing connections and scissions that, setting out from territories, bodies and materials, had the ultimate intention of critically fraying the politics of separability.

As the title indicates, *2 em 1* [2 in 1] challenged the limits that define the parts of a space, time, thing, or relationship as isolated. Emulating a do-it-yourself instruction manual, the work consisted in inviting two joiners to assemble a pair of single beds, which together formed a larger bed, usually called, in accordance with its social use, a double bed [in Portuguese referred to as a "couple's bed"].

From this topological gesture, Jonathas de Andrade provoked our imagination, subtly inviting us to think about who could be the couple whose bed demanded such an artifice to exist. The homoerotic insinuation was underlined by the play of the joiners' bodies, two men who, discreetly uniformed, performed a choreography of proximity that excited the hypothesis that they themselves were the subjects for whom the bed was intended. The perspective that cropped that constructive choreography, focusing on hands, touches or slightly sensual positions was, in turn, that of the artist: Jonathas' photographic gaze revealed itself as implicated in the situation, with Jonathas himself being the source of the silent eroticization of those gestures of assembly and, at the same time, the owner of the double bed he would share with his partner.

Despite the fact that, in *2 em 1*, by bringing the work of two black men to the foreground, a topic emerged – the social categories of "race" and "class" that started to establish themselves as central to Jonathas' research at that time – what we will take as a common thread here is, above all, the artist's formal and semantic strategy to produce a relationship and a bond from a context (in this case, gender) historically marked by the impossibility of union. In Brazil, for example, same-sex marriage was only legalized in 2011.

In 2009, Andrade concluded a study trip through so-called Latin America that would lead him to create works based on the topology of Chile: *Pacífico* [Pacific] (2010) and *Litoral Pacífico Sul-americano* [South American Pacific Coast] (2011). In them, in opposition to the unionist operation of *2 em 1*, he played with the political imaginary of separation, of the frontier, of the border. In *Pacífico*, using stop motion animation, he conjures up an earthquake whose intensity would have caused Chile to detach from the mainland, becoming an island and causing Bolivia to regain a coastline, which the country had lost in the War of the Pacific (1879-1883), a trauma that is thematized to this day in Bolivia's desire to regain, from the Chileans, access to the sea.

Later acquiring a version on paper named *Litoral Pacífico Sul-americano* – a map of the west coast of South America divided in two by the fictionalized separation – the work takes the operation of the cut as a poetic strategy to address the pained theme of geopolitical borders: a source of one of the greatest global challenges, migration. In doing so, Jonathas was especially interested in the political, historical, epistemological and ontological conformations that forge conceptions of unity, difference, and limits as categories, not only within discussions of gender or territory, but also from a methodological point of view.

In that same year he wrote "O gatilho" [The Trigger], a text in which, based on Orwell's concept of doublethink, developed in his dystopian novel *1984* (1949), the artist shapes his search for the political and poetic blurring of modern rationality, whose Cartesianism continues to hinder our relationship with what is uncertain, unstable, and in constant transformation. For Orwell, unlike cultural relativism, which legitimizes, because it isolates, the rationality of each signifying system on its own terms, doublethink engenders the challenge of continuing to think in relation, without, however, hierarchizing – and, therefore, excluding – the correlated positions. Doublethink would lead, finally, to the possibility of "knowing and not knowing [...] simultaneously defending two opinions that cancel each other out, knowing that they contradict each other, and yet believing in both."[1] This is an onto-epistemological horizon that renounces presumptions of truth and its moral derivations in order to plunge into contradiction and make it its critical and creative engine. For Orwell, doublethink "uses logic against logic" and "applies the process itself to the process."

Instigated by doublethink, "O gatilho" fictionalizes, from a politics that assumes and acts on contradictions, the "structuring

Jonathas de Andrade: políticas da ambiguação e o inambiguável

Clarissa Diniz

Em 2010, Jonathas de Andrade realizou duas obras em torno da ideia de corte que caminhavam em direções opostas. Apenas iniciando sua trajetória – cujo marco inaugural foi *Amor e felicidade no casamento* (2007) – o artista parecia interessado em investigar os sentidos que se inscrevem por entre a topologia. Ficcionalizava conexões e cisões que, partindo de territórios, corpos e matérias, tinham a intenção final de friccionar criticamente as políticas da separabilidade.

Como indica o título, *2 em 1* provocava os limites que definem como isoladas as partes de um espaço, tempo, coisa ou relação. Emulando um manual de instruções do tipo "faça você mesmo", o trabalho consistiu no convite a uma dupla de marceneiros para reunir um par de camas de solteiro, formando um leito maior, usualmente denominado, em conformidade com seu uso social, cama de casal.

A partir desse gesto topológico, Jonathas de Andrade provocava nossa imaginação, sutilmente convocando-nos a pensar sobre quem poderia ser o casal cujo leito demandava tal artifício para existir. A insinuação homoerótica era sublinhada pelo jogo dos corpos dos marceneiros, dois homens que, discretamente uniformizados, compunham uma coreografia de proximidade que excitava a hipótese de serem, eles próprios, os sujeitos aos quais a cama destinar-se-ia.

A perspectiva que recortava aquela coreografia construtiva, focando em mãos, toques ou posições ligeiramente sensuais, era, por sua vez, a do artista: o olhar fotográfico de Jonathas se revelava implicado na situação, sendo ele próprio a fonte da silenciosa erotização daqueles gestos de montagem e, ao mesmo tempo, o proprietário da cama de casal que passaria a compartilhar com seu companheiro.

A despeito de, em *2 em 1*, surgir um assunto que, ao colocar em primeiro plano o trabalho de dois homens negros, se firmava como central na pesquisa de Jonathas naquele momento – as categorias sociais de "raça" e "classe" –, o que tomaremos como fio condutor, aqui, é sobretudo a estratégia formal e semântica do artista para produzir relação e vinculação a partir de um contexto (neste caso, de gênero) historicamente marcado pela impossibilidade da união. No Brasil, por exemplo, o casamento entre pessoas do mesmo sexo só foi legalizado em 2011.

Já em 2009, Andrade concluíra uma viagem de pesquisa pela assim chamada América Latina que o levaria a criar obras em torno da topologia chilena: *Pacífico* (2010) e *Litoral Pacífico Sul-americano* (2011). Nelas, em sentido oposto à operação unionista de *2 em 1*, brincava com o imaginário político da separação, da fronteira, da divisa. Em *Pacífico*, recorrendo à animação *stop motion*, fabulou um terremoto cuja intensidade teria feito o Chile descolar-se do continente, tornando-se uma ilha e restituindo à Bolívia um litoral que o país perdeu na Guerra do Pacífico (1879-1883), trauma até hoje tematizado no desejo boliviano de retomar, dos chilenos, o acesso ao mar.

Posteriormente ganhando uma versão em papel, nomeada *Litoral Pacífico Sul-americano* – um mapa da costa oeste da América do Sul dividido em dois pela ficcionada separação – a obra tomava a operação do corte como estratégia poética para abordar o pesaroso tema das fronteiras geopolíticas, causa de um dos maiores desafios globais, a migração. Ao fazê-lo, Jonathas mostrava-se especialmente interessado nas conformações políticas, históricas, epistemológicas e ontológicas que forjam concepções de unidade, diferença e limite como categorias, não só no âmbito das discussões de gênero ou do território, como também do ponto de vista metodológico.

Data do mesmo ano o texto "O gatilho", no qual, a partir do conceito de *duplipensar* desenvolvido por George Orwell em seu romance distópico *1984* (1949), o artista dá forma a sua busca pelo borramento político e poético da racionalidade moderna, cujo cartesianismo segue dificultando nossa relação com o que é incerto, instável e está em constante transformação.

Para o escritor inglês, diferentemente do relativismo cultural que legitima, porque isola, a racionalidade de cada sistema de significação em seus próprios termos, o duplipensar engendra o desafio de seguir pensando *em relação*, sem, todavia, hierarquizar – e, logo, excluir – as posições correlacionadas. O duplipensar levaria, enfim, à possibilidade de "saber e não saber [...], defender simultaneamente duas opiniões que se cancelam mutuamente, sabendo que se contradizem, e ainda assim acreditar em ambas".[1] Trata-se de um horizonte onto-epistemológico que abdica de presunções de verdade e de suas derivações morais para mergulhar na contradição e fazer dela seu motor crítico e criador. Para Orwell, o duplipensamento "usa a lógica contra a lógica" e "aplica o próprio processo ao processo".

Instigado pelo duplipensar, "O gatilho" ficcionaliza, a partir da política que assume e age nas contradições, a "estruturação de uma nova relação com o mundo" cuja "antiga lógica racional impunha seguidas ciladas éticas, demandando justiça na

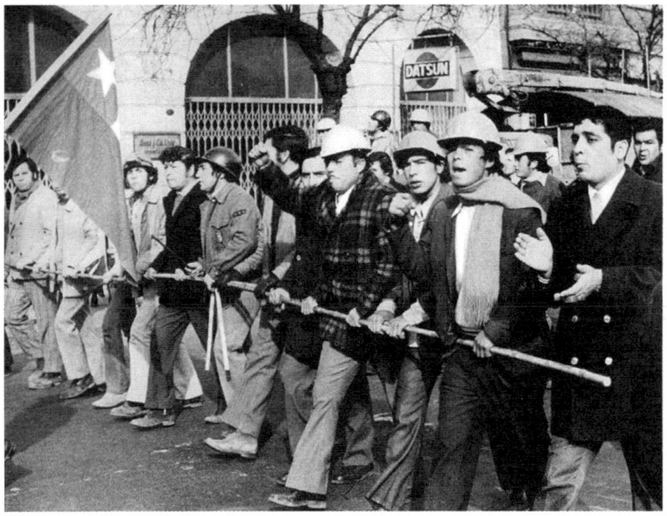
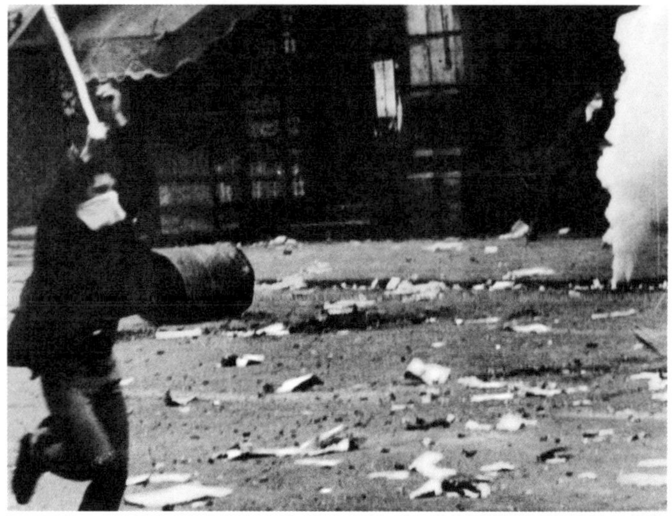

of a new relationship with the world" whose "old rational logic imposed ethical traps, demanding justice from injustice, decision from disproportion, responsibility from impossibility." In the text, situated in a kind of non-locatable future that nevertheless resembles the here and now, Andrade narrates how "superstimulus has calcified," "cooled the touch," producing an "acute and generalized feeling of historical discontinuity."[2]
From this "indissoluble contradiction" there would arise, however, a "reinterpretation of the nature of the checkmate": the "explosive power" of the opposites, "shamelessly experimenting with being the yes and the no, perhaps s i m u l t a n e o u s l y," a position that would open "paths of explosively contradictory availability in a rationally unfeasible world."[3] It is an ethical wager on the radicality of contradiction in the face of the collapse of the demonstrably racist, sexist, classist, speciesist, ecocidal, and separatist modern world design.
Jonathas' wager on Orwell's doublethink is in keeping with the way the artist Hélio Oiticica – also involved in the aesthetic-political relations implied by class, gender, and ethno-racial violence in Brazil – seems to understand art's critical position towards the world in his 1970 text *Brasil Diarreia* [Brazil diarrcha]:

> One must understand that a critical position implies unavoidable ambivalence; to be able to judge, to judge oneself, to choose, to create, is to be open to ambivalence, since absolute values tend to castrate any of these freedoms; I will even say: to think in absolute terms is to continually fall into error – to fatally grow old; to lead to a conservative position (conformism; paternalism, etc.); which does not mean that one should not choose firmly: the difficulty of a strong option is to always take on ambivalence and to unravel each problem bit by bit. To assume ambivalence does not mean to conformistically accept this whole state of affairs; on the contrary, one then aspires to call it into question. That is the point.[4]

For Oiticica and Andrade, "assuming ambivalence" represents, at different historical moments, an ethical and political perspective which are critical operations for artists whose social position does not coincide with that of bodies subalternized by colonization, racism, economic inequality, or even by the constructs of a Euro-ethnocentric, masculinist rationality, based on which bodies, epistemes, and ontologies have been destroyed, exoticized, silenced.
Occupying different perspectives within the geometry of exclusion that has structured the world for centuries, and in their ambition to engage with the social, political and aesthetic reimagining of Brazil, Hélio and Jonathas seem to have dedicated themselves to the investigation of the very onto-epistemological formulations that have historically given legitimacy to this geometry in its space-time. Confronted with the Great Divider – the separation between us and them, nature and culture, West and East, past and future, and a myriad of other dichotomies – their choices, from the locus of art, move towards the disturbance of the dividing line, seeking its collective abolition.
For Jonathas de Andrade, the central strategy of this war on separations as a modern identitarian and political resource has been *ambiguity*. It is less in the great contrasts of the regimes of opposition, but rather where equivalences apparently reside, that its power lies. It is there, where unity and consensus seem to exist, that it becomes urgent (and perhaps politically effective) to exercise modes of perception that make us aware not only of extrinsic distances, but of the "intensive difference, immanent to a divided singularity."[5] This understanding

Pacífico [Pacific], 2010
Vídeo [Video], HD
12 min.

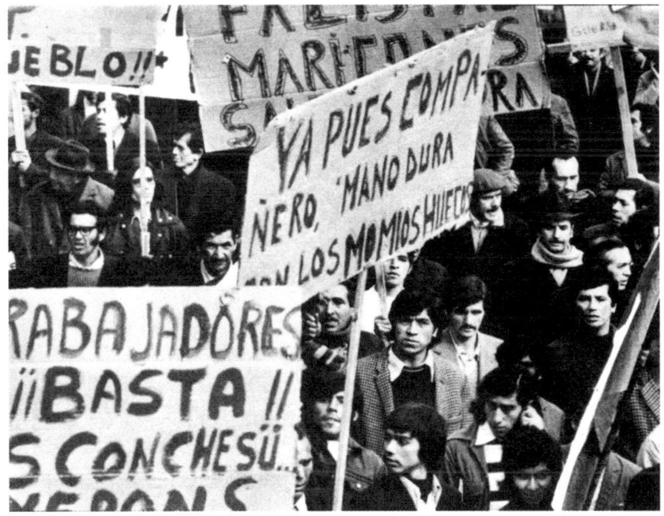

injustiça, decisão na desmesura, responsabilidade na impossibilidade". No texto, situado numa espécie de futuro não localizável que todavia se assemelha ao aqui e agora, Andrade narra como o "superestímulo calcificara", "arrefecera o tato", produzindo um "sentimento agudo e generalizado de descontinuidade histórica".[2]
Dessa "contradição indissolúvel" viria, todavia, uma "reinterpretação da natureza do xeque-mate": a "potência explosiva" dos opostos, "experimentando despudoradamente ser o sim e o não, talvez s i m u l t a n e a m e n t e", posição que abriria "caminhos de disponibilidade explosivamente contraditória num mundo racionalmente inviável".[3] Trata-se de uma aposta ética na radicalidade da contradição diante da derrocada do projeto moderno de mundo, comprovadamente racista, sexista, classista, especista, ecocida: separatista.
A aposta de Jonathas no duplipensar de Orwell filia-se ao modo como, no texto "Brasil diarreia" (1970), o artista Hélio Oiticica – também às voltas com relações estético-políticas implicadas nas violências de classe, de gênero e étnico-raciais no Brasil – parece entender a posição crítica da arte diante do mundo:

> É preciso entender que uma <u>posição crítica</u> implica em inevitáveis ambivalências; estar apto a julgar, julgar-se, optar, criar, é estar aberto às ambivalências, já que valores absolutos tendem a castrar quaisquer dessas liberdades, direi mesmo: pensar em termos absolutos é cair em erro constantemente – envelhecer fatalmente; conduzir-se a uma posição conservadora (conformismos; paternalismos etc.); o que não significa que não se deva optar com firmeza: a dificuldade de uma opção forte é sempre a de assumir as ambivalências e destrinchar pedaço por pedaço cada problema. Assumir ambivalências não significa aceitar conformisticamente todo esse estado de coisas; ao contrário, aspira-se então a colocá-lo em questão. Eis a questão.[4]

Para Oiticica e Andrade, "assumir ambivalências" representa, em momentos históricos distintos, uma perspectiva ética e política, operações críticas para artistas cuja posição social não coincide com aquela dos corpos subalternizados pela colonização, pelo racismo, pela desigualdade econômica ou mesmo pelos constructos de uma racionalidade euroetnocentricamente masculinista, a partir da qual corpos, epistemes e ontologias foram destruídos, exotizados, silenciados.
Ocupando perspectivas distintas na geometria da exclusão que há séculos estrutura o mundo, ao ambicionar engajar-se com a reimaginação social, política e estética do Brasil, Hélio e Jonathas parecem ter se dedicado à investigação das próprias formulações ontoepistemológicas que têm historicamente legitimado tal geometria em seu espaço-tempo. Diante do Grande Divisor – a separação entre nós e eles, natureza e cultura, Ocidente e Oriente, passado e futuro e uma infinidade de outras dicotomias –, e desde o lugar da arte, suas escolhas caminham na direção da perturbação da linha divisória, visando sua coletiva abolição.
Para Jonathas de Andrade, a estratégia central dessa guerra às separações como recurso identitário e político moderno tem sido a *ambiguação*. É menos nos grandes contrastes dos regimes de oposição, e sim onde aparentemente residem as equivalências, que se daria sua potência. É ali, onde parece existir unidade e consenso, que se faz urgente (e talvez politicamente eficaz) exercitar modos de percepção que nos tornem atentos não apenas às distâncias extrínsecas, mas à "diferença intensiva, imanente a uma singularidade dividida".[5] Essa compreensão circunscreve a ambiguação da linha divisória da cama de casal de

circumscribes the ambiguity of the dividing line of the *2 em 1* double bed, or the fictionalization of Chile's detachment, arising from the artist's perception of a spectral Pacific Ocean on the geopolitically nonexistent coast of Bolivia.

Thus, in the years following that emblematic 2010, Jonathas de Andrade's attention to methods of ambiguity – ways of producing mismatches between the most diverse meanings as a critical practice – would be inextricable from the themes and political concerns of his work.

Manuals, recipes, advertisements, booklets, maps, graphs and other discursive devices of technical or didactic intentionality will thus be the focus of work. Intrigued by the type of discursiveness that, in these texts, brings together word, image and narrative to produce a logical-structural rationality capable of being communicated and reproduced in a supposedly ordered and causal manner,[6] Jonathas focuses on understanding their forms of operation by disassembling them from the inside, emulating them in captious disconformity with their supposed univocity; ambiguating them.

By precipitating moments of instability, contradiction and ambivalence in the discursiveness with which he operates, the artist blurs the socially expected ordering of the senses. Before the strangeness – sometimes as discreet as it is ironic – of some of the syntactic, imagetic and narrative arrangements of his works, we are urged to denaturalize their strategies of enunciation, which leads us to look critically at discursive and poetic apparatuses, such as the recipe for the *nego bom* sweet, the practice of the census or methods of literacy.

It is in this direction that projects such as *Recenseamento moral da cidade do Recife* [Moral Census of the City of Recife] (2008), *Educação para adultos* [Education for Adults] (2010), *40 nego bom é um real* [40 Black Candies for R$ 1,00] (2013) and *Eu, mestiço* [Me, Mestizo] (2017), among others, set out from pre-existing practices or methodologies to, through exploring their own strategies, critically fold them against themselves, forcing the creation of lapses and contradictions within their own enunciation. We witness a poetics erecting itself, largely, as a program of using "logic against logic," applying "the process itself to the process."

To carry out this project, Andrade did not wade through dense theoretical or epistemological forests, but put down roots in the ordinary, drawing on the empirical experiences of an asymmetrically shared daily life, particularly in the city of Recife and the Northeast of Brazil, the region where he was born and lives. His choice of "place" does not come from an identitarian or geopolitical position, from a nationalistic or vainglorious perspective. It is, rather, a necessity: for the artist, the work cannot be separated from his experience as a social subject. It is therefore implicated in the layers – as geographical as they are historical, as atmospheric as they are moral, as cultural as they are political, as sexual as they are linguistic – that constitute the territory and its body. By taking his social position as the background of his research, he was eager to not only avoid the cynical unaccountability between artist and work, but to enhance just the opposite: its impossible and undesirable separability.

The way in which he has involved himself in his work does not approach, however, the confessional or biographical mode which we usually refer to with the binomial "art and life," nor the blatantly autoethnographic character of certain projects. Rather, the challenge he pursues is to reveal himself in the social and ontological perspective of his works, a way of exposing himself along with that or those who, through them, are exposed, as in a fable-like retroethnography: a gaze cast upon the world that, retroactively, reveals the implications of his own position and methods.

In this sense, one of his strategies has been the recourse to the disconnection between text and image. This is what he is experimenting with in *Educação para adultos*, a project in which he appropriates posters used in the adult literacy method devised by Paulo Freire and proposes their reinterpretation by a group of illiterate women[7] from a low-income neighborhood in Recife, with whom he worked for a month. In the political reading of these women and the artist, who update the social meanings of the terms used in the posters from the 1970s to the 21st century, the image/word correspondence of the pedagogical material is expanded and confused.

The group assigns the same term (such as "struggle") to two different (or opposite) images, showing – as Paulo Freire already pointed out – that meaning does not reside in words, but is ambivalent and contextually implicated, inseparable from the repertoires of the subjects that put them to use – and, therefore, inseparable from the positions of class, raciality or gender that are evident in the exchanges between the artist and the women. Addressing them without rendering them stagnant, the

2 em 1, ou a ficcionalização do descolamento do Chile, oriunda da percepção do artista de um espectral Oceano Pacífico na costa geopoliticamente inexistente da Bolívia.

Assim, nos anos seguintes àquele emblemático 2010, a atenção de Jonathas de Andrade a métodos de ambiguação – formas de produzir descoincidências entre sentidos, os mais diversos, como prática crítica – seria inextricável dos temas e preocupações políticas de sua obra.

Manuais, receitas, anúncios, cartilhas, mapas, gráficos e outros dispositivos discursivos de intencionalidade tecnicista ou didática serão, assim, focos de trabalho. Intrigado com o tipo de discursividade que, nesses textos, reúne palavra, imagem e narrativa para produzir uma racionalidade lógico-estrutural capaz de ser comunicada e reproduzida de modo supostamente ordenado e causal,[6] Jonathas se dedica a entender suas formas de operação ao desmontá-las por dentro, emulando-as em capciosa desconformidade com sua suposta univocidade; ambiguando-as.

Ao precipitar momentos de instabilidade, contradição e ambivalência na discursividade com a qual opera, o artista borra o socialmente expectado ordenamento dos sentidos. Diante do estranhamento – por vezes tão discreto quanto irônico – de alguns arranjos sígnicos, imagéticos e narrativos de seus trabalhos, somos instados a desnaturalizar suas estratégias de enunciação, o que nos leva a encarar com criticidade aparatos discursivos e poéticos como a receita do doce nego bom, a prática do recenseamento ou os métodos de alfabetização.

É nessa direção que se dão projetos como *Recenseamento moral da cidade do Recife* (2008), *Educação para adultos* (2010), *40 nego bom é um real* (2013) e *Eu, mestiço* (2017), entre outros, que partem de práticas ou metodologias preexistentes para, explorando suas próprias estratégias, dobrá-las criticamente contra si mesmas, forçando a criação de lapsos e contrassensos no seio de sua própria enunciação. Testemunhamos uma poética erigir-se, em grande parte, como um programa de uso da "lógica contra a lógica", aplicando "o próprio processo ao processo".

Para levar adiante esse projeto, Andrade não se embrenhou por densas florestas teóricas ou epistemológicas, mas fincou raízes no ordinário, recorrendo às experiências empíricas de um cotidiano assimetricamente compartilhado, em especial na cidade do Recife e no Nordeste do Brasil, região onde nasceu e reside. Sua escolha do "local" não advém de uma posição identitária ou geopolítica, de uma perspectiva nacionalista ou ufanista. É, antes, uma necessidade: para o artista, a obra não se separa de sua experiência como sujeito social. Portanto, está implicada nas camadas – tão geográficas quanto históricas, tão atmosféricas quanto morais, tão culturais quanto políticas, tão sexuais quanto linguísticas – que constituem o território e seu corpo. Ao tomar sua posição social como pano de fundo de pesquisa, ansiava não apenas evitar a cínica desresponsabilização entre artista e obra, mas potencializar justo o contrário: sua impossível e indesejável separabilidade.

A forma como ele tem se implicado em sua obra não se aproxima, todavia, do modo confessional ou biográfico ao qual habitualmente nos referimos com o binômio "arte e vida", nem ao caráter escancaradamente autoetnográfico de certos projetos. Antes, o desafio que persegue é revelar-se na perspectiva social e ontológica de seus trabalhos, um modo de expor-se junto àquilo ou àqueles que, por meio deles, se expõem, como numa fabulada retroetnografia: um olhar lançado ao mundo que, retroativamente, revela as implicações de sua própria posição e métodos.

Nessa direção, uma de suas estratégias tem sido o recurso à descoincidência entre texto e imagem. É o que experimenta em *Educação para adultos*, projeto no qual, apropriando-se de cartazes utilizados pelo método de alfabetização de adultos concebido por Paulo Freire, propõe sua reinterpretação por um grupo de mulheres[7] iletradas de um bairro popular do Recife, com as quais trabalhou por um mês. Na leitura política dessas mulheres e do artista, que atualizam para o século 21 os significados sociais dos termos usados nos cartazes dos anos 1970, expande-se e confunde-se a correspondência imagem/palavra do material pedagógico.

O grupo chega a atribuir um mesmo termo (como "luta") a duas imagens distintas (ou opostas), fazendo ver, como já apontava Paulo Freire, que os sentidos não residem nas palavras, mas são ambivalentes e contextualmente implicados, inseparáveis dos repertórios dos sujeitos que os colocam em uso – e, portanto, inseparáveis das posições de classe, racialidade ou gênero que se evidenciam nas trocas entre o artista e as mulheres. Abordando-as sem estancá-las, a obra conserva as descoincidências como convite para que os sentidos ali expressos se mantenham em permanente e crítica ambiguação.

O exercício proposto aqui por Jonathas encontra eco no seu muitas vezes repetido gesto de convocar alteridades a colaborar com

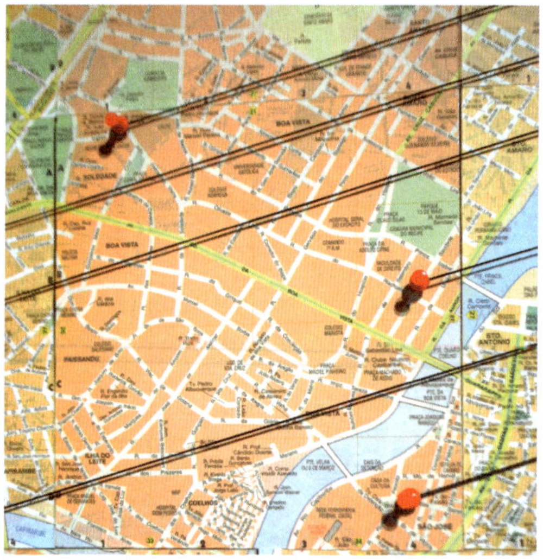

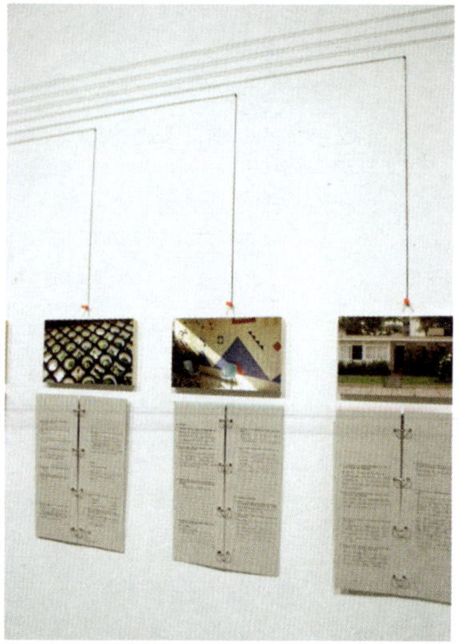

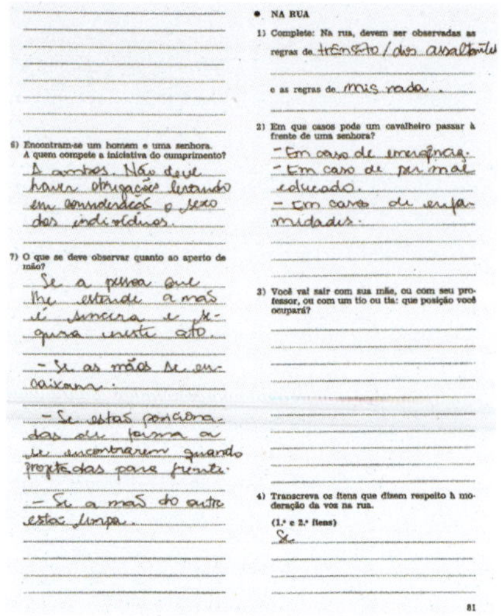
6) Encontram-se um homem e uma senhora. A quem compete a iniciativa do cumprimento?

7) O que se deve observar quanto ao aperto de mão?

- Se as mãos se encaixam.

- Se a mão do outro está limpa.

• NA RUA

1) Complete: Na rua, devem ser observadas as regras de trânsito / dos assaltantes

e as regras de mis rada.

2) Em que casos pode um cavalheiro passar à frente de uma senhora?

- Em caso de emergência.

- Em caso de ser mal educado.

3) Você vai sair com sua mãe, ou com seu professor, ou com um tio ou tia: que posição você ocupará?

4) Transcreva os ítens que dizem respeito à moderação da voz na rua.

(1.º e 2.º ítens)

81

work preserves the mismatches as an invitation for the meanings expressed therein to remain in permanent and critical ambiguity. The exercise proposed here by Jonathas is echoed in his often repeated gesture of inviting alterities to collaborate on his projects, ambiguating them from an empirical dimension through the use and reappropriation he makes of them from multiple perspectives: "The picture is there; and I do not dispute its correctness. But what is its application?",[8] Wittgenstein asked himself.

This is a wager on the ordinary, material and bodily dimension of knowledge – far from the Cartesian fiction that once bequeathed us the delirious hypothesis of the separation between body and mind, reason and emotion, giving value, in such dualisms, to the universalizing abstraction that thought and its rationality postulated it could produce. With particular attention to language and eschewing a theorizing and technicizing approach to the experience of the world, the artist creates situations that deal with living signs, because they are in constant ambiguity and transformation, proposing language games that revive meaning by putting it to use: "Every sign *alone* appears dead. [...] In use, it lives."[9]

This strategy is not always shared among living subjects. If in works such as *Recenseamento moral da cidade do Recife*, *Jogos dirigidos* [Directed Games] (2019), *A batalha de todo dia de Tejucupapo* [Tejucupapo Daily Battle] (2022), or the ensemble *Museu do Homem do Nordeste* [Museum of the Man of the Northeast] (2013-), Jonathas effectively relies on the participation or collaboration of people with whom he constituted the works, *Ressaca tropical* (2009) [Tropical Hangover] – a nevralgic project within his work and way of thinking – was, in turn, developed out of the appropriation of a diary found by chance by a friend of the artist, who gifted him with the find.

Dating from the late 1970s, the diary belonged to a young CELPE (former Pernambuco electricity company) employee, and, in its minimalist information, contains notes about his life as a state-owned company worker, about Recife and the world in urban and political transformation, such as his relationships with women, almost always with a sexual emphasis.

In the installation derived from Andrade's encounter with the document, archive images, aerial photographs of Recife, maps, family albums, and pages from the diary intersect. In the work, it is the libidinous perspective of the young worker that renders ambiguous the developmentalism's heroic narrative not only of Recife, but also of other Brazilian cities that imagined themselves modern amidst avenues, skyscrapers, favelas, viaducts, embankments and garbage dumps. In the face of the diary's erotic drive, that entire modernist edifice already appeared as ruin, doomed to be devoured by the irrepressible desire of bodies and the transformational force of time.

The laconic dimension of the diary that originated *Ressaca tropical* was crucial to sustain its critically ambiguous tone. Often ending in reticence and offering information that was quantitatively precise, but scarcely qualified, adjectivized or interpreted, the diary held empty the necessary gaps for ambiguity. From this work comes, therefore, a central lesson in Andrade's oeuvre: the appreciation of a non-persuasive discursiveness, which does not yearn to lead its audiences to a specific understanding or to univocal meanings. Beyond the texts that liberate themselves from the ambition of directing their interpretation by others, discursive fragmentation is another of their artifices of ambiguation. Dismembering the projects' data collaborates towards straining the dividing lines that hierarchize meaning, multiplying them in several directions. The artist often spatializes his statements, performing them in texts, images, videos and objects that are spread installatively as a way of sabotaging any attempt at political, semantic or spatial synthesization, as in

Recenseamento moral da cidade do Recife [Moral Census of the City of Recife], 2008
Mapa adesivado sobre suporte acrílico, 20 formulários, 20 fotografias, fios de lã [Adhesive map on acrylic support, 20 forms, 20 photographs, woolen yarn]
Comissionado por [Commissioned by] SPA das Artes, Recife

Eu, mestiço [Me, Mestizo], 2017
Impressão UV sobre placas de papelão falconboard 16mm [UV print on falconboard 16mm]
Dimensões variáveis [Dimensions variable]
Comissionado por [Commissioned by] Instituto Moreira Salles

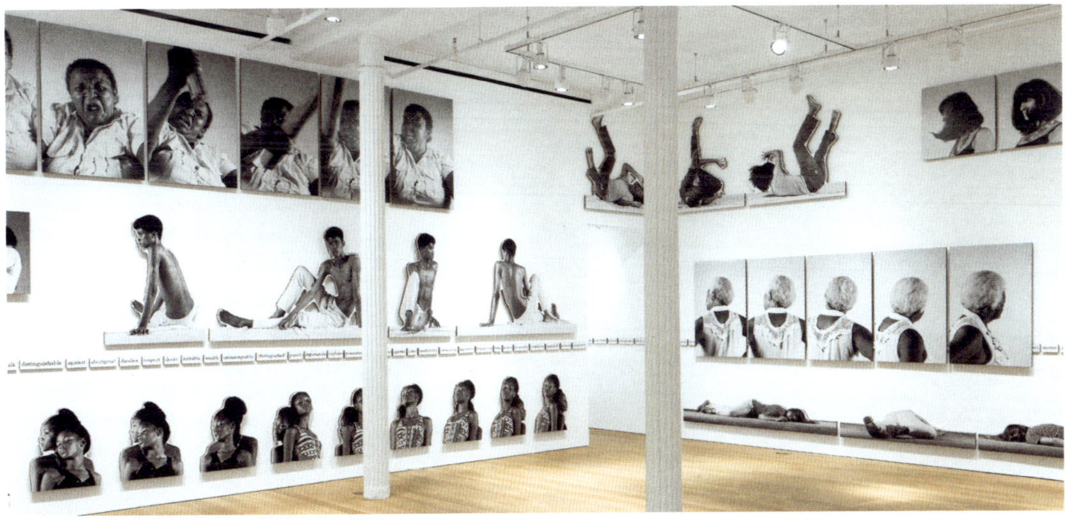

seus projetos, ambiguando-os a partir de uma dimensão empírica, pelo uso e pela reapropriação que faz deles com base em múltiplas perspectivas: "A imagem está aí; e não contesto sua justeza. Mas o que é o seu emprego?",[8] perguntava-se Wittgenstein.
Trata-se de uma aposta na dimensão ordinária, matérica e corporal do conhecimento – em tudo distante da ficção cartesiana que outrora nos legou a delirante hipótese da separação entre corpo e mente, razão e emoção, valorizando, nesses binarismos, a abstração universalizante que o pensamento e sua racionalidade postulavam poder produzir.
Com especial atenção à linguagem e esquivando-se de uma abordagem teoricizante e tecnicizante da experiência do mundo, o artista cria situações que lidam com signos vivos, porque em constante ambiguação e transformação, propondo jogos de linguagem que avivam os sentidos ao colocá-los em uso: "Todo signo *sozinho* parece morto. [...] No uso, ele vive".[9]
Essa estratégia nem sempre é partilhada entre sujeitos viventes. Se em obras como *Recenseamento moral da cidade do Recife*, *Jogos dirigidos* (2019), *A batalha de todo dia de Tejucupapo* (2022) ou o conjunto *Museu do Homem do Nordeste* (2013-) Jonathas efetivamente contou com a participação ou colaboração de pessoas com as quais constituiu os trabalhos, *Ressaca tropical* (2009) – projeto nevrálgico em sua obra e forma de pensar – foi, por sua vez, elaborado a partir da apropriação de um diário encontrado por acaso por uma amiga do artista, que o presenteou com o achado.
Datado do final dos anos 1970, o diário pertenceu a um jovem funcionário da CELPE (antiga Companhia de Eletricidade de Pernambuco), e, em suas informações minimalistas, articula notas sobre sua vida como trabalhador de empresa estatal, sobre o Recife e o mundo em transformação urbanística e política, e sobre seus relacionamentos com mulheres, quase sempre com ênfase sexual.
Na instalação derivada do encontro de Andrade com o documento cruzam-se imagens de arquivo, fotografias aéreas do Recife, mapas, álbuns de família e páginas do diário. Na obra, é a perspectiva libidinosa do jovem trabalhador que torna ambígua a narrativa heroica do desenvolvimentismo não só do Recife, como também de outras cidades brasileiras que se imaginavam modernas por entre avenidas, arranha-céus, favelas, viadutos, aterramentos e lixões. Diante da pulsão erótica do diário, toda aquela edificação modernista já parecia ruína, destinada a ser devorada pela irrefreabilidade do desejo dos corpos e da força transformadora do tempo.
Para sustentar o tom criticamente ambíguo de *Ressaca tropical*, foi crucial a dimensão lacônica do diário que a originou. Muitas vezes terminando em reticências e oferecendo informações quantitativamente precisas, mas pouco qualificadas, adjetivadas ou interpretadas, o diário mantinha vazias as lacunas necessárias à ambiguação. Dessa obra vem, portanto, um aprendizado central na obra de Andrade: o apreço a uma discursividade não persuasiva, que não anseia conduzir seus públicos a um entendimento específico ou a sentidos unívocos.
Além dos textos que se libertam da ambição de dirigir a interpretação alheia, a fragmentação discursiva tem sido outro de seus artifícios de ambiguação. Desmembrar os dados dos projetos colabora para tensionar as linhas divisórias que hierarquizam os sentidos, multiplicando-as em várias direções. O artista muitas vezes espacializa seus enunciados, performando-os em textos, imagens, vídeos e objetos que se espalham instalativamente como forma de sabotar qualquer tentativa de sintetização política, semântica ou espacial, como em *Ressaca tropical*, *40 nego bom*

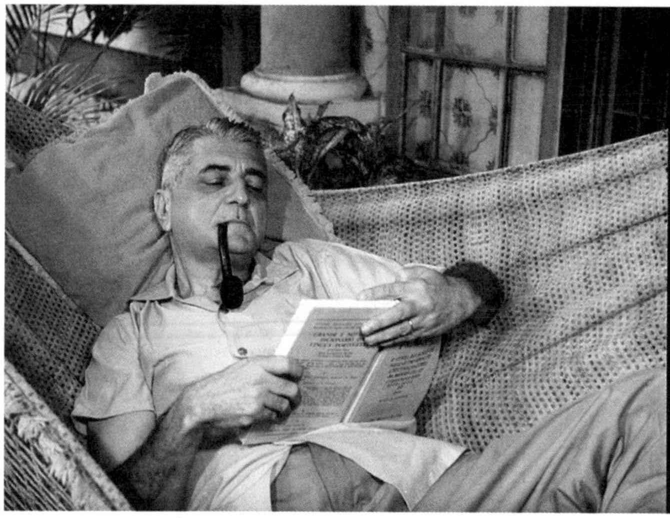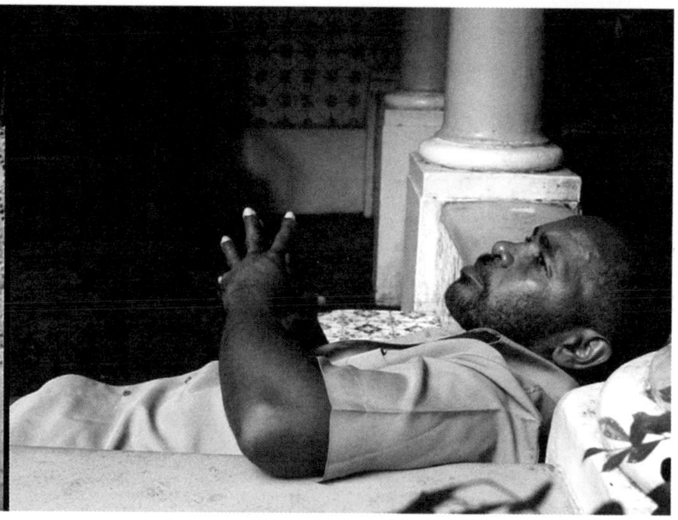

Ressaca tropical, 40 nego bom é 1 real, or *O que sobrou da 1ª Corrida de Carroças do Centro do Recife* [What's Left of the 1st Horse Race of Downtown Recife] (2012-2014).
The attention to the topological dimension of language and the senses would find another central element in Andrade's poetics: the body. Programmatically interested in dismantling the politics – topological, linguistic, social, racial, etc. – of separability, Jonathas will take the body not only as an inherent part of his positions and constructions, but also as the engine of criticism and creation that his work finds and produces in the world. As already revealed in "O gatilho," the perception, the wisdom and the desire that arise from the bodies will be understood as a political force capable of collaborating towards the abolition of the Great Divider, without, however, neutralizing or cynically denying its disparities, conflicts and contradictions:

> And they began to glimpse one another, to recognize one another: knife in the breasts, breasts out. Still politically asleep and in a somewhat childish way, they resumed the design of a new generation, finding another pulse, their own trigger; they opened paths of explosively contradictory availability in a rationally unfeasible world.[10]

Desire, read through the body, is the backdrop for several of his projects, or part of their method itself. It is not, however, an abstract, ahistorical, generic desire. Implicated in his work and yearning to make of it a retroethnographic critique, it is his body itself that the artist puts in relation to it, carrying with it the markers of a corporeality that is masculine, Northeastern, gay, and, in his own understanding, mestizo. From this position, Jonathas' work is a political and poetic complex around homosexuality – in turn, also ambiguous.
Part of the ambiguation strategies come from the fragmentation or subtraction of the body. It is what happens in *Suar a camisa* [Sweating the Shirt] (2014), a set of shirts that were exchanged, donated or bought one by one through negotiations with workers approached by the artist in the street, and in *Achados e perdidos* [Lost and Found] (2020), a collection of speedos left behind in the locker rooms of Recife's clubs and collected by Jonathas, worn on torsos modeled by sculptors from Tracunhaém and reassembled in sets that emulate homoerotic movements. In these projects, the indices of bodies – shirts and speedos with signs of wear, of time and the singularity of the people who once wore them – coexist with devices that emphasize their absence, such as coat hangers and torsos. Without a face or identity, the bodies alluded to ultimately circumscribe the social and sexual position of the artist, who exposes his own fetishes while performing the discrepancy between his work, art, and the stereotype of the worker. Thus, the artist's gestures are retroactive upon themselves, yearning to sustain a play of glances whose ambiguity fosters critical perceptions about how bodies are unequally implicated in relations of power, labor, and eroticism in our society.
However, it is in the extensive *Museu do Homem do Nordeste* project that we witness how the relationality between bodies can be experienced with greater complexity, as a method of creation and criticism. In this set of works – a double of the museum of the same name founded in 1979 in Recife by sociologist and writer Gilberto Freyre –, Andrade deals directly with the racial and sexual stereotypes surrounding the "man from the Northeast." To this end, he takes literally the supposedly

O caseiro [The Housekeeper], 2016
Vídeo [Video]
8 min.

Fachada para o Museu do Homem do Nordeste [Façade for the Museum of the Man of the Northeast], 2013
Pintura de parede [Wall painting]
Galeria Vermelho, out./nov. [oct.-nov.] 2013

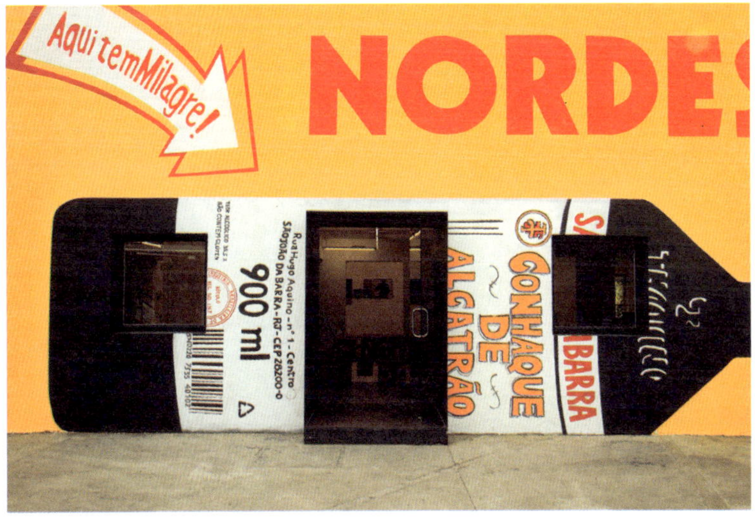

é um real ou *O que sobrou da 1ª Corrida de Carroças do Centro do Recife* (2012-2014).

A atenção à dimensão topológica da linguagem e dos sentidos encontraria outro elemento central na poética de Andrade: o corpo. Programaticamente interessado no desmonte das políticas – topológicas, linguísticas, sociais, raciais etc. – da separabilidade, Jonathas tomará o corpo não só como parte inerente de suas posições e construções, mas também como motor da crítica e da criação que sua obra encontra e produz no mundo. Como já revelava "O gatilho", a percepção, a sabedoria e o desejo que surgem dos corpos serão compreendidos como força política capaz de colaborar para a abolição do Grande Divisor, sem, todavia, neutralizar ou negar cinicamente suas disparidades, conflitos e contradições:

> E começaram a entreolhar-se, a reconhecer-se: faca nos peitos, peitos pra fora. Ainda politicamente adormecidos e de maneira um tanto infantil, retomavam o desenho de uma nova geração, encontrando um outro pulso, o próprio gatilho; abriam caminhos de disponibilidade explosivamente contraditória num mundo racionalmente inviável.[10]

O desejo, lido através do corpo, é o pano de fundo de vários de seus projetos, ou parte do próprio método. Não é, contudo, um desejo abstrato, a-histórico, genérico. Implicado em sua obra e ansiando fazer dela uma crítica retroetnográfica, é o próprio corpo que o artista coloca em relação, carregando consigo os marcadores de uma corporeidade masculina, nordestina, gay e, em seu próprio entendimento, mestiça. Dessa posição, a obra de Jonathas é um complexo político e poético em torno da homossexualidade – por sua vez, também ambiguada.

Parte das estratégias de ambiguação advém da fragmentação ou da subtração do corpo. É o que acontece em *Suar a camisa* (2014), conjunto de blusas trocadas, doadas ou compradas uma a uma por meio de negociações com trabalhadores abordados pelo artista nas ruas, e em *Achados e perdidos* (2020), coleção de sungas esquecidas em vestiários de clubes do Recife e recolhidas por Jonathas, vestidas em torsos modelados por escultores de Tracunhaém e remontados em conjuntos que emulam movimentos homoeróticos.

Nesses projetos, os índices dos corpos – camisas e sungas com sinais de uso, do tempo e da singularidade das pessoas que um dia as vestiram – convivem com dispositivos que sublinham sua ausência, como cabides e torsos. Sem rosto ou identidade, os corpos aludidos terminam por circunscrever a posição social e sexual do artista, que expõe seus próprios fetiches ao passo que performa a discrepância entre seu trabalho, a arte e o estereótipo do trabalhador. Desse modo, os gestos do artista retroagem sobre si mesmos, ansiando sustentar um jogo de olhares cuja ambiguidade fomente percepções críticas sobre como os corpos se implicam de forma desigual em relações de poder, trabalho e erotismo em nossa sociedade.

Todavia, é no amplo projeto *Museu do Homem do Nordeste* que podemos testemunhar como a relacionalidade entre corpos pode ser experimentada com maior complexidade, como método de criação e de crítica. Nesse conjunto de obras – um duplo do museu de mesmo nome, fundado em 1979, no Recife, pelo sociólogo e escritor Gilberto Freyre – Andrade lida diretamente com os estereótipos raciais e sexuais em torno do "homem do Nordeste". Para fazê-lo, toma o título supostamente universal do museu (no qual "homem" equivale

universal title of the museum (in which "man" is equivalent to "humanity"), and thus fashions a museum, one might say ironically, of the "Northeastern macho."

In the 2014 assembling of his *Museu do Homem do Nordeste* at the Museu de Arte do Rio, the artist made explicit the operation of plunder that sustains his gesture. From the appropriation of a poster (1980) advertising the original institution, which reads "Meet the Northeastern Man in your Museum," he elaborated a concrete plaque that, positioned beside it, announced: "I am a man from the Northeast. The museum is mine." Together, the two statements highlighted the social, political, cultural and ethno-racial conflict surrounding the imaginary of the region, ironically vying for the authority of who can speak for the Northeast.

The artist's provocation towards the institutionality that yearns to represent the region of Brazil where colonization began – and on which, during the first centuries of the territory's exploitation, colonial economy and politics were dependent – extends, in turn, to the bodies historically urged to represent it.

It was largely through the work of Freyre and his contemporaries (writers, artists, lawyers, politicians, musicians and "folklorists," among others) that precisely those bodies subalternized by coloniality were transformed into regional icons, in an ideological operation that aimed to neutralize the violence of this historical relationship. Thus, the cane-cutter – almost always a black body, enslaved to work on sugarcane plantations –, reinterpreted as the "northeastern worker" who is strong enough to face the *sertão*, drought and compulsory migration, became the stereotype that Freyre's museum aimed to positivize.

Despite being a man who was born and lives in the Northeast, Jonathas de Andrade is not *that* man from the Northeast. Racially and socially privileged in the face of the traumatic history of slavery in Brazil, the artist neither fits the phallocentric and racially sexualized stigma produced around the "man from the Northeast," whose masculinity is frayed by Andrade's gender identity.

It was this complex web of ambivalences that drove him to develop the series *Cartazes para o Museu do Homem do Nordeste* (2013) [Posters for the Museum of the Man of the Northeast]. From his body and his perspective, he summoned other men from the Northeast so that, in relation, they could show the social, racial and sexual chasms that have historically separated them. His tool of ambiguity to expose the mismatch between the various men of the Northeast was the body, sexuality and desire.

After publishing newspaper ads inviting men to participate in a photographic essay for the posters of the museum he would create, in texts that deliberately reiterated stereotypes of the northeasterners such as "I'm looking for a strong, hard-working dark-skinned man," he produced images with a sometimes tense erotic atmosphere, marked by exchanges of glances that rendered the implicated sexualities ambiguous.

The eroticism that destabilizes the chauvinistic version of the imaginary concerning the northeasterner is, in turn, underlined by cards that are part of the installation, indicating, from the artist's point of view, how the relationship between the subjects involved in the making of the images came about. Projected onto the walls by means of the public's handling, they are non-persuasive texts, like the diary in *Ressaca tropical*: notes on sexual attraction, (un) encounters, work, mobility, money. They expose the discrepancies between the artist and those photographed in their asymmetrical intersectionality, offering us the possibility of putting their own gestures in critical perspective by, for example, laying bare their fetishes and privileges.

In this sense, in dealing with the omnipresent implications between racism and the imaginaries surrounding the Northeast, Jonathas de Andrade includes, in his equation, whiteness itself, making it an accomplice of this ever-updating historical complex. Here is the most acute ethical-political ambivalence of the project: by ambiguating, through his own body and the body of the other, the erotic and power relations between subjects in asymmetrical positions, wouldn't the artist be reproducing the racist methods he aspires to put under a critical perspective? Doesn't the methodological reiteration necessary for ambiguation itself, as a critical project, encounter limits when confronted with the concreteness of the racial and social positions of those who are historically marked by the literal and daily struggle for the right to affirm themselves (and not ambiguate themselves) as subjects, as humans?

Facing such ethical and political crossroads, Jonathas de Andrade seems to respond with the continuous ambiguation of ambiguity, creating more unstable and uncomfortable layers among the political meanings of his work: "I offer complex games because I can't offer ready-made utopias,"[11] he confesses. To this end, his antiracist political commitment calls for the exacerbation of the position of whiteness that erects not only his work, but almost all the artistic canons with which we

a "humanidade") em sua literalidade e, assim, fabula um museu, poder-se-ia dizer ironicamente, do "macho nordestino".

Na montagem de 2014 de seu *Museu do Homem do Nordeste*, no Museu de Arte do Rio, o artista explicitou a operação de saque que sustenta seu gesto. A partir da apropriação de um cartaz (1980) de divulgação da instituição original, no qual se lê "Conheça o Homem do Nordeste no seu Museu", ele elaborou uma placa de concreto que, situada ao lado, anunciava: "Sou um homem do Nordeste. O museu é meu". Juntos, os dois enunciados evidenciavam o conflito social, político, cultural e étnico-racial em torno do imaginário da região, ironicamente disputando a autoridade de quem pode falar pelo Nordeste.

A provocação do artista à institucionalidade que anseia por representar a região do Brasil onde a colonização começou – e da qual, durante os primeiros séculos de exploração do território, dependeram a economia e a política coloniais – se estende, por sua vez, aos corpos historicamente instados a representá-la.

Em grande parte por meio da obra de Freyre e contemporâneos (escritores, artistas, advogados, políticos, músicos e "folcloristas", entre outros), justamente os corpos subalternizados pela colonialidade foram transformados em ícones regionais, numa operação ideológica que visava neutralizar a violência dessa relação histórica. Assim, o homem cortador de cana – quase sempre um corpo negro, escravizado para trabalhar nas plantações de cana-de-açúcar – reinterpretado como o "trabalhador nordestino" de força capaz de enfrentar o sertão, a seca e a migração compulsória, tornou-se o estereótipo que o museu de Freyre visava positivar.

Apesar de ser um homem nascido e residente no Nordeste, Jonathas de Andrade não é *esse* homem do Nordeste. Racial e socialmente privilegiado diante da traumática história da escravidão no Brasil, o artista tampouco se encaixa no estigma falocêntrico e racialmente sexualizado produzido em torno do "homem do Nordeste", cuja masculinidade é friccionada pela identidade de gênero de Andrade.

Foi movido por essa complexa trama de ambivalências que ele desenvolveu a série *Cartazes para o Museu do Homem do Nordeste* (2013). A partir de seu corpo e de sua perspectiva, convocou outros homens do Nordeste para que, em relação, pudessem dar a ver os abismos sociais, raciais e sexuais que os têm historicamente separado. Sua ferramenta de ambiguação para expor a descoincidência entre os vários homens do Nordeste foi o corpo, a sexualidade, o desejo.

Após publicar anúncios em jornais convocando homens a participar de um ensaio fotográfico para os cartazes do museu que forjaria, em textos que deliberadamente reiteravam estereótipos do nordestino, como "Procuro moreno forte, trabalhador", produziu imagens de atmosfera por vezes tensamente erótica, marcada por trocas de olhares que tornam ambíguas as sexualidades implicadas.

O erotismo que desestabiliza a versão machista do imaginário em torno do nordestino é, por sua vez, sublinhado por fichas que compõem a instalação, indicando, do ponto de vista do artista, como se deu a relação entre os sujeitos envolvidos na elaboração das imagens. Projetados nas paredes mediante a manipulação do público, são textos não persuasivos, como o diário de *Ressaca tropical*: notas sobre atração sexual, (des)encontros, trabalho, mobilidade, dinheiro. Expõem as discrepâncias entre o artista e os fotografados em sua interseccionalidade assimétrica, oferecendo-nos a possibilidade de colocar seus próprios gestos em perspectiva crítica ao, por exemplo, escancarar seus fetiches e privilégios.

Nesse sentido, ao tratar das onipresentes implicações entre o racismo e os imaginários em torno do Nordeste, Jonathas de Andrade inclui, em sua equação, a própria branquitude, tornando-a cúmplice desse complexo histórico em permanente atualização. Temos aqui a mais aguda ambivalência ético-política do projeto: ao ambiguar, através de seu próprio corpo e do corpo do outro, as relações eróticas e de poder entre sujeitos em posições assimétricas, o artista não estaria reproduzindo os métodos racistas que anseia colocar em perspectiva crítica?

A reiteração metodológica necessária à própria ambiguação, enquanto projeto crítico, não encontra limites quando defrontada com a concretude de posições raciais e sociais dos que estão historicamente marcados pela luta literal e cotidiana pelo direito a afirmar-se (e não a ambiguar-se) enquanto sujeitos, enquanto humanos?

Diante de tais encruzilhadas éticas e políticas, Jonathas de Andrade parece responder com a contínua ambiguação da ambiguidade, criando mais camadas instáveis e desconfortáveis por entre os sentidos políticos de sua obra: "Ofereço jogos complexos porque não consigo oferecer utopias prontas",[11] confessa.

Para tanto, seu compromisso político antirracista pede a exacerbação da posição de branquitude que erige não só seu trabalho, como quase todos os cânones artísticos com os quais

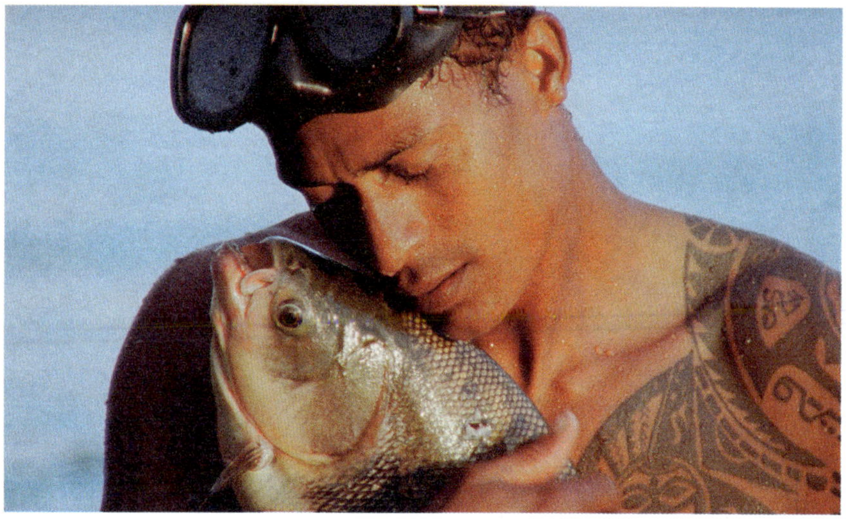

O peixe [The Fish], 2016
16mm digitalizado em [Transferred to] 2k
37 min.
Produzido com recursos [Produced with funds from the] Funcultura e Governo do Estado de Pernambuco, 2015

Suar a camisa [Sweating the Shirt], 2014
120 camisas de trabalho, 120 suportes de madeira desmontáveis [120 work-related shirts, 120 dismountable wooden supports]
Dimensões variáveis [Dimensions variable]

operate, something that this text is also an example of. The honesty of his retroethnographic interest demands, in turn, that his ambiguation imply the vulnerabilization not of the other, but of himself, making use of a "twisted mirror" to produce a "twisted mimesis"[12] – because it is critically ambiguous – of his own position, body, desire, language.

This is what is intended by the project *Com o coração saindo pela boca* [With the Heart Coming Out of the Mouth] (2022), a semantic, imagetic and performative complex that takes Andrade's own language as its basis, filling it with interpretations that reveal the artist's political readings and social positions on Brazil.

From a collection of Brazilian expressions which are based on the body, Jonathas confronts the very ambiguity of language. Although they are based on signs that, like the tongue, bottom or eyes, are of unmatched concreteness, given that they refer to our own constitution as humans, these expressions make them richly ambivalent and even deranged by isolating the limbs from the body's integrality. They make up, with the body and its semiological and political interpretations, the ambiguation that so interests the artist.

The installation is composed of two movements. On one hand, the collection of expressions, accompanied by examples of their everyday use, deploys the strategies of indexing and spatializing information common to his other series. On the other, the sculptures and the photographic arrangements that illustrate them, not from a logic of allegory, but with delirious literalness, attempt to portray, in matter and form, the images precipitated by the expressions.

This is a gesture whose radical literalness is unprecedented in Andrade's career, which illustrates popular sayings without incurring in the pretension of interpreting, translating, or defining them in their specificities, but rather pointing to some examples and possibilities of use and applications.

Anchored in the artist's already significant experience with non-persuasive enunciations, the work also reverberates the fragmentations that, of interest to the artist as a strategy of ambiguity and topological thinking, constitute the way the body is pronounced in the expressions: cut out, dismembered. In doing so, he "uses logic against logic itself," curiously reiterating, with non-hermeneutic literality, the delirious dimension of these expressions and their singular way of attributing meaning to the plural, elusive and contradictory experience of the world and, especially, of Brazil. Thus, in the Brazilian pavilion at the Venice Biennial, where the country is supposed to be represented, we do not find an ordered narrative about the country, but a myriad of interpretive keys rooted in examples that, despite the delirious dimension of the expressions and their sculptural versions, offer clues to a political, racial, sexual, moral, religious or environmental approach to the current Brazilian experience.

Among the labels that group the uses of the expressions are racial tensions, police violence, sexuality, homophobia, identitarian stereotypes, environmental devastation, starvation, corruption, chauvinism and many others: "I felt a *cold in the belly* every time I walked past the police officers on my way home"; "She felt a *twinge in the the stomach's mouth* when she heard she was going to be evicted"; "Just thinking about him, the way he walks and talks and looks gives me *water in the mouth*"; "When she entered the house, they all had their *hair standing up*. No one expected to see her so soon, and some even thought she would never come back."

Further on, the rhetorical economy of the samples demands the reader's engagement and interpretation, so as to implicate his or her position with that of the artist himself – glimpsed in the examples he creates, where his position as an individual and his fabulation around the position of others are projected – and, essentially, with

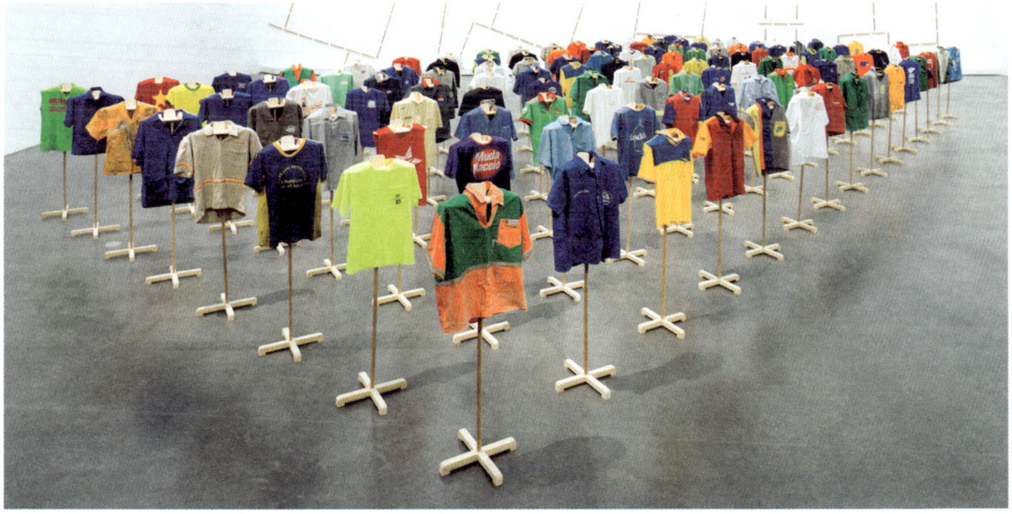

operamos, algo do que este texto também é um exemplo. A honestidade de seu interesse retroetnográfico demanda, por sua vez, que sua ambiguação implique a vulnerabilização não do outro, mas de si mesmo, fazendo uso de um "espelho retorcido" para produzir uma "mimetização torta"[12] – porque criticamente ambígua – de sua própria posição, corpo, desejo, linguagem.
É o que intenciona o projeto *Com o coração saindo pela boca* (2022), um complexo semântico, imagético e performativo que toma como base a própria língua de Andrade, preenchendo-a com interpretações que escancaram as leituras políticas e posições sociais do artista diante do Brasil.
Partindo de uma coleção de expressões brasileiras que têm o corpo como fundamento, Jonathas encara a própria ambiguidade da linguagem. Apesar de lastreadas em signos que, como a língua, a bunda ou os olhos, são de inigualável concretude, posto que remetem à nossa própria constituição enquanto humanos, as expressões os tornam ricamente ambivalentes e mesmo desvairadas ao isolar os membros da integralidade do corpo. Perfazem, com o corpo e suas interpretações semiológicas e políticas, a ambiguação que tanto interessa ao artista.
A instalação é composta por dois movimentos. De um lado, a coleção de expressões, acompanhadas de exemplos de seu uso cotidiano, desdobra as estratégias de indexação e espacialização de informações comuns a outras de suas séries. De outro, as esculturas e os arranjos fotográficos que as ilustram, não a partir da lógica da alegoria, mas com delirante literalidade, tentam representar, em matéria e forma, as imagens precipitadas pelas expressões.
Trata-se de um gesto cuja radical literalidade é sem precedentes na trajetória de Andrade, que ilustra os ditos populares sem incorrer na pretensão de interpretá-los, traduzi-los ou defini-los em suas especificidades, senão apontar alguns exemplos e possibilidades de uso, aplicações.
Ancorada na já significativa experiência do artista com enunciados não persuasivos, a obra também reverbera as fragmentações que, interessando ao artista como estratégia de ambiguação e de pensamento topológico, constituem o modo como o corpo é pronunciado nas expressões: recortado, desmembrado. Ao fazê-lo, "usa a lógica contra a própria lógica", curiosamente reiterando, com literalidade não hermenêutica, a dimensão delirante dessas expressões e sua forma singular de atribuir sentido à plural, fugidia e contraditória experiência do mundo e, em especial, do Brasil.
Assim, no pavilhão brasileiro da Bienal de Veneza, onde supostamente representar-se-ia o país, temos não uma narrativa ordenada sobre ele, mas uma miríade de chaves de leitura enraizadas em exemplos que, a despeito da dimensão absurda das expressões e suas versões escultóricas, oferecem pistas para uma abordagem política, racial, sexual, moral, religiosa ou ambiental da atual experiência brasileira.
Entre as etiquetas que reúnem usos das expressões surgem tensões raciais, violência policial, sexualidade, homofobia, estereótipos identitários, devastação ambiental, fome, corrupção, machismo e tantas outras: "Sentia um *frio na barriga* danado toda vez que passava na frente dos policiais a caminho de casa"; "Sentiu uma *pontada na boca do estômago* quando ouviu que seria despejada"; "Só de pensar nele, na maneira como anda e fala e olha, me dá água na boca"; "Quando ela entrou em casa, todos ficaram de *cabelo em pé*. Ninguém esperava vê-la tão cedo, e alguns até pensavam que não voltaria mais."
Mais adiante, a economia retórica das amostras demanda o engajamento do leitor e suas interpretações, de modo a implicar

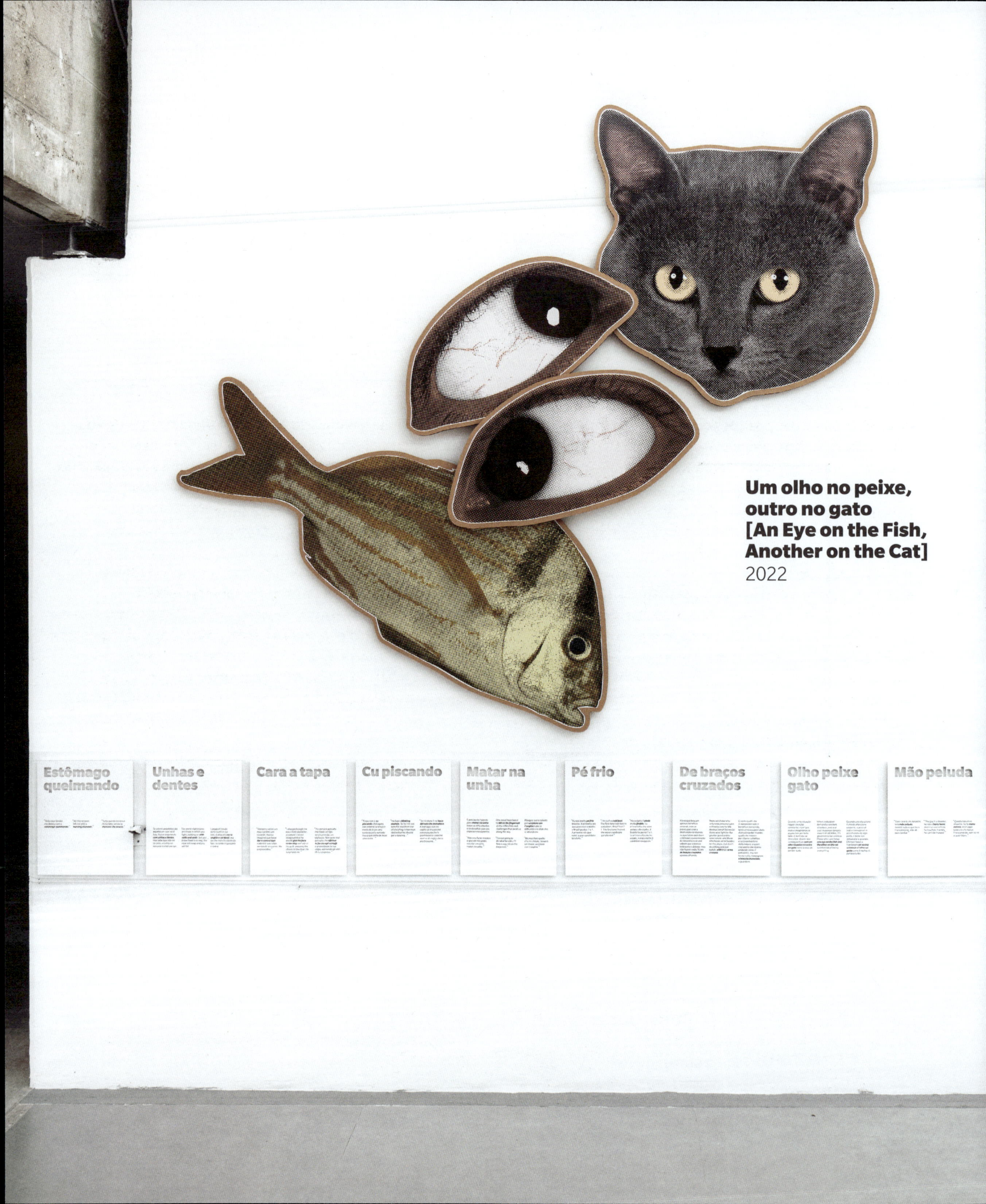

Um olho no peixe, outro no gato [An Eye on the Fish, Another on the Cat]
2022

sua posição com a do próprio artista – vislumbrada nos exemplos elaborados por ele, onde se projetam sua posição como indivíduo e sua fabulação em torno da posição alheia – e, fundamentalmente, com a memória e a sabedoria coletiva que se faz pela linguagem.

Dessa forma, *Com o coração saindo pela boca* anseia potencializar a ambiguação já experimentada em *Educação para adultos*, politizando a radical diversidade de perspectivas e interpretações em torno deste plurilinguístico Brasil.

Diante de públicos estrangeiros e do desafio de traduzir, para o inglês e o italiano, os enunciados da instalação, a obra sublinha a intraduzibilidade não só da linguagem, mas, principalmente, do próprio país e das posições diferentes e contraditórias que nele ocupamos. A despeito do caráter aparentemente nonsense que esculturas e arranjos fotográficos inspiram ao ilustrar as expressões, os exemplos de seus usos lastreiam seus significados na história e na atualidade social e política do país, advertindo-nos de que o trabalho não trata de uma suposta "desrazão" brasileira, mas do fato de estarmos lidando com racionalidades divergentes, ancoradas em experiências raciais, sociais, territoriais e de gênero igualmente distintas.

Ao tomar a língua como território poético, Jonathas de Andrade elege, nela, locuções capazes de nos revelar sua imanente diversidade. A partir da figuração do corpo, é a língua colonialmente imposta a este país – e continuamente reinventada – que revela como nem ele, nem seu idioma, nem seu povo conformam totalidades unívocas. Não estamos diante de um grande corpo chamado Brasil, mas de uma experiência violentamente desmembrada de nação, cujos corpos seguem sofrendo genocídio e experiências sociais constantes de eliminação da vida, amputação de memórias e histórias, mutilação de sonhos, desejos e horizontes.

Em seu conjunto, a obra propõe uma alegoria decomposta de impossível – e indesejável – síntese para o Brasil. Interessado em borrar as separabilidades que fabulam ordens, sentidos e racionalidades, ao "representar" o país na canônica Bienal, Jonathas de Andrade investe na ambivalência da linguagem e ironicamente adverte-nos da falência das ambições de fixar uma imagem sumária, direta ou incontestável do Brasil – donde o deboche na literalidade de peças que, por fim, escancaram como é irrepresentável esta nação.

Como sublinha Jonathas de Andrade, a língua é atravessada pelas contradições do mundo e está prenhe de disputas, de conflitos. A linguagem vive em guerra e, diante das armadilhas e da violência da colonialidade e seus muitos corolários, é também arma: por meio de sua ambiguação e da multitudinária e delirante corporeidade da linguagem, o Brasil resiste e insurge-se contra si mesmo.

A ambiguidade crítica, criadora e fugitiva que, a partir da perspectiva da linguagem, torna o país inapreensível e irrepresentável pode, por outro lado, confundir os entendimentos urgentes, necessários à efetiva transformação do país. A despeito de estarmos aqui, no território dos imaginários co-habitados pela arte, o Brasil não é apenas um problema de linguagem. Assim, em que pese a ambiguidade de nossos termos, haverá sempre um corpo ou uma boca – mais ou menos famintos – a enunciá-los.

E essa boca, por sua vez, talvez não possa, não queira ou não deva ambiguar a sua fome, nem a sua voz.

1 George Orwell, *1984*. São Paulo: Companhia das Letras, 2009.
2 Jonathas de Andrade, "O gatilho," *Tatuí*, 00, maio 2010, pp. 57-58. Disponível em: revistatatui.com.br/edicao/revista-tatui-00/. Acesso em: maio 2022.
3 Id., *ibid*.
4 Hélio Oiticica, "Brasil diarreia," 5-10 fev. 1970 (grifos do autor). Disponível em: legacy.icnetworks.org/extranet/enciclopedia/ho/index.cfm?fuseaction=documentos&cod=170&tipo=2. Acesso em: maio 2022.
5 Eduardo Viveiros de Castro, "A imanência do inimigo" (1992), in *A inconstância da alma selvagem*. São Paulo: Cosac Naify, 2011, p. 292.
6 Algo como o "discurso ideológico" descrito por Marilena Chauí: "aquele que pretende coincidir com as coisas, anular a diferença entre o pensar, o dizer e o ser [...], [engendrando] uma lógica de identificação que unifique pensamento, linguagem e realidade". Marilena Chauí, "O discurso competente" (1977), in *O discurso competente e outras falas*. São Paulo: Cortez, 2011, p. 15.
7 Arregimentadas na Associação de Lavadeiras e Costureiras de Casa Amarela.
8 Ludwig Wittgenstein, *Investigações filosóficas*. São Paulo: Abril, 1975, p. 134.
9 Id., *ibid*.
10 Jonathas de Andrade, "O gatilho," *op. cit*.
11 Depoimento do artista em entrevista ao *Museológicas* podcast, episódio 2, "Genitália: masculinidades e virilidades nas artes e na cultura – Jonathas de Andrade", mar. 2021. Disponível em: open.spotify.com/episode/7v3UgXYawnHOGI3TAwsDoq. Acesso em: maio 2022.
12 Id., *ibid*.

the memory and collective wisdom that is made through language. As such, *Com o coração saindo pela boca* aims to potentiate the ambiguity already experienced in *Educação para adultos*, politicizing the radical diversity of perspectives and interpretations around a plurilinguistic Brazil.

Before foreign audiences and the challenge of translating the statements of the installation into English and Italian, the work underlines the untranslatability not only of the language, but mainly of the country itself and of the different and contradictory positions we occupy in it. Despite the apparently nonsensical character that the sculptures and photographic arrangements inspire when illustrating the expressions, the examples of their uses ground their meanings in the history and social and political present of the country, warning us that the work is not about a supposed Brazilian "unreason," but about the fact that we are dealing with divergent rationalities, anchored in equally distinct racial, social, territorial and gender experiences.

By taking language as a poetic territory, Jonathas de Andrade chooses, from within it, locutions capable of revealing to us its immanent diversity. From the figuration of the body, it is the language colonially imposed on this country – and continuously reinvented – that reveals how neither it, nor its language, nor its people conform to univocal totalities. We are not before a great body called Brazil, but a violently dismembered experience of nationhood, whose bodies continue suffering genocide and the constant social experience of the elimination of life, the amputation of memories and histories, the mutilation of dreams, desires, and horizons.

As a whole, the work proposes a decomposed allegory of an impossible – and undesirable – synthesis for Brazil. Interested in blurring the separabilities that fabulize orders, meanings and rationalities, in "representing" the country at the canonical Biennale, Jonathas de Andrade invests in the ambivalence of language and ironically warns us of the failure of ambitions to establish a summary, direct or incontestable image of Brazil – hence the debauchery in the literalness of pieces that ultimately expose how unrepresentable this nation is.

As emphasized by Jonathas de Andrade, language is crossed by the contradictions of the world and is full of disputes and conflict. Language is living at war and, in the face of the traps and violence of coloniality and its many corollaries, it is also a weapon: through its ambiguation and the multitudinous and delirious corporeality of language, Brazil resists and rises up against itself.

The critical, creative and fugitive ambiguity that, from the perspective of language, renders the country inapprehensible and unrepresentable may, on the other hand, confuse the urgent understanding necessary for its effective transformation. Despite the fact that we are here, in the territory of the imaginaries co-habited by art, Brazil is not only a language problem. Thus, despite the ambiguity of our terms, there will always be a body or a mouth – more or less hungry – to enunciate them.

And that mouth, in turn, perhaps cannot, will not, or should not ambiguate its hunger, nor its voice.

1 George Orwell, *1984*. London: Secker & Warburg, 1949.

2 Jonathas de Andrade, "O gatilho," *Tatuí*, 00, May 2010, pp. 57-58. Available at: revistatatui.com.br/edicao/revista-tatui-00/. Accessed: May 2022.

3 Id., *ibid*.

4 Hélio Oiticica, "Brasil diarreia," 5-10 Feb 1970 (author's emphasis). Available at: legacy.icnetworks.org/extranet/enciclopedia/ho/index.cfm?fuseaction=documentos&cod=170&tipo=2. Accessed: May 2022.

5 Eduardo Viveiros de Castro, "A imanência do inimigo" (1992), in *A inconstância da alma selvagem*. São Paulo: Cosac Naify, 2011, p. 292.

6 Something like the "ideological discourse" described by Marilena Chauí: "that which intends to coincide with things, to nullify the difference between thinking, saying and being [...], [engendering] a logic of identification that unifies thought, language and reality." Marilena Chauí, "O discurso competente" (1977), in *O discurso competente e outras falas*. São Paulo: Cortez, 2011, p. 15.

7 Members of the Associação de Lavadeiras e Costureiras de Casa Amarela.

8 Ludwig Wittgenstein, *Philosophical Investigations*. Oxford: Blackwell, 2009, § 424.

9 Id., § 432.

10 Jonathas de Andrade, "O gatilho," *op. cit*.

11 Artist's statement in an interview with *Museológicas* podcast, episode 2, "Genitália: masculinidades e virilidades nas artes e na cultura – Jonathas de Andrade," Mar 2021. Available at: open.spotify.com/episode/7v3UgXYawnHOGI3TAwsDoq. Accessed: May 2022.

12 Id., *ibid*.

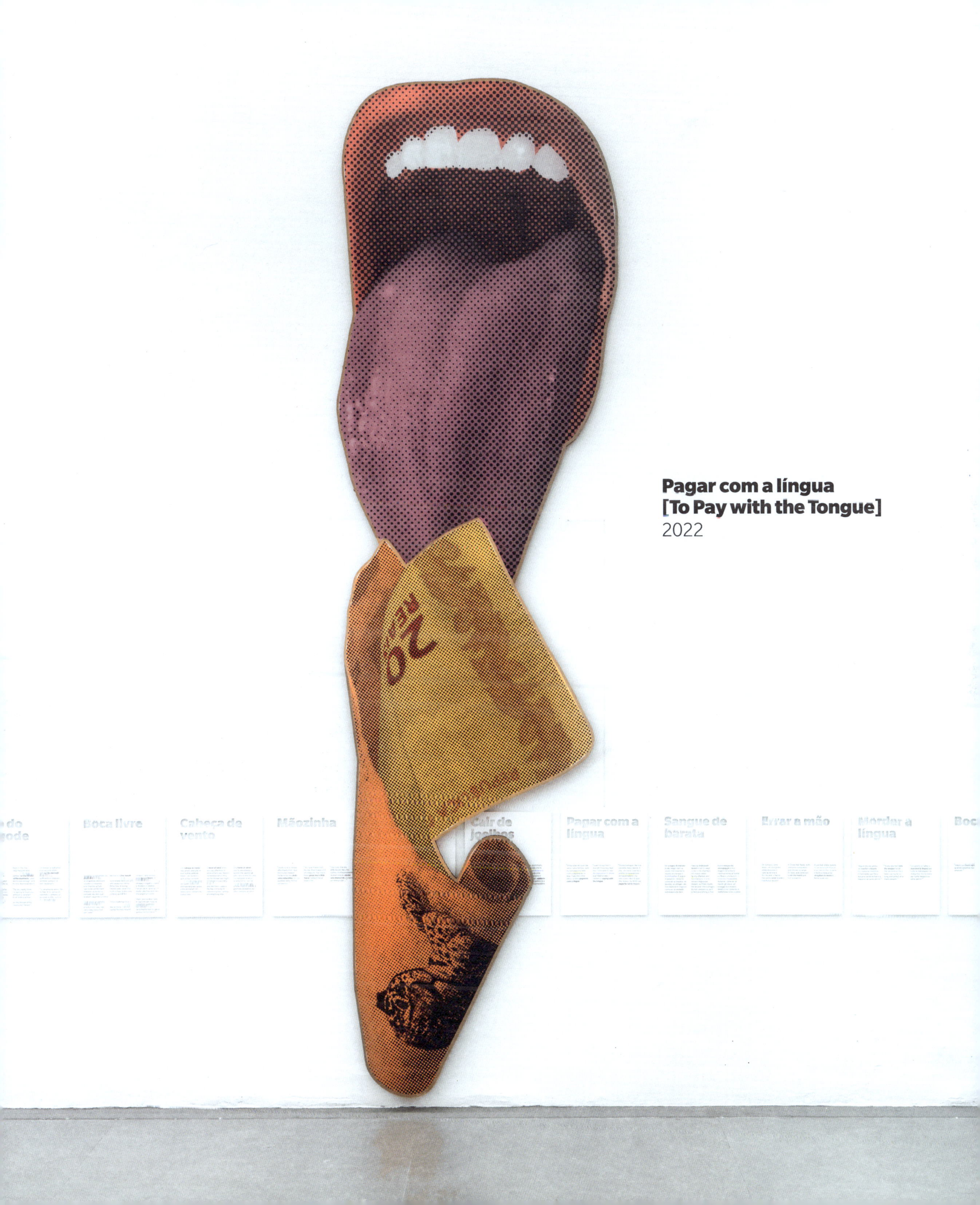

Pagar com a língua
[To Pay with the Tongue]
2022

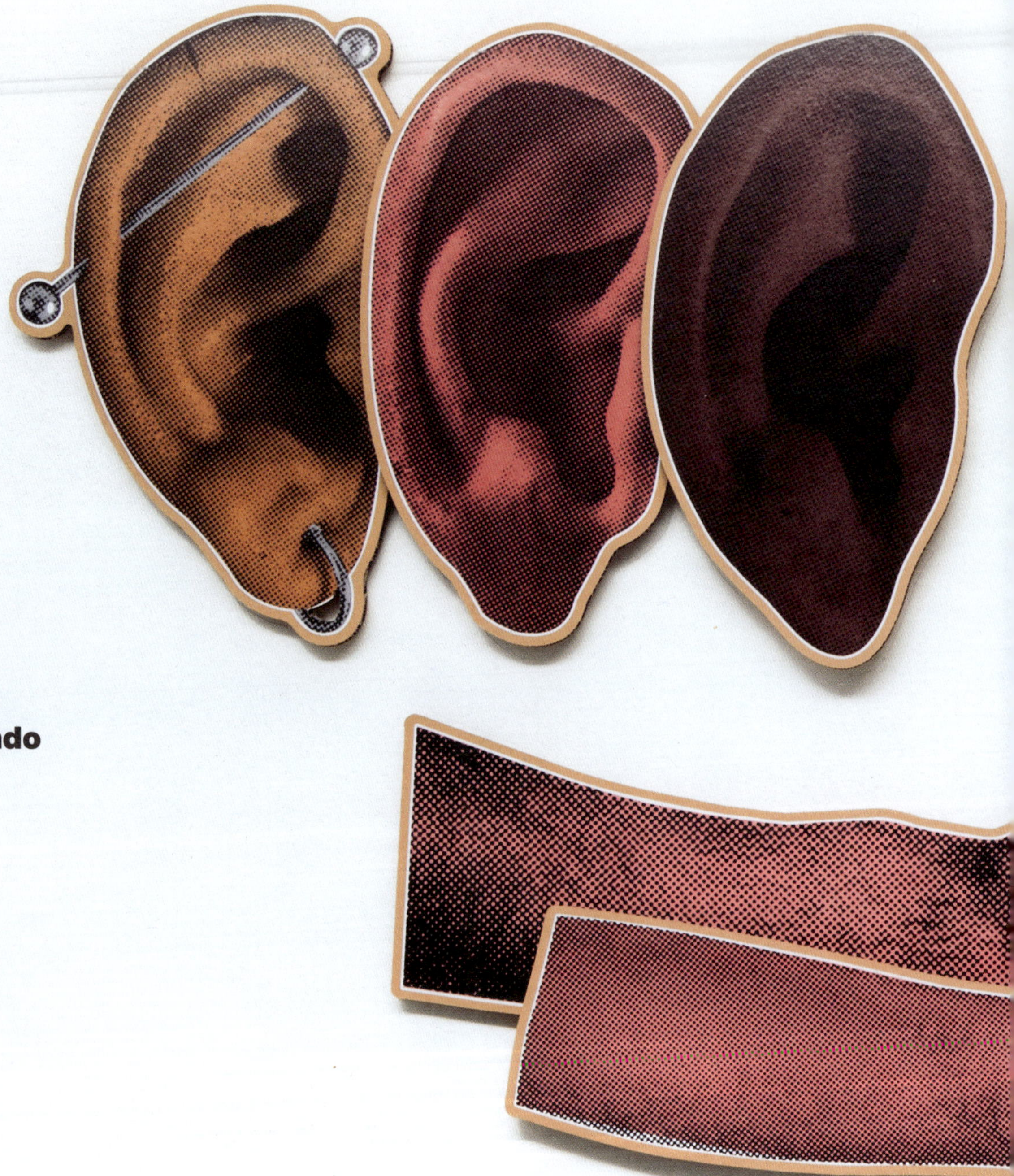

Orelha queimando
[Burning Ear]
2022

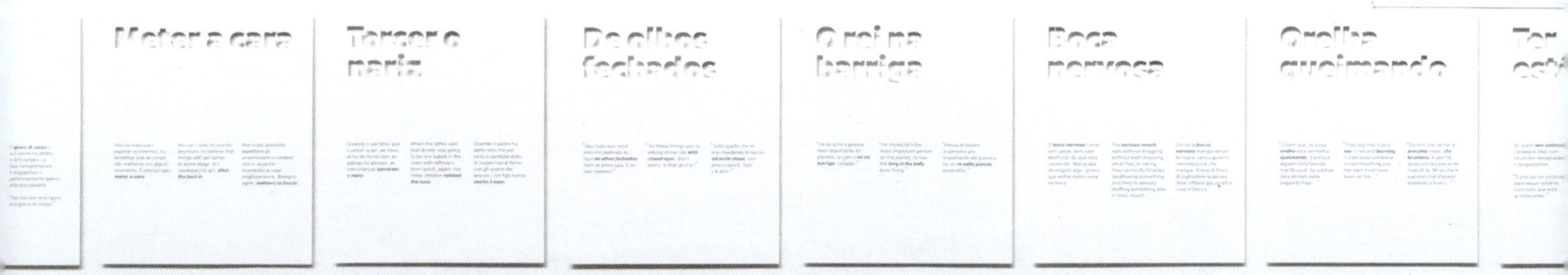

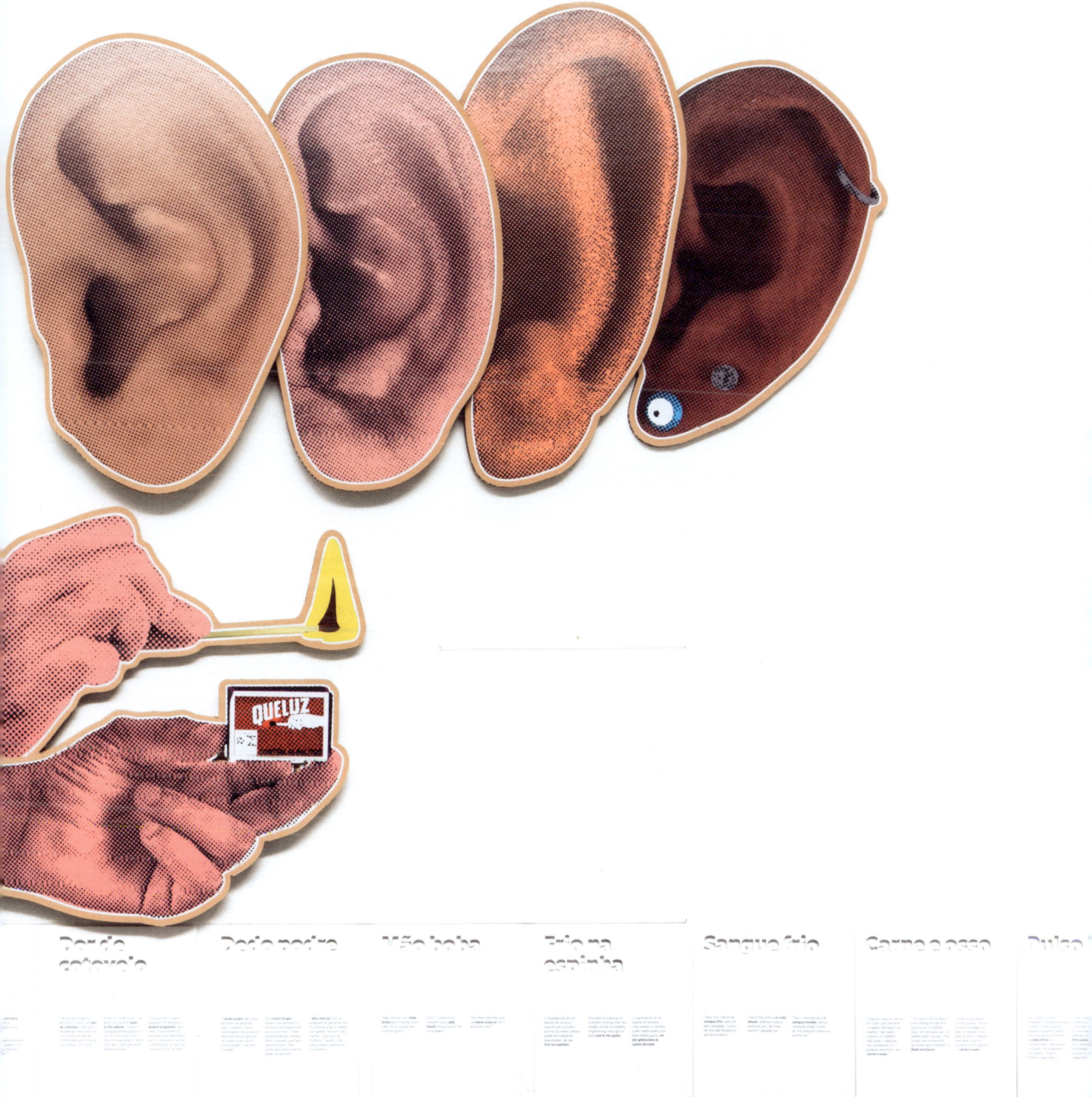
Dor de cotovelo
Dedo podre
Mão boba
Frio na espinha
Sangue frio
Carne e osso

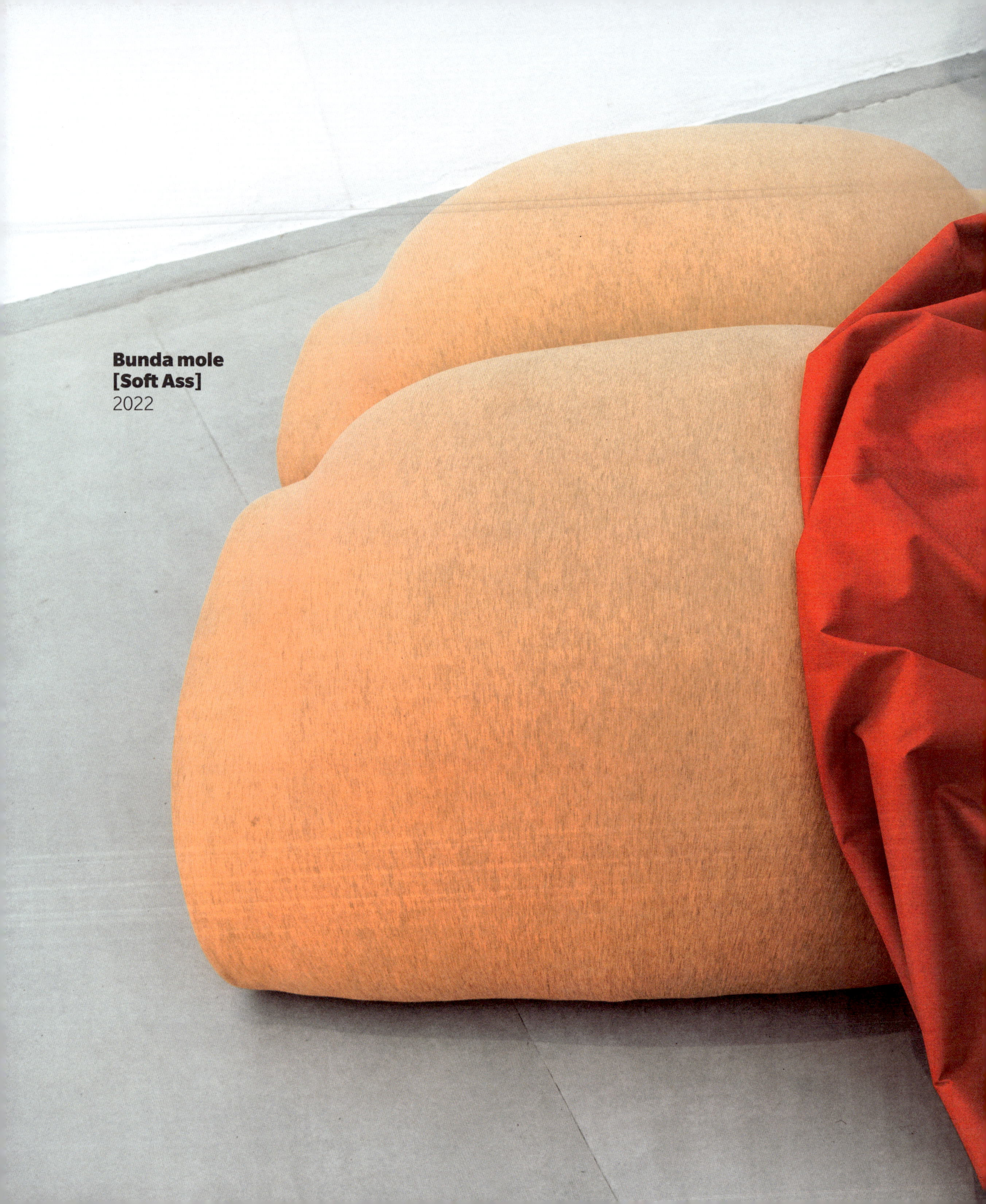

Bunda mole
[Soft Ass]
2022

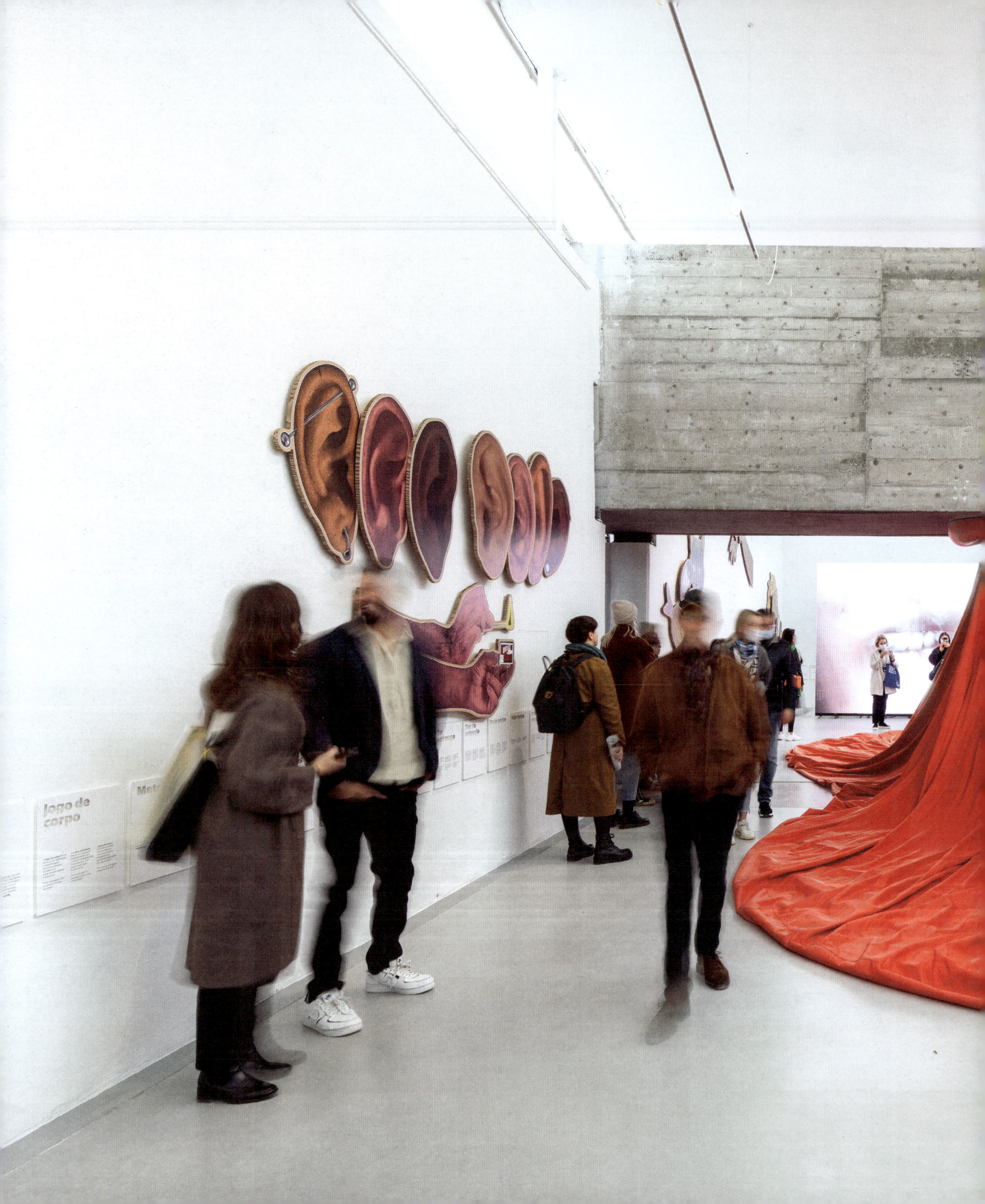
Jogo de corpo

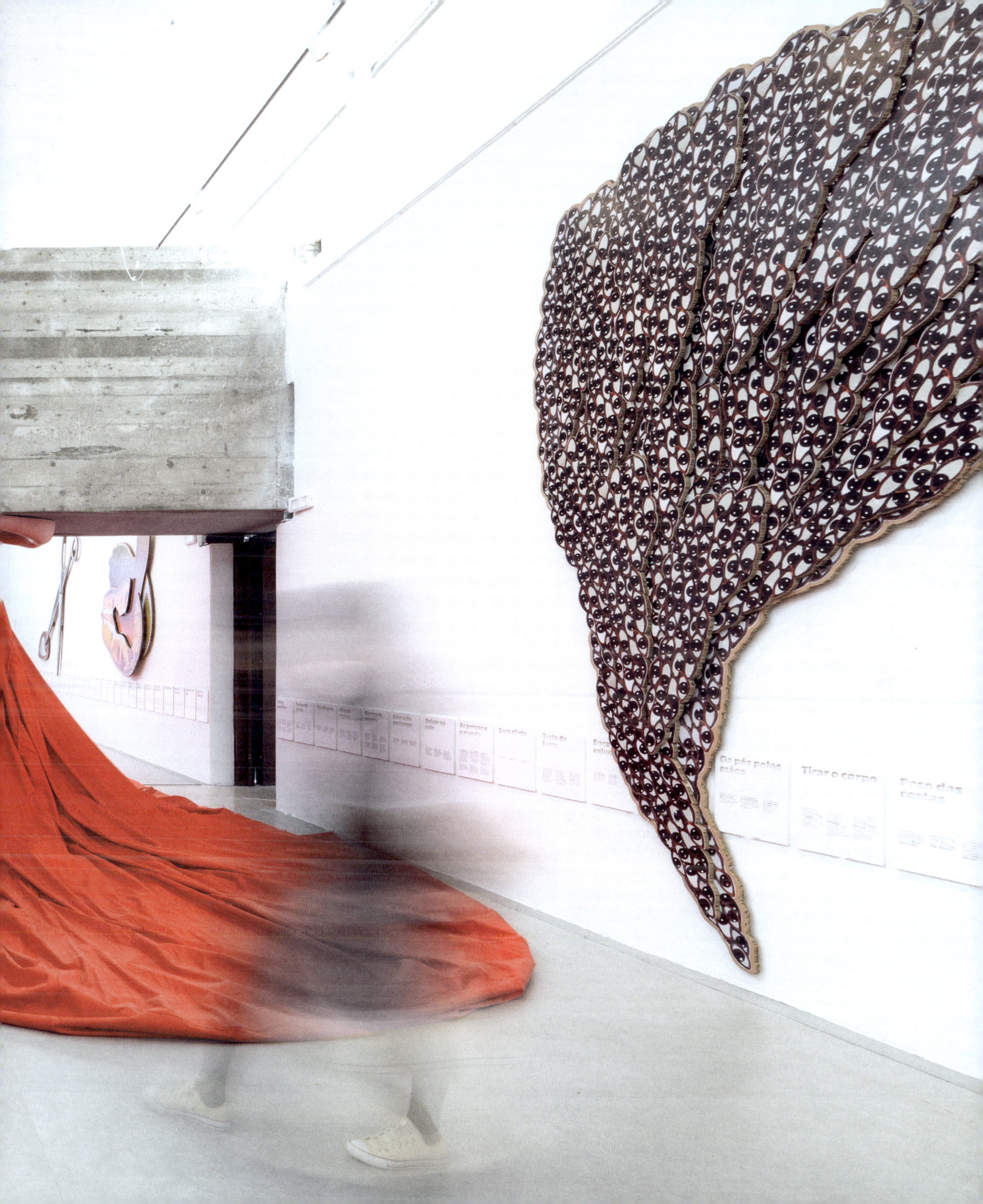
Os pés pelas mãos
Tirar o corpo
Peso das costas

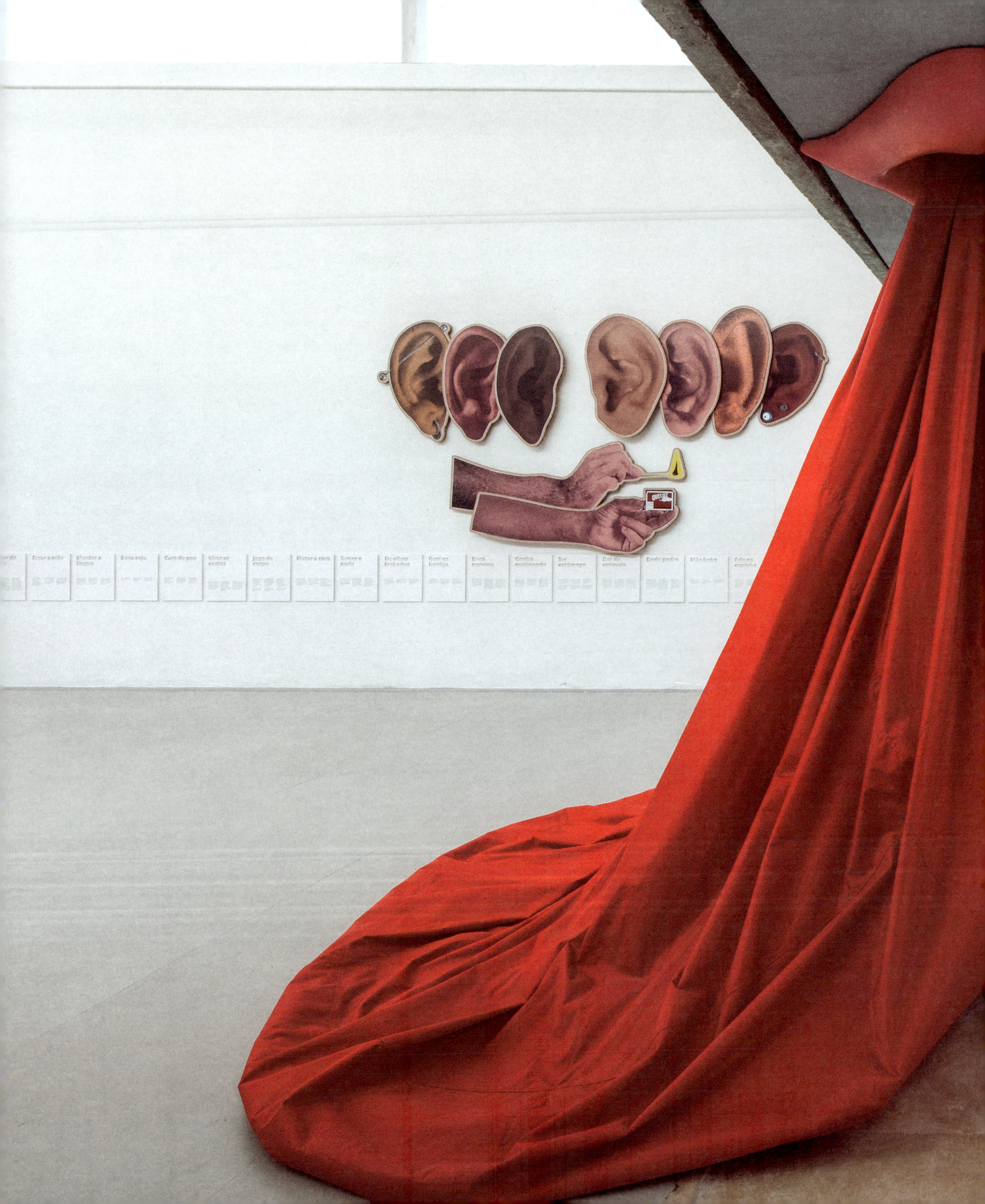
QUELUZ
Boca suja
Cara de pau
Virar as costas
Jogo de corpo
Torcer o nariz
De olhos fechados
Boca nervosa
Ter estômago
Dor de cotovelo
Dedo podre
Mão boba
Frio na espinha

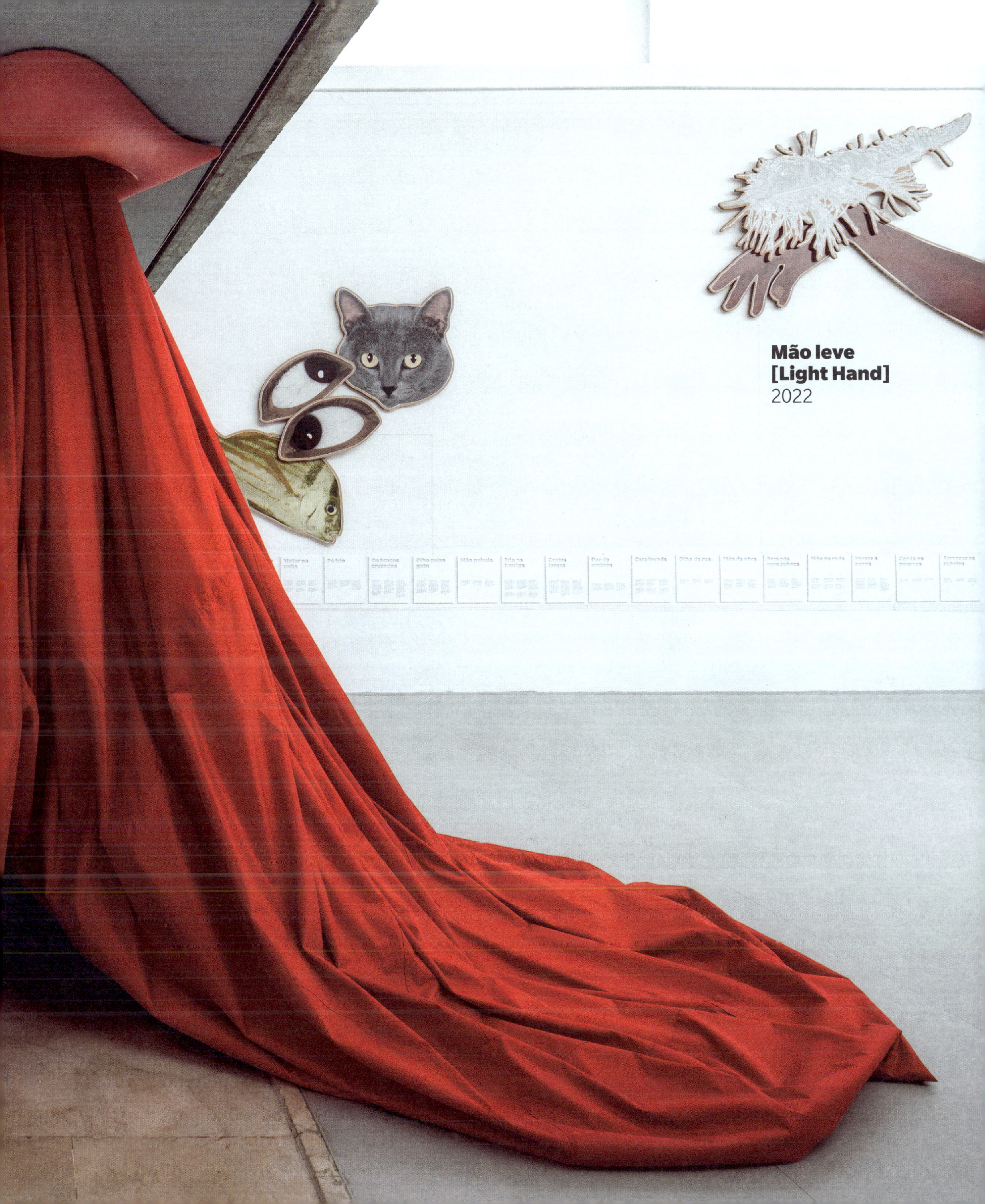

Mão leve
[Light Hand]
2022

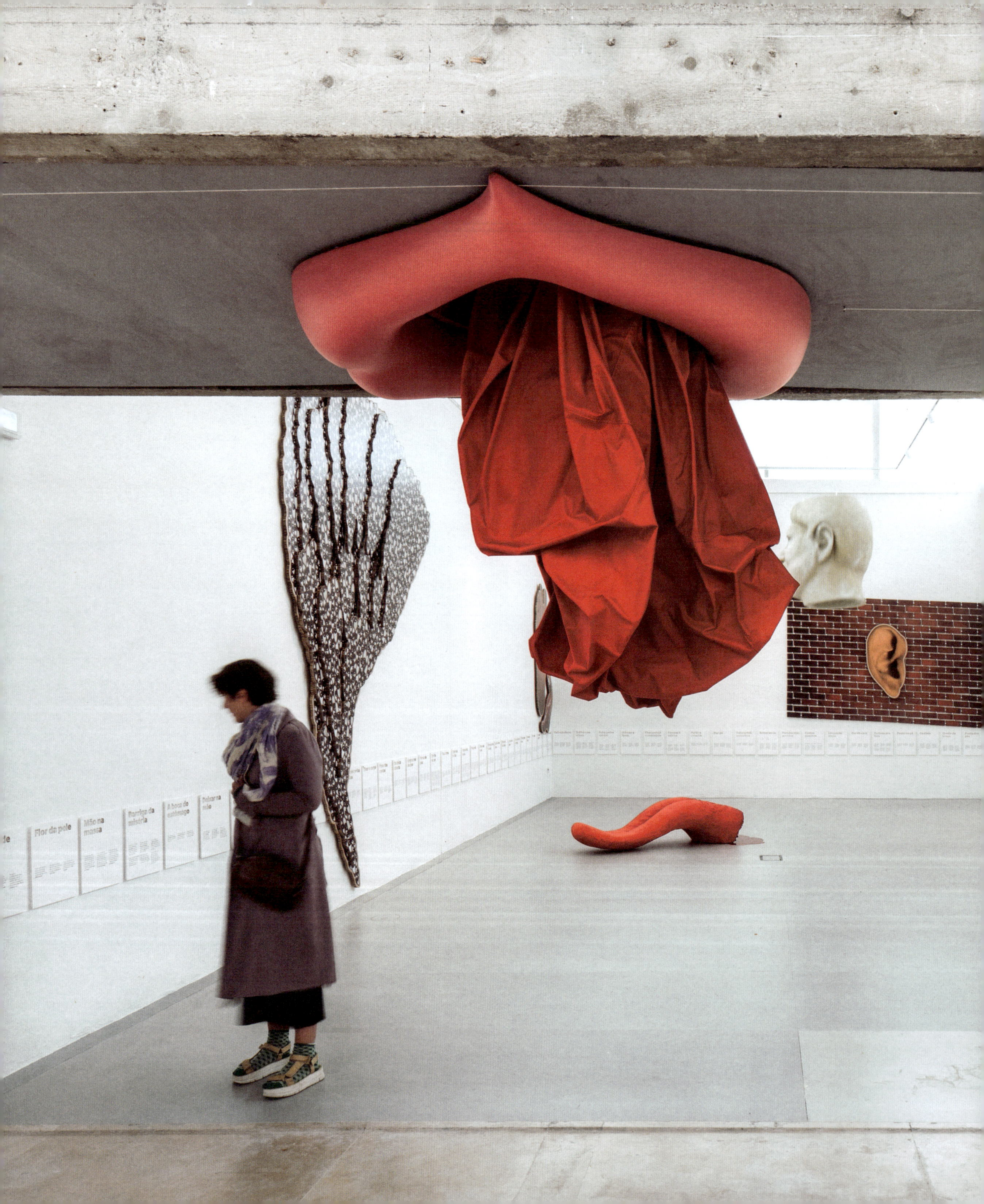

Flor da pele
Mão na massa
Barriga da miséria
A boca do estômago
Deixar na mão

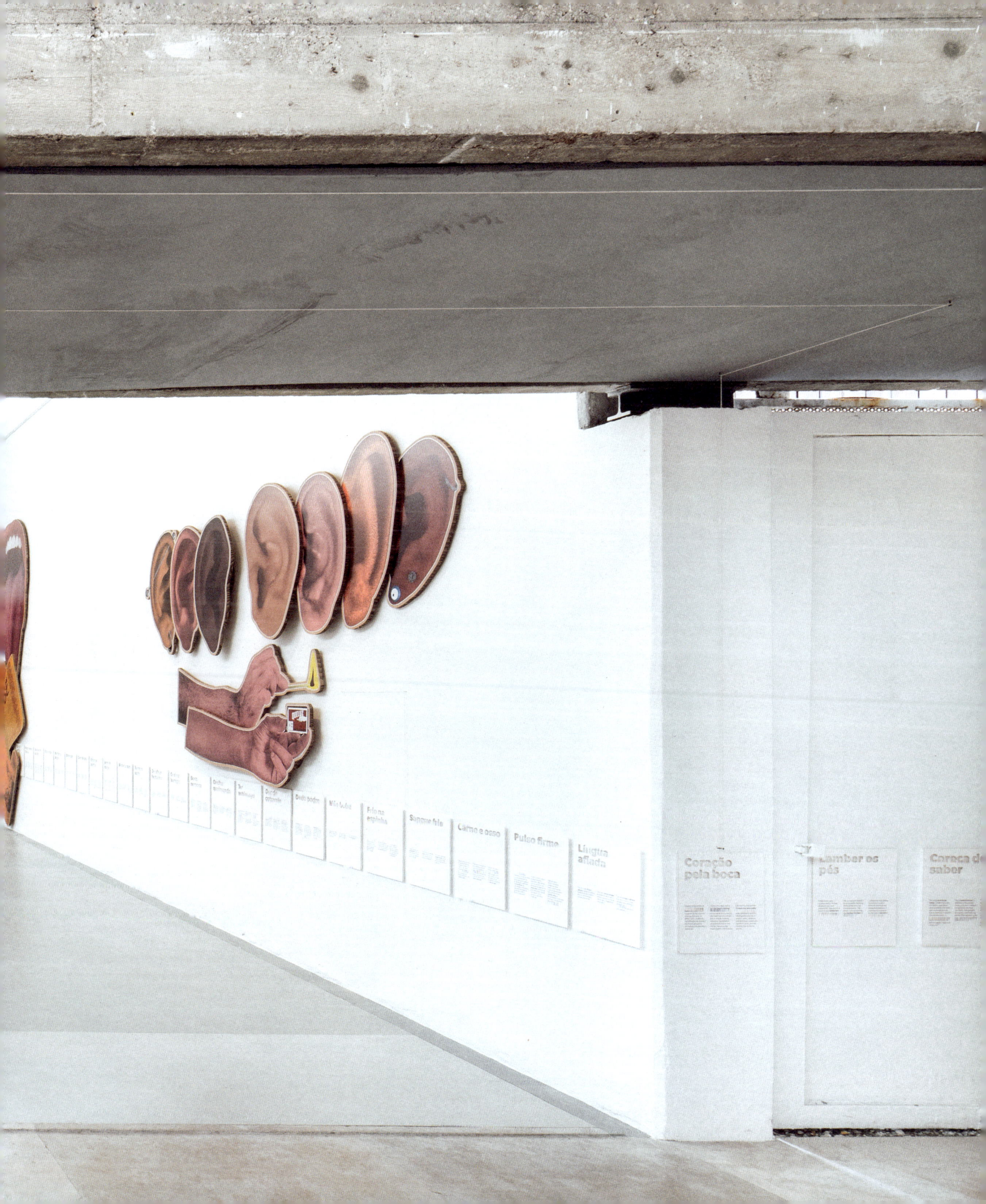

Carne e osso
Pulso firme
Língua afiada
Coração pela boca
Lamber os pés

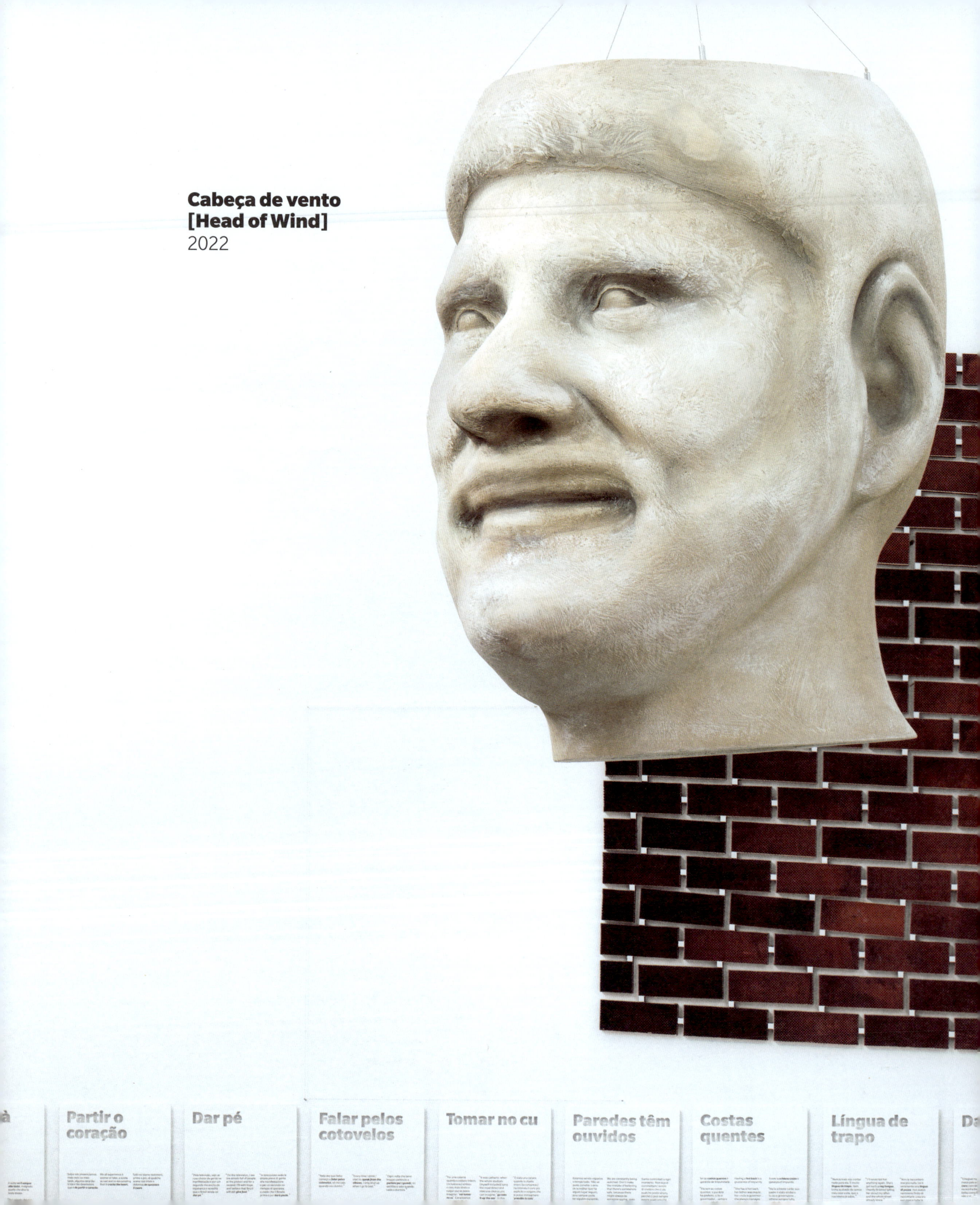

Cabeça de vento
[Head of Wind]
2022

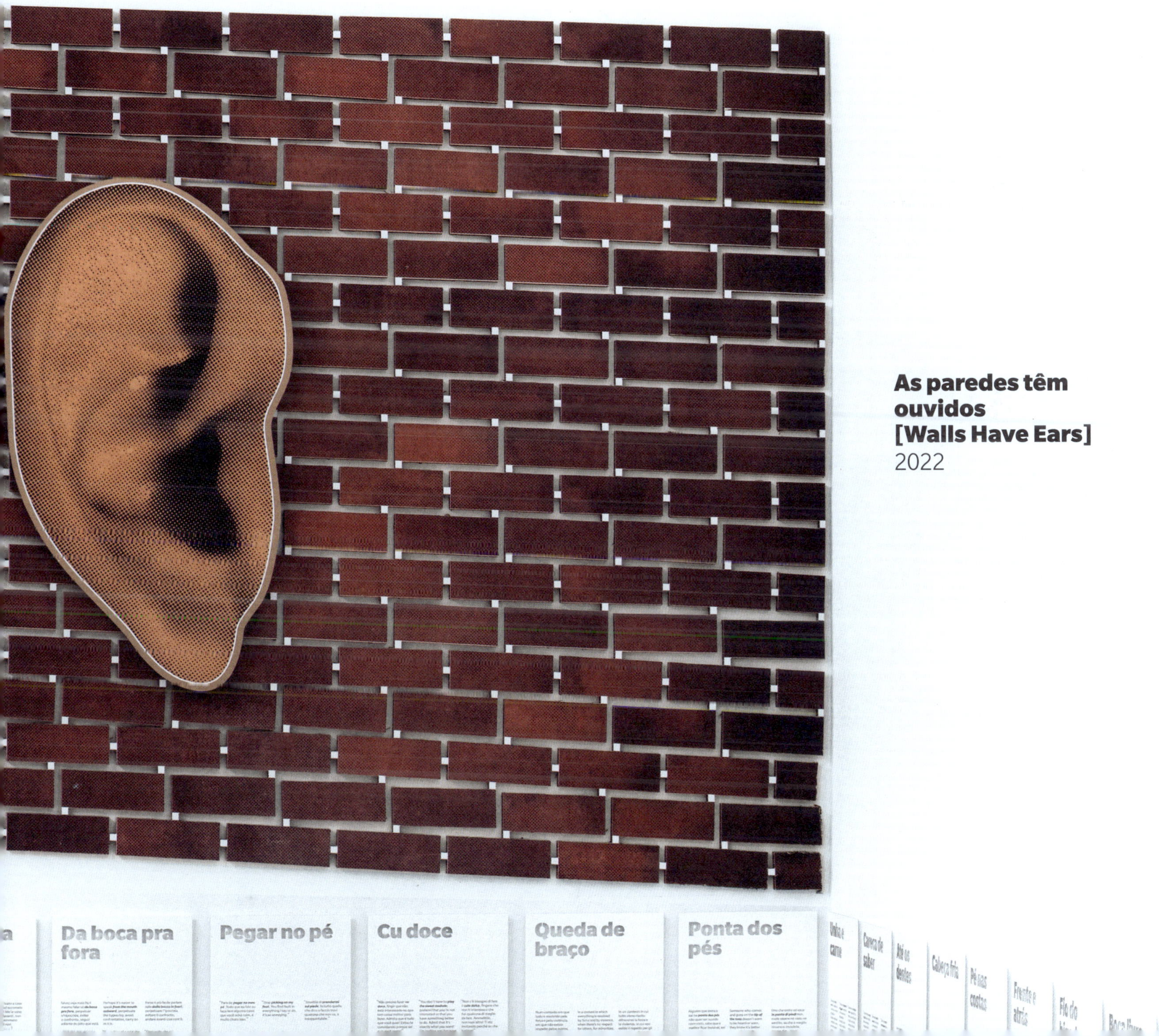

As paredes têm ouvidos [Walls Have Ears]
2022

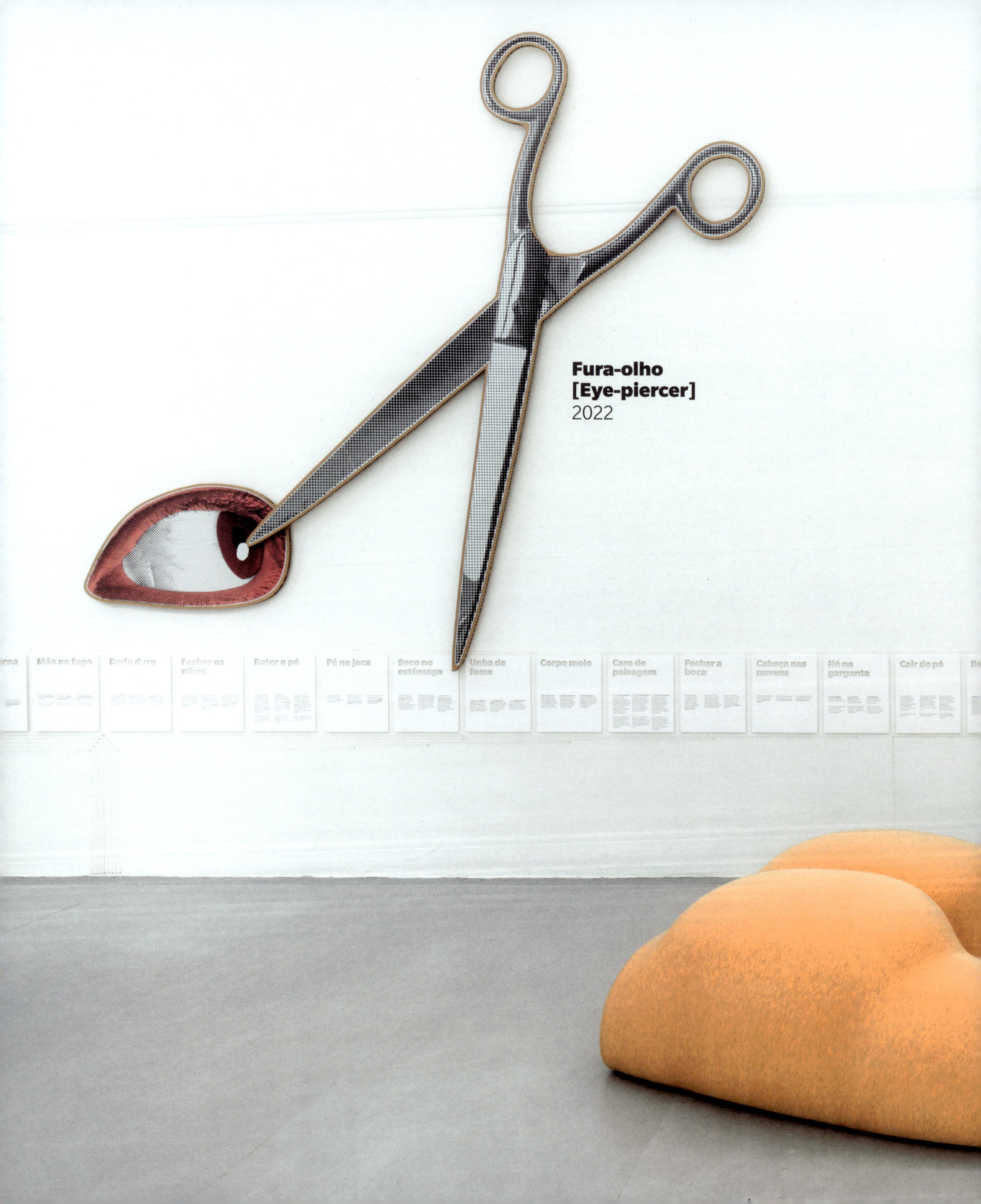

Fura-olho
[Eye-piercer]
2022

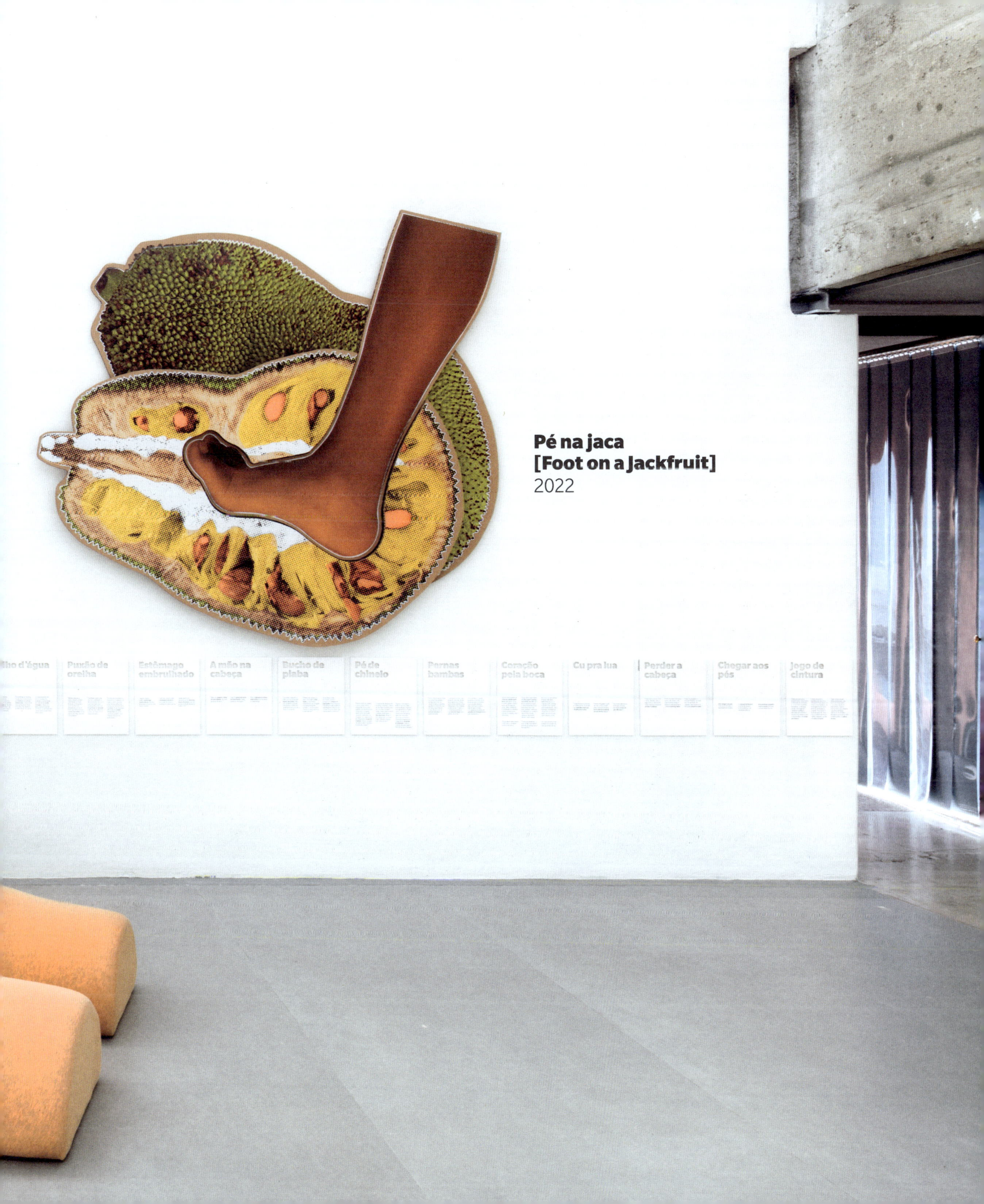

Pé na jaca
[Foot on a Jackfruit]
2022
Puxão de orelha
Estômago embrulhado
A mão na cabeça
Bucho de piaba
Pé de chinelo
Pernas bambas
Coração pela boca
Cu pra lua
Perder a cabeça
Chegar aos pés
Jogo de cintura

Fogo no rabo
[Fire in the Tail]
2022

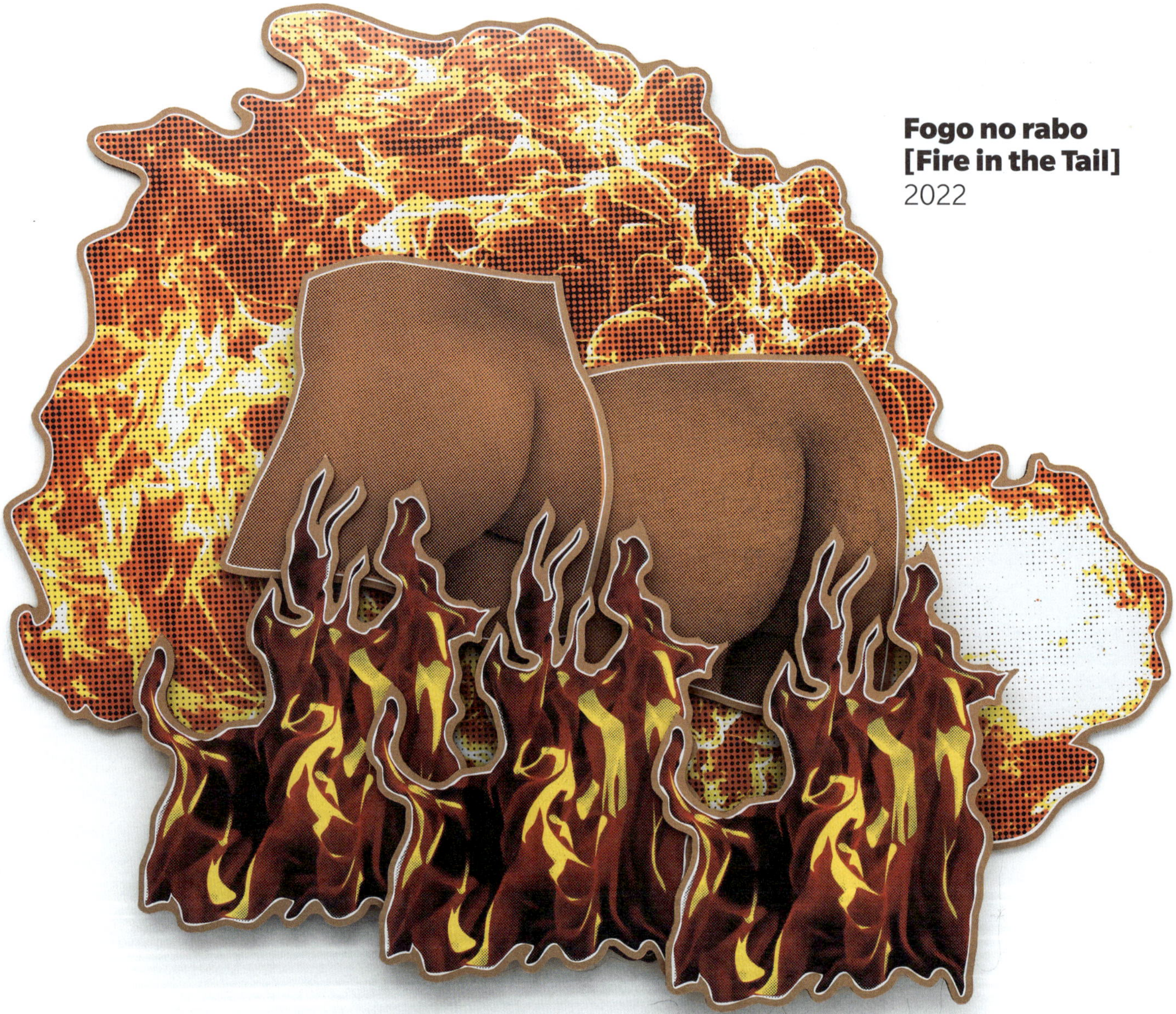

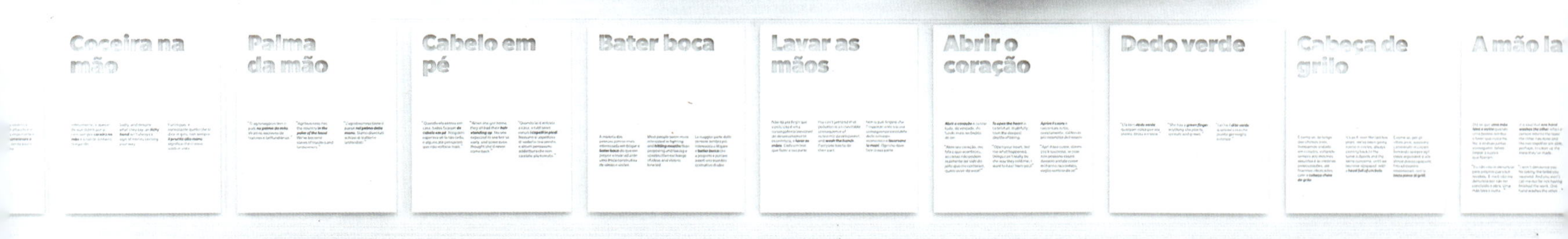

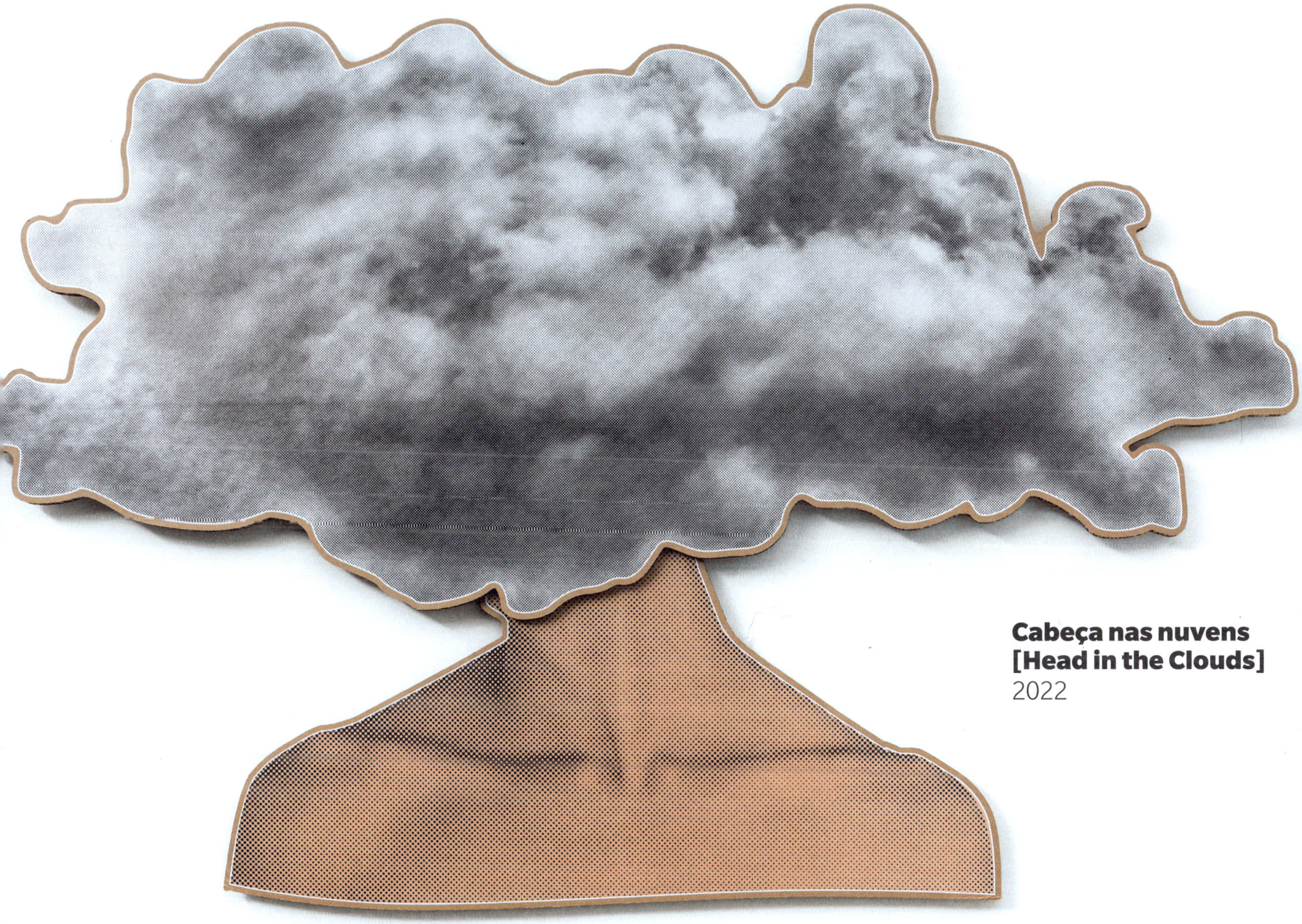

Cabeça nas nuvens
[Head in the Clouds]
2022

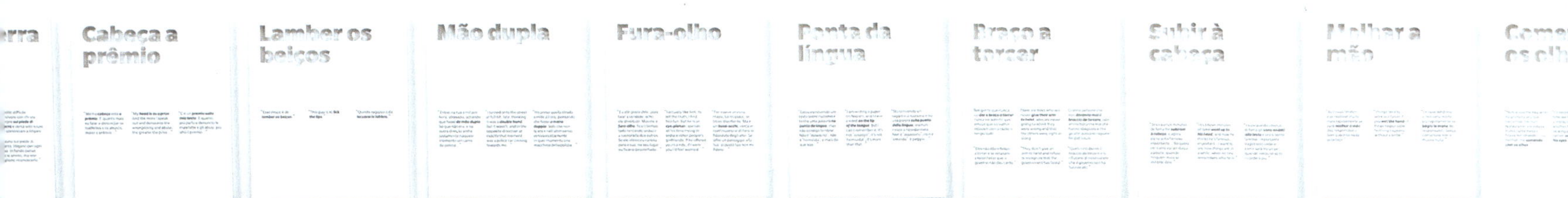

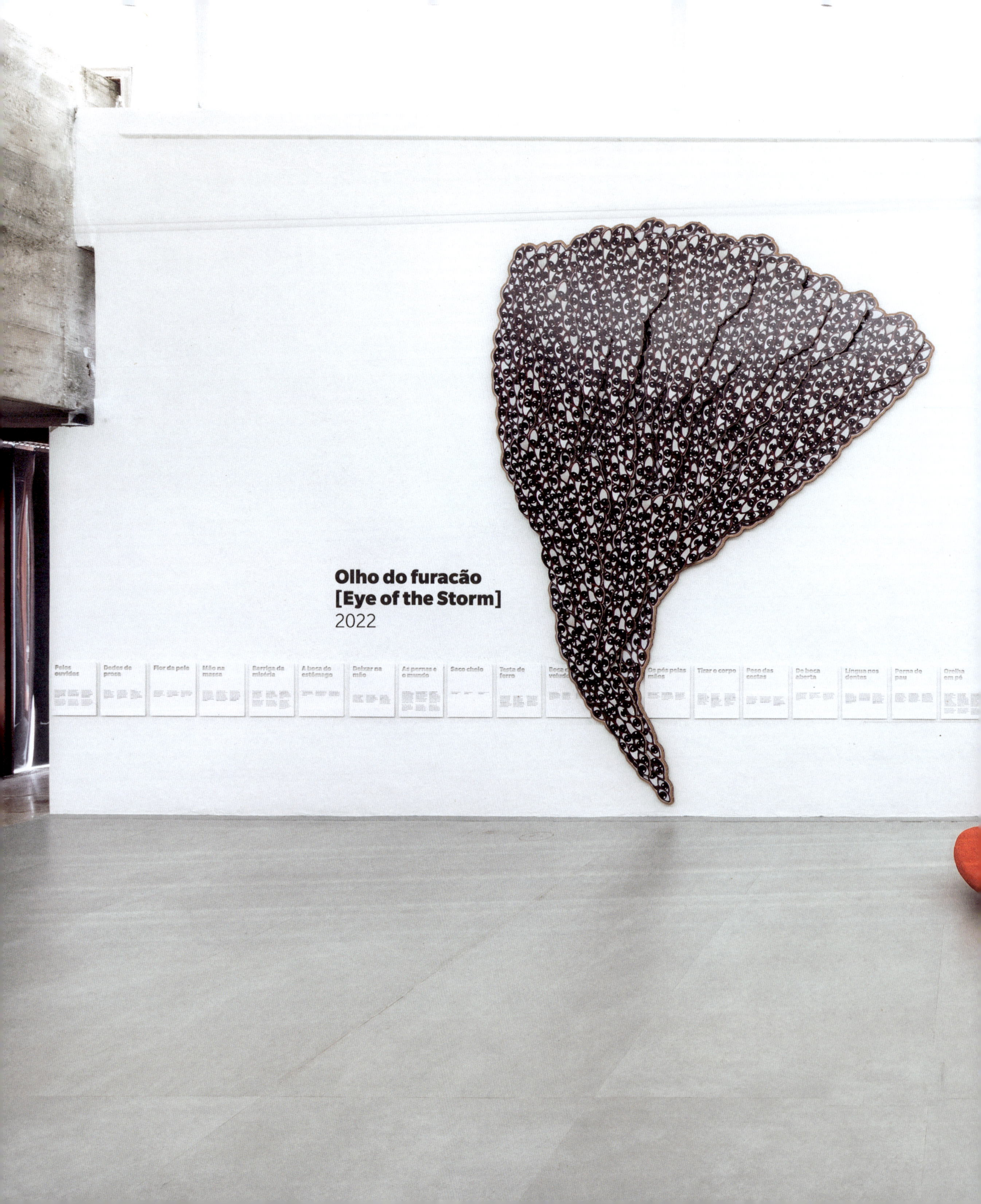
Olho do furacão
[Eye of the Storm]
2022

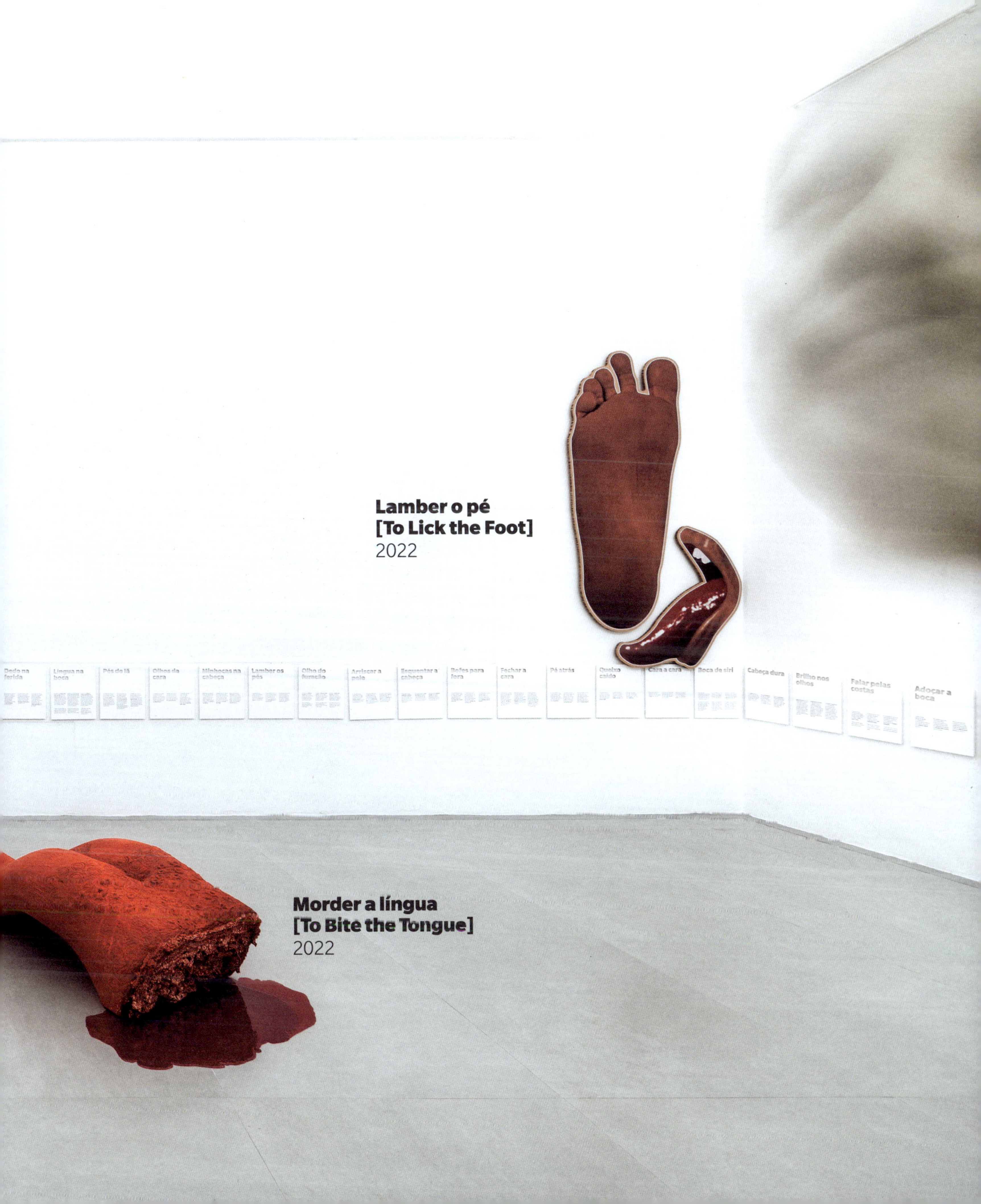

Lamber o pé
[To Lick the Foot]
2022

Morder a língua
[To Bite the Tongue]
2022

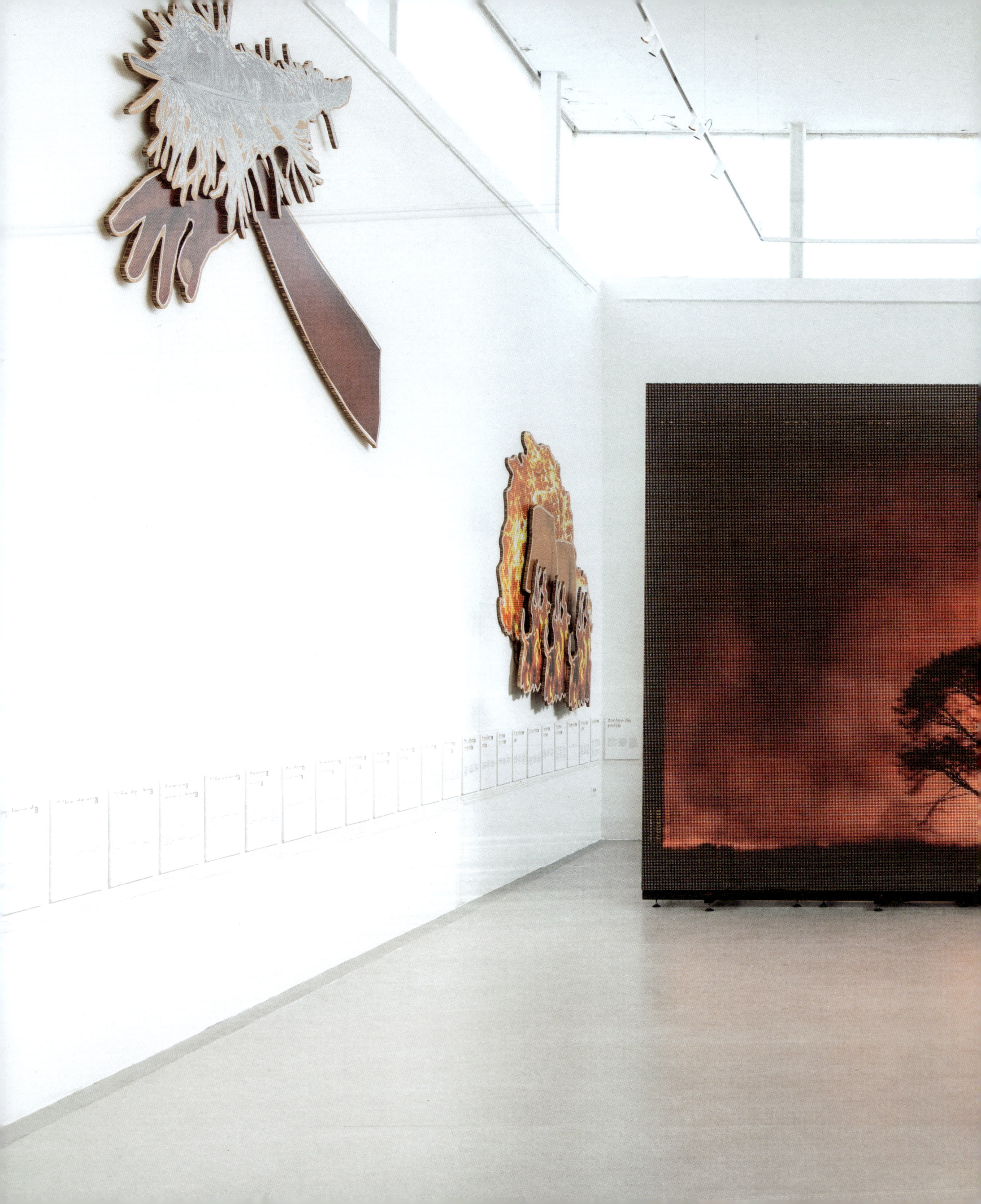

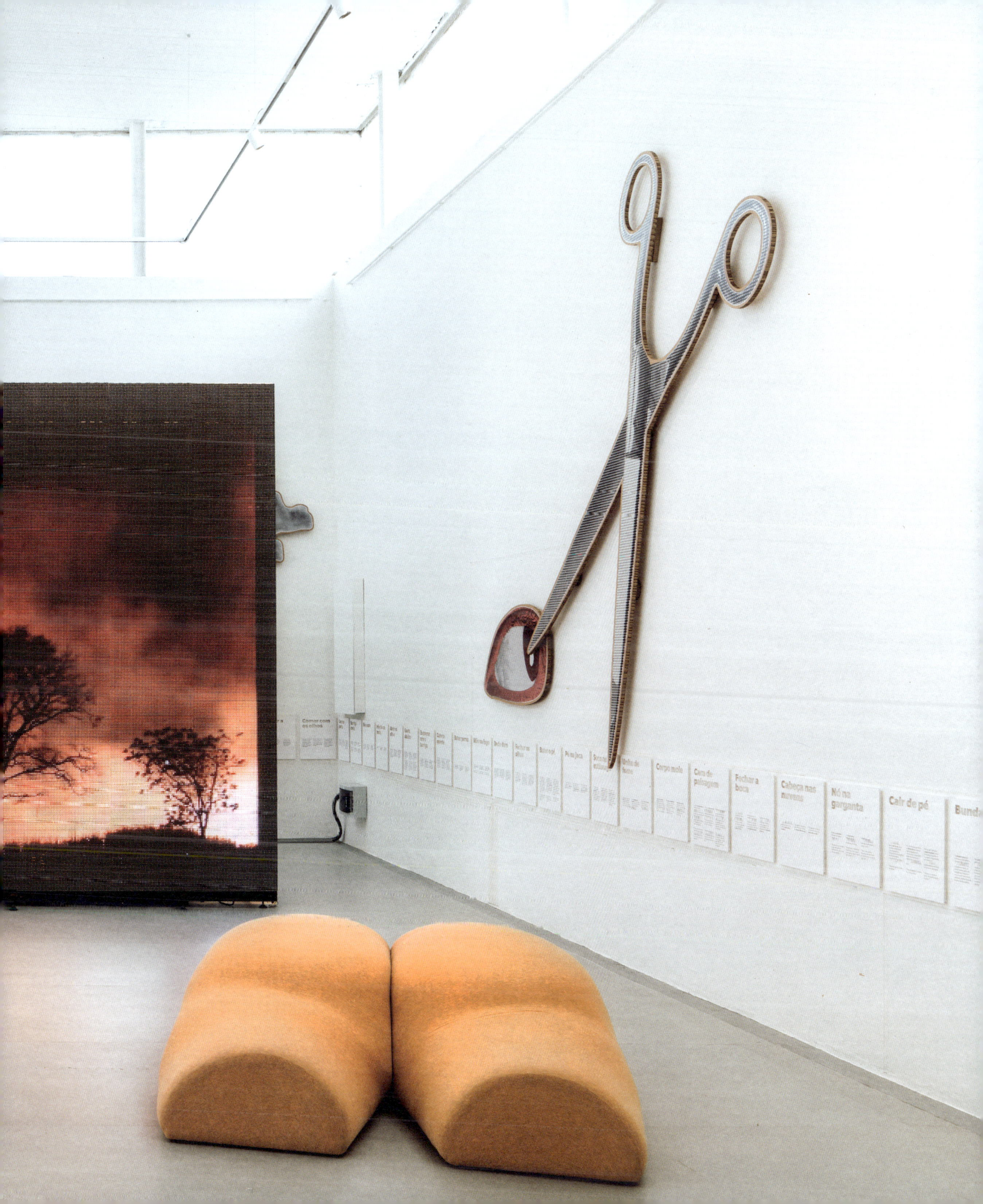
Corpo mole
Cara de paisagem
Fechar a boca
Cabeça nas nuvens
Nó na garganta
Cair de pé

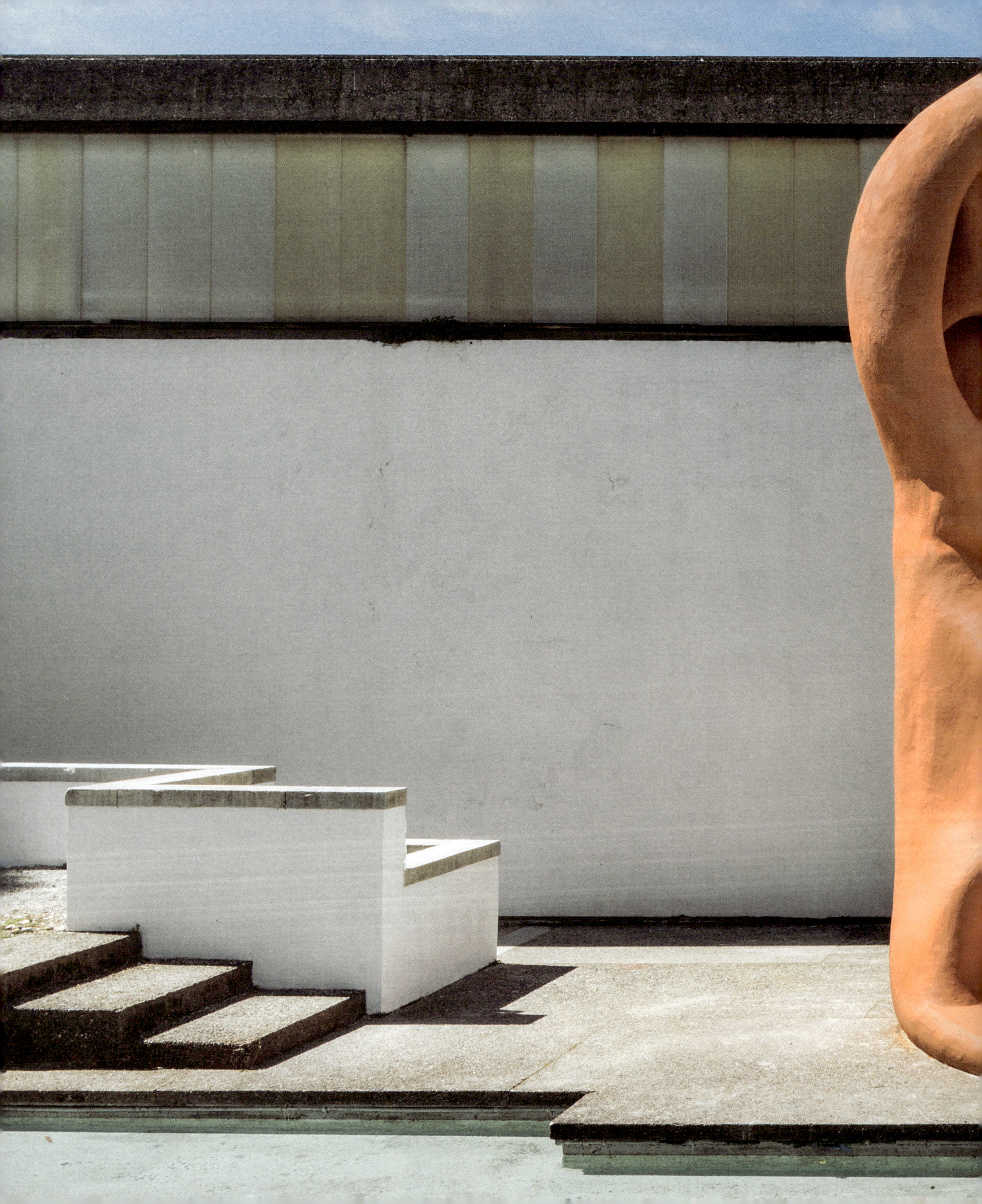

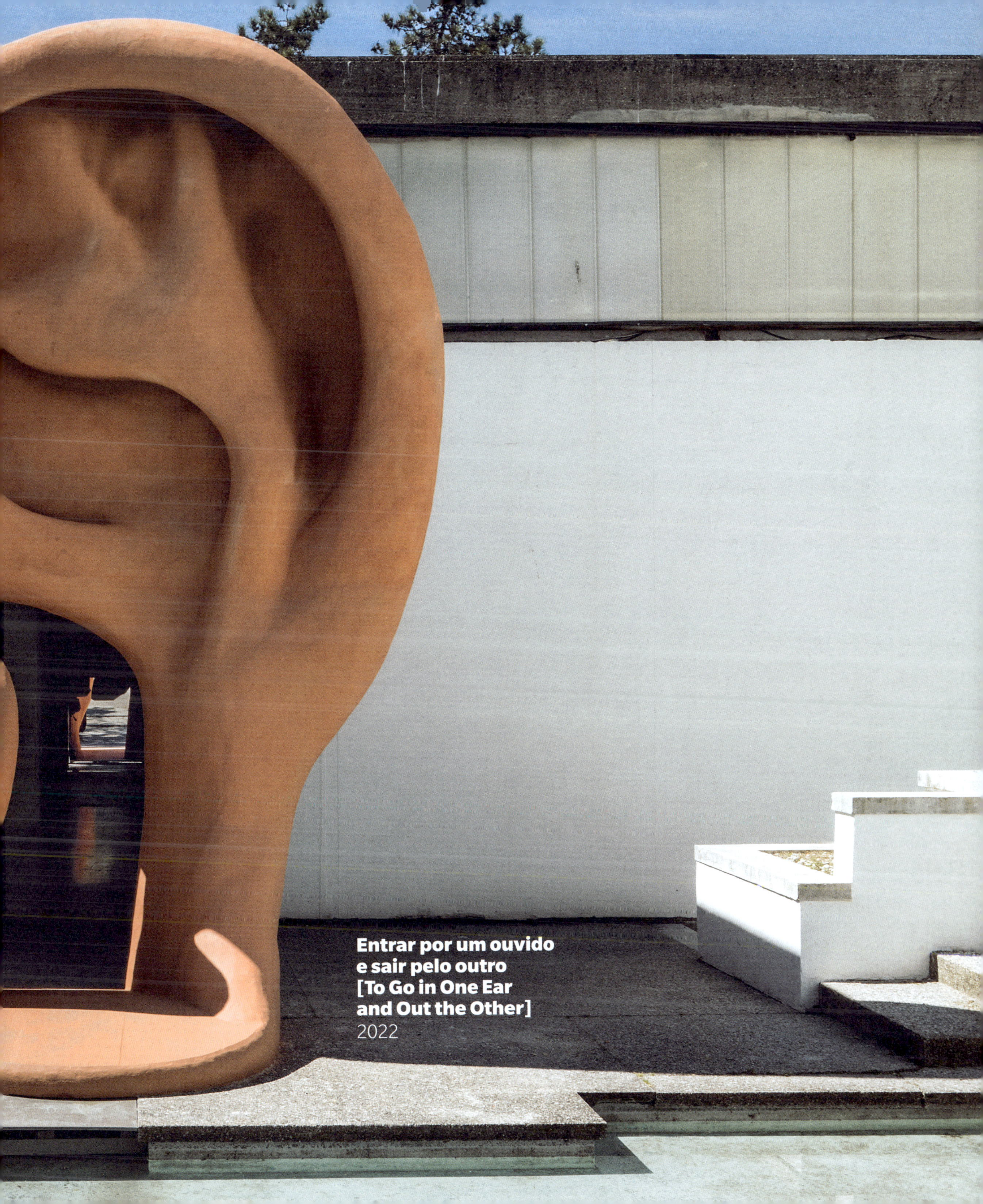

Entrar por um ouvido e sair pelo outro [To Go in One Ear and Out the Other]
2022

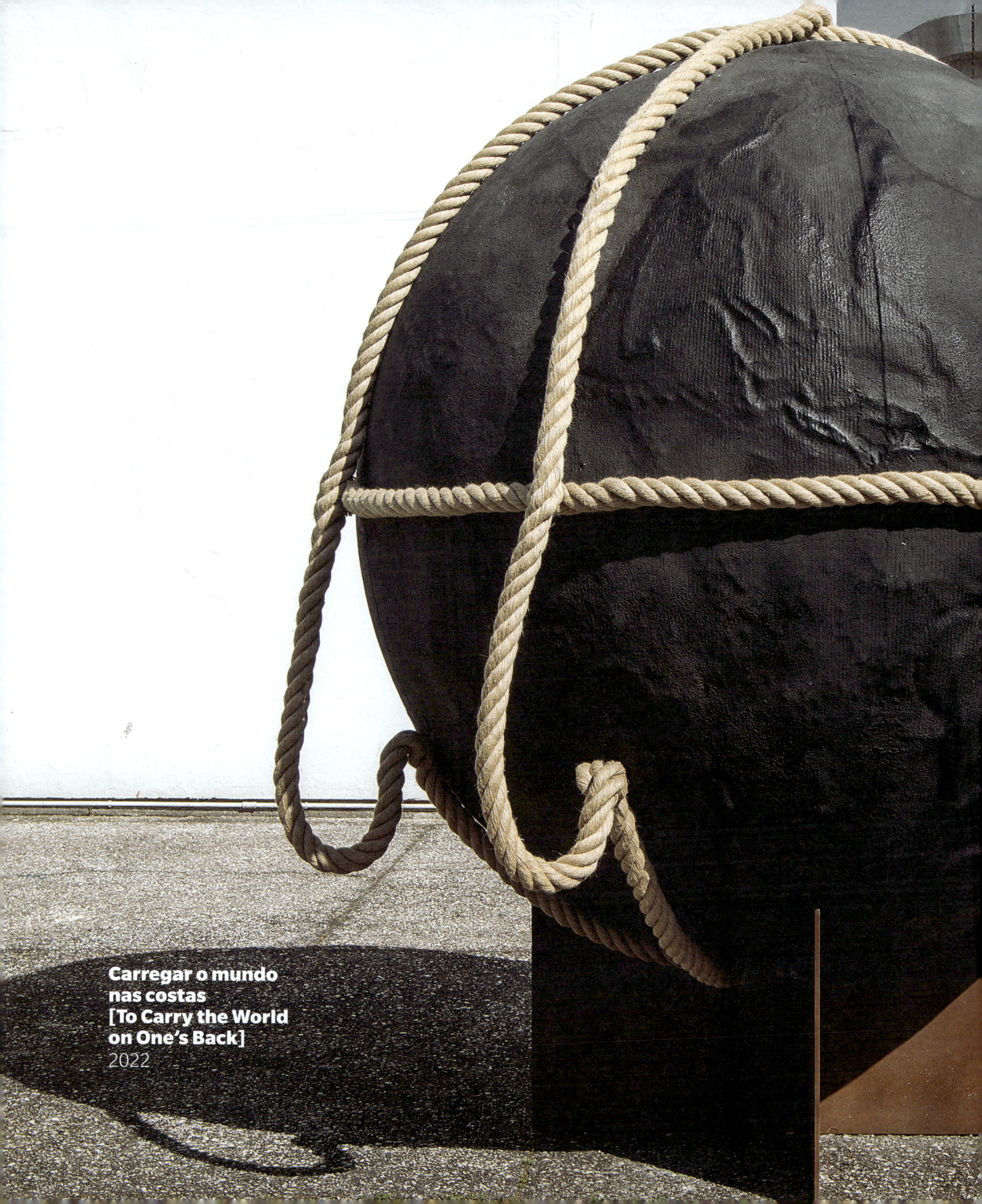

Carregar o mundo nas costas [To Carry the World on One's Back]
2022

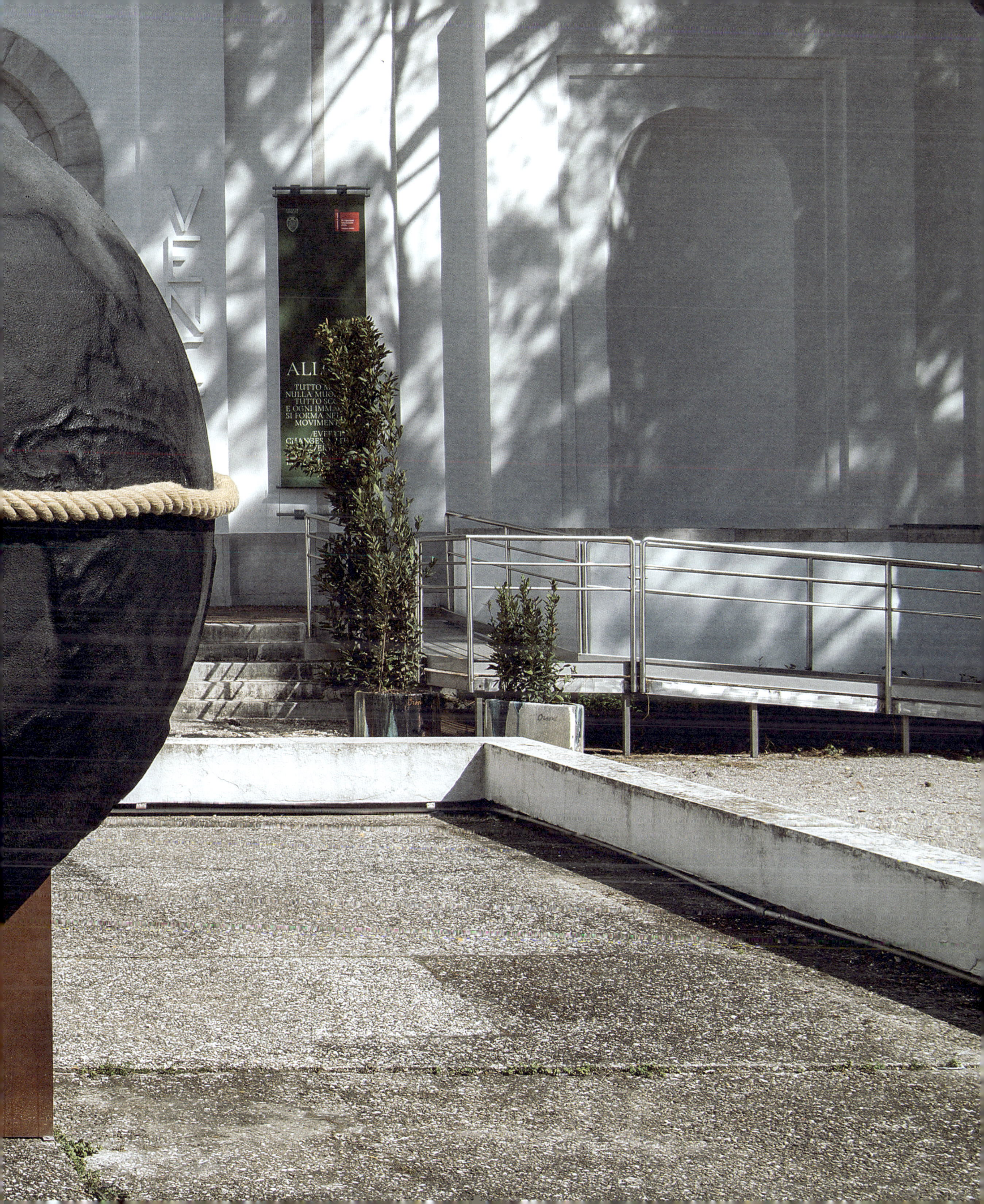

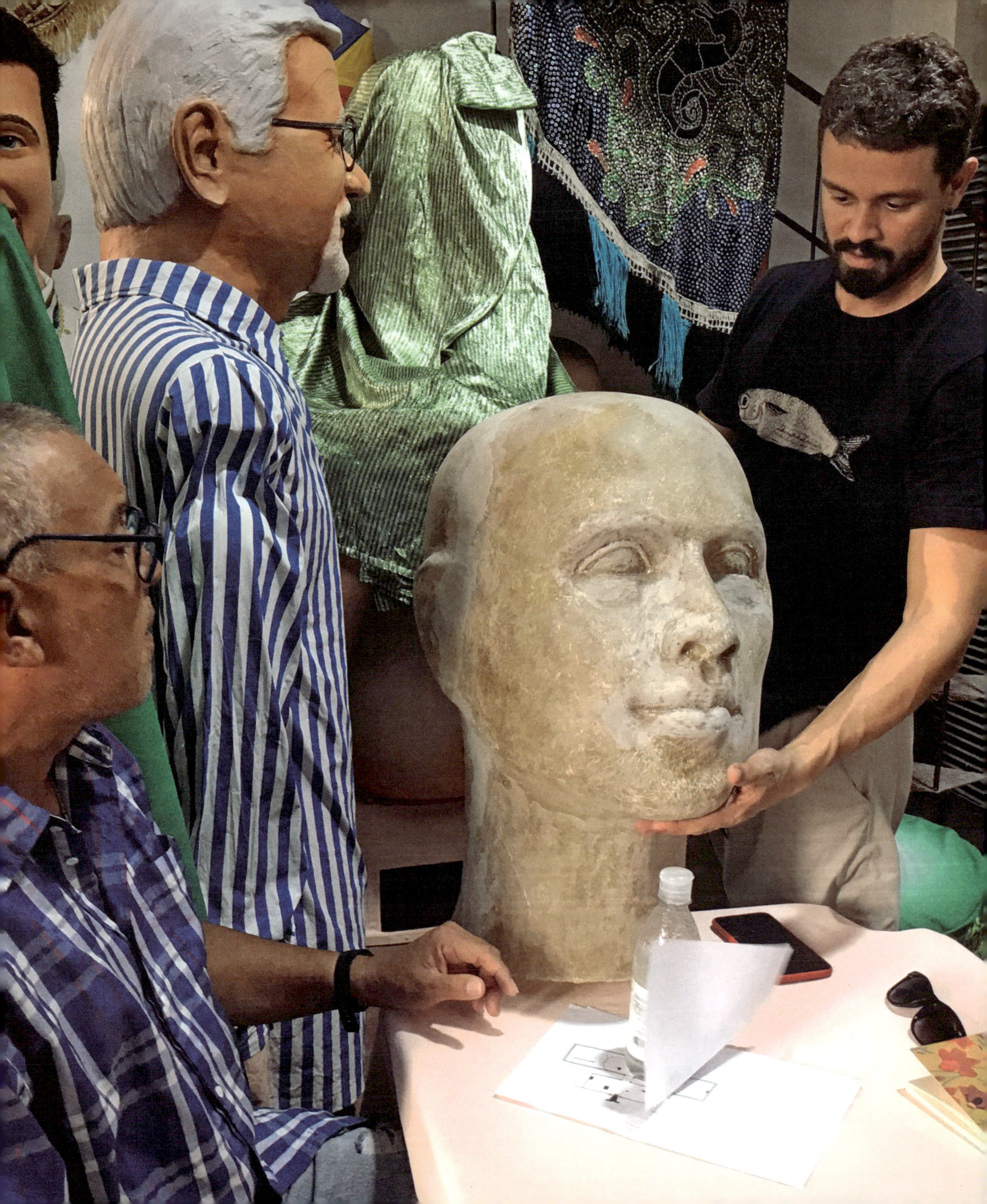

Legendas das obras [Work descriptions]

Jonathas de Andrade e Silvio Botelho no ateliê de Silvio Botelho, Olinda, Pernambuco, Brasil [Jonathas de Andrade and Silvio Botelho at Silvio Botelho's atelier in Olinda, Pernambuco, Brazil], 2021

2-3
Entrar por um ouvido e sair pelo outro [To Go in One Ear and Out the Other], 2022
Estrutura de madeira, isopor esculpido, cola, resina [Wooden structure, carved polystyrene, cement glue, epoxy]
c. [ca.] 530 x 350 x 220 cm cada orelha [each ear]
Execução [Work realized by] Ca'macana atelier – Carlos Brassesco

4
Lamber os beiços [To Lick the Lips], 2022
Imagem impressa em [Printed image on] falconboard 20 mm
86,6 x 96,8 cm

6
Coração na mão [Heart in the Hand], 2022
Imagem impressa em [Printed image on] falconboard 20 mm
c. [ca.] 307,5 x 206 cm

7
Nariz empinado [Stuck up Nose], 2022
Imagem impressa em [Printed image on] falconboard 20 mm
c. [ca.] 345 x 105 cm

8-9, 15
250 expressões [250 Expressions], 2022
Impressão e corte sobre cartão [Print and cut out on cardboard]

10
Quebrar a cabeça / Quebrar a cara [To Break the Head / To Break the Face], 2022
Imagem impressa em [Printed image on] falconboard 20 mm
c. [ca.] 256 x 157 cm

12
Dedo podre [Rotten Finger], 2022
Argila com papel, gesso e madeira [Paper, clay, plaster and wood]
c. [ca.] 159 x 180 x 40 cm
Execução [Work realized by] Ca'macana atelier – Carlos Brassesco

15
Costas quentes [Hot Back], 2022
Poliestireno, ferro, sistema de aquecimento interno e revestimento *touch* [Polystyrene, iron, internal heating system and touch coating]
70 x 54 x 20 cm
Execução [Work realized by] AMR srl – Massimo Recchia

16
Brilho no olho [Brightness in the Eye], 2022
Fibra de vidro, vidro e lâmpada [Fiberglass, glass and light bulb]
Ø 80 cm
Execução [Work realized by] AMR srl – Massimo Recchia

20-21
Faca nos dentes [Knife in the Teeth], 2022
Imagem impressa em [Printed image on] falconboard 20 mm
c. [ca.] 83 x 327 cm

24, 31
Com o coração saindo pela boca [With the Heart Coming Out of the Mouth], 2022
Poliéster inflável de alta resistência, motor e fibra de vidro [High-resistance inflatable polyester, engine and fiberglass]
c. [ca.] 330 x 1300 x 520 cm
Execução [Work realized by] Fly In – Mauro Oggero

32-39
Nó na garganta [Knot in the Throat], 2022
Vídeo [Video], HD
38 min.
Comissionado e produzido pela [Commissioned and produced by] Fondazione in Between Art Film

40, 43
Olho da rua [Out Loud], 2022
Vídeo [Video], HD
26 min.
Comissionado e produzido pela [Commissioned and produced by] Fondazione in Between Art Film

44
Teatro das Heroínas de Tejucupapo [Tejucupapo Heroines Theater], 2022
94 imagens em preto-e-branco, impressas em falconboard cru 20mm, cada peça no tamanho 119 x 75 cm, montadas com encaixes formando um paredão de 9 m por 85 cm [94 black and white images, printed on 20mm raw falconboard, each piece in size 119 x 75 cm, assembled with snap cuts composing a wall measuring 9 m by 85 cm]
Comissionado e produzido por [Commissioned and produced by] FOAM, Amsterdã [Amsterdam]

47
A batalha de todo dia de Tejucupapo [Tejucupapo Daily Battle], 2022
279 imagens impressas em falconboard cru 20 mm, vários tamanhos, e texto em adesivo vinílico [279 images printed on raw falconboard 20 mm, various sizes, and vinyl sticker text]
Comissionado e produzido por [Commissioned and produced by] FOAM, Amsterdã [Amsterdam]

Ca'macana, ateliê de Carlos Brassesco, Veneza, Itália [Ca'macana, Carlos Brassesco's atelier in Venice, Italy], 2022

48, 51
Achados e perdidos [Lost and Found], 2020
60 esculturas de barro queimado e sungas [60 clay sculptures and speedos]
Produzido em colaboração com os artesãos [Produced in collaboration with artisans] Dinho de Zezinho, Robson Coragem, Bruno Rafael e [and] Nando Garcia

52, 55
Jogos dirigidos [Directed Games], 2019
Vídeo [Video], 2k, 5.1 som [sound]
57 min.
Comissionado e produzido por [Commissioned and produced by] Museum of Contemporary Art, Chicago

56, 59
Fome de resistência – Fundamento Kayapó Menkragnoti (da série *Infindável mapa da fome*) [Hunger of Resistance – Kayapó Menkragnoti Foundations (from the series *Endless Hunger Map*)], 2019
42 mapas em papel (7 com impressão a jato de tinta em papel Hahnemüle, todos com serigrafia acrílica) [42 paper maps (7 with inkjet prints on Hahnemüle paper, all with acrylic silkscreen)]; 18 fotografias [photographs] 40 x 40 cm; 1 fotografia [photograph] 85 x 85 cm; 43 pinturas [paintings] 15 x 21 cm cada [each]. Mapa [Map] 418 x 376,5 cm (42 gráficos juntos em tamanhos variados [42 charts set together in varying sizes])
Produzido em colaboração com [Produced in collaboration with] Instituto Kabu, mulheres kayapó da aldeia Pukany [kayapo women from Pukany community], Instituto A gente Transforma e [and] Marcelo Rosenbaum.

60
Cartazes para o Museu do Homem do Nordeste [Posters for the Museum of the Man of the Northeast], 2013
77 cartazes, cerca de 40 displays (parede, teto, piso), 6 notas de artista projetadas em acetatos transparentes e 6 anúncios de jornal montados [77 posters, around 40 displays (wall, ceiling, floor), 6 artist notes projected in transparent acetates, and 6 mounted newspapers ads]
Dimensões variáveis [Dimensions variable]
Comissionado por [Commissioned by] Kunsthalle Lissabon, Lisboa [Lisbon]

63
"Sou um homem do Nordeste, o museu é meu", da série *Posicionamentos-monumentos* ["I am a man from the Northeast, the museum is mine", from the series *Monument positionings*], 2014
Placa de concreto [concrete slab]
90 x 60 x 4 cm

64, 67
40 nego bom é um real [40 Black Candies for R$ 1,00], 2013
40 impressões risográficas em papel offset, 40 impressões a laser em papel offset, 7 gravações pantográficas em chapas acrílicas, 16 serigrafias em compensado [40 risograph prints on offset paper, 40 laser prints on offset paper, 7 pantographic recordings on acrylic sheets, 16 silkscreen prints on plywood]
Dimensões variáveis [Dimensions variable]

68, 71
O levante [The Uprising], 2012-2014
Happening e [and] vídeo [video]
Comissionado por [Commissioned by] Thyssen-Bornemisza Art Contemporary, Viena [Vienna].

72, 75
Educação para adultos [Education for Adults], 2010
60 cartazes emoldurados impressos em papel fotográfico e laminados [60 framed posters printed on photo paper and laminated]
34 x 46 cm cada [each]
Comissionado pela [Commissioned by] Fundação Bienal de São Paulo para a [for the] 29ª Bienal de São Paulo

76, 79
2 em 1 [2 in 1], 2010
28 fotografias, prateleiras em madeira e 8 desenhos técnicos impressos sobre papel vegetal [28 photographs, wooden shelves, and 8 technical drawings printed on tracing paper]
Dimensões variáveis [Dimensions variable]

80, 83
Ressaca tropical [Tropical Hangover], 2009
105 fotografias, 140 páginas [150 photographs, 140 pages]
Dimensões variáveis [Dimensions variable]

98
Um olho no peixe, outro no gato [An Eye on the Fish, Another on the Cat], 2022
Imagem impressa em [Printed image on] falconboard 20 mm
c. [ca.] 190 x 212 cm

101
Pagar com a língua [To Pay with the Tongue], 2022
Imagem impressa em [Printed image on] falconboard 20 mm
c. [ca.] 310 x 106 cm

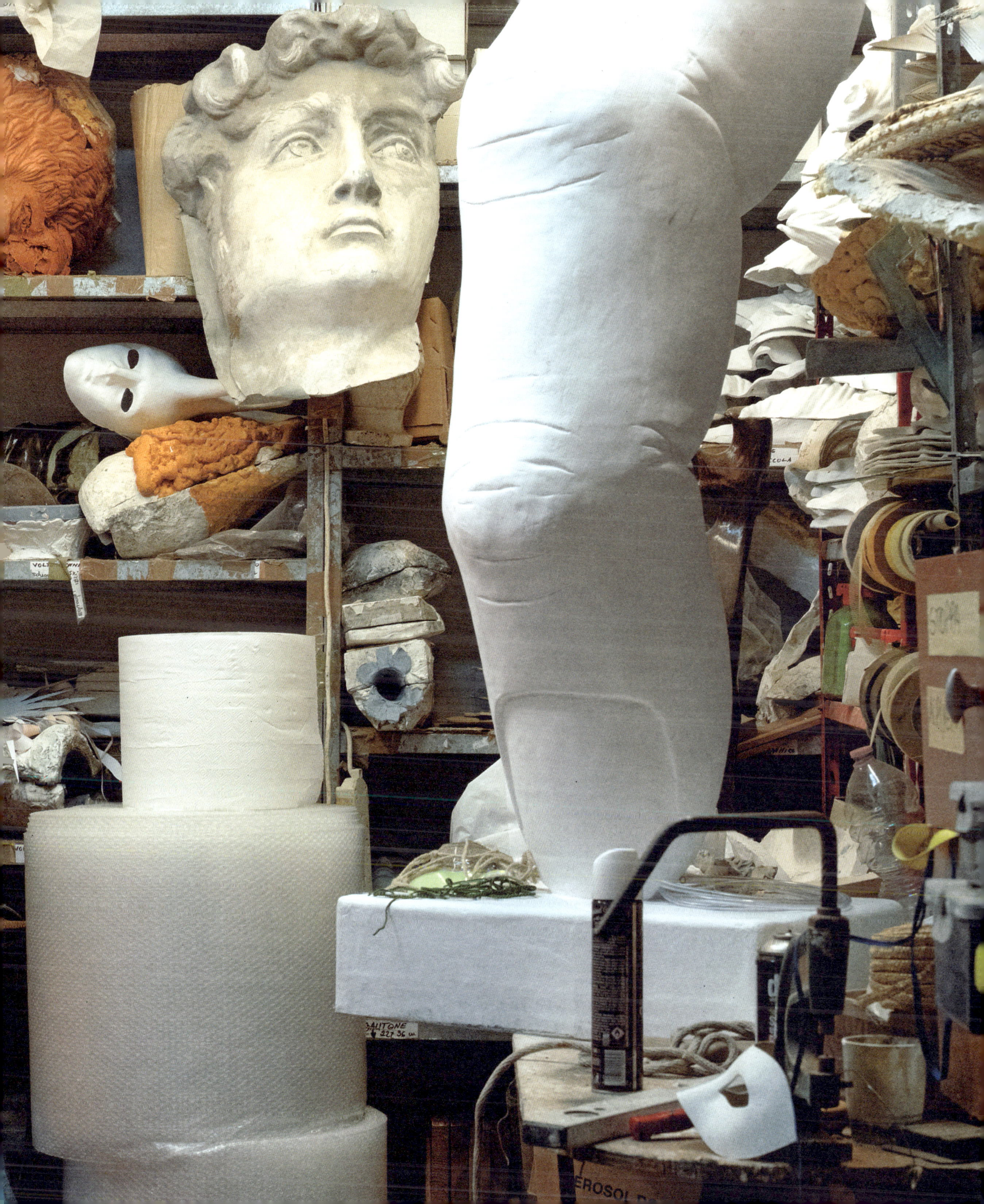

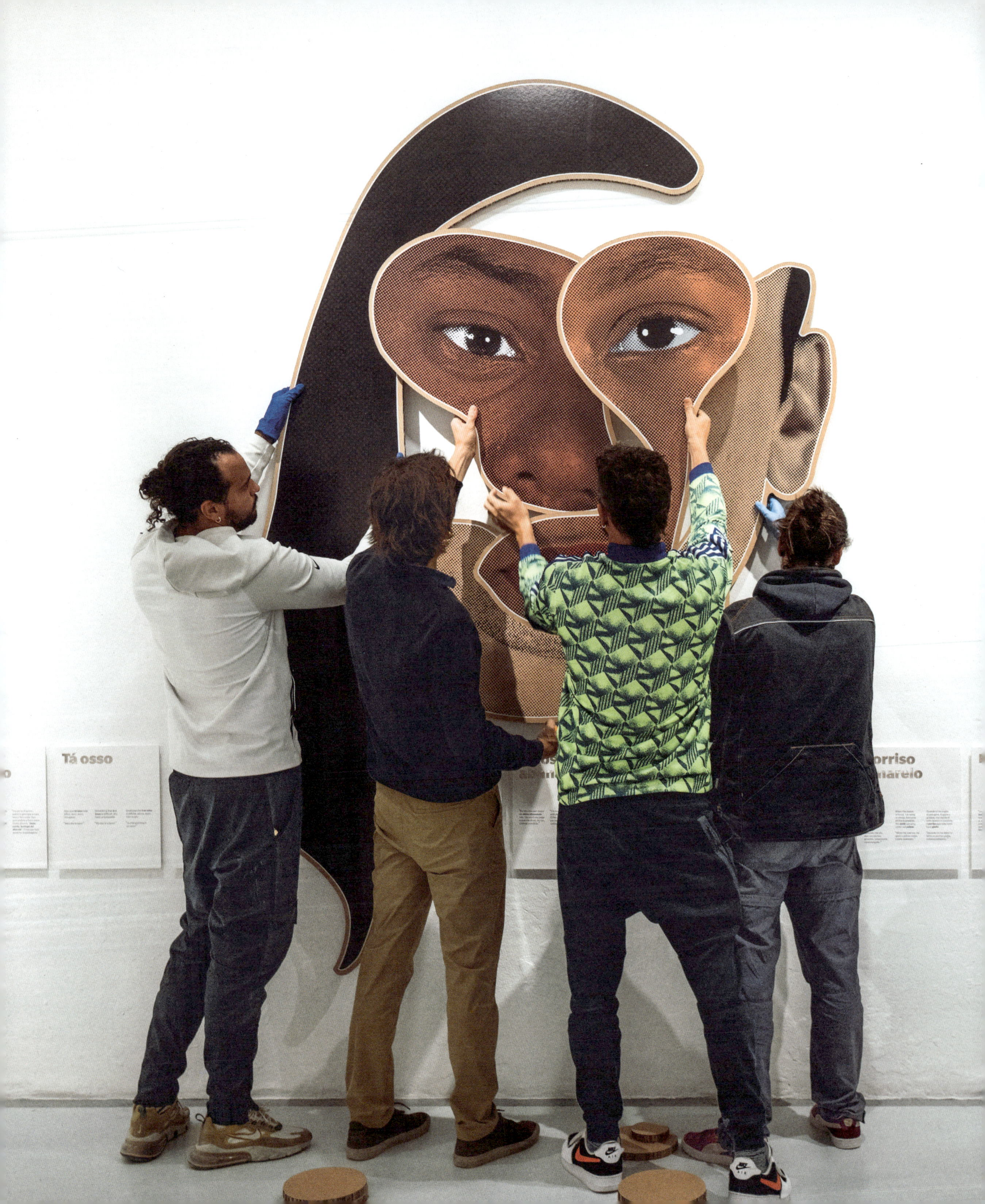
Tá osso

Processo de montagem do Pavilhão do Brasil
na 59ª Biennale di Venezia, abril 2022
[Installation process at the Brazilian Pavilion
in the 59ª Biennale di Venezia, april 2022]

102-3
Orelha queimando [Burning Ear], 2022
Imagem impressa em [Printed image on]
falconboard 20 mm
172 x 260 cm

104-5
Bunda mole [Soft Ass], 2022
Espuma coberta de tecido [Foam covered in fabric]
50 x 150 x 150 cm
Execução [Work realized by] AMR srl – Massimo Recchia

109
Mão leve [Light Hand], 2022
Imagem impressa em [Printed image on]
falconboard 20 mm
c. [ca.] 166 x 235,4 cm

112
Cabeça de vento [Head of Wind], 2022
Estampa em poliestireno, acabamento artesanal, jato de areia e motor [Polystyrene print, handmade finishing, sandjet and engine]
120 x 80 x 125 cm
Execução [Work realized by] AMR srl – Massimo Recchia

113
As paredes têm ouvidos [Walls Have Ears], 2022
Imagem impressa em [Printed image on]
falconboard 20 mm
c. [ca.] 200 x 295 cm

114
Fura-olho [Eye-piercer], 2022
Imagem impressa em [Printed image on]
falconboard 20 mm
c. [ca.] 405 x 332 cm

115
Pé na jaca [Foot on a Jackfruit], 2022
Imagem impressa em [Printed image on]
falconboard 20 mm
c. [ca.] 258 x 268,5 cm

116
Fogo no rabo [Fire in the Tail], 2022
Imagem impressa em [Printed image on]
falconboard 20 mm
c. [ca.] 195 x 231,3 cm

117
Cabeça nas nuvens [Head in the Clouds], 2022
Imagem impressa em [Printed image on]
falconboard 20 mm
c. [ca.] 196,5 x 295 cm

118
Olho do furacão [Eye of the Storm], 2022
Imagem impressa em [Printed image on]
falconboard 20 mm
c. [ca.] 294,8 x 193,4 cm

119
Morder a língua [To Bite the Tongue], 2022
Argila com papel, resina epóxi e adesivo [Paper clay, epoxy resin and sticker]
45 x 170 x 65 cm
Execução [Work realized by] Ca'macana atelier – Carlos Brassesco

119
Lamber o pé [To Lick the Foot], 2022
Imagem impressa em [Printed image on]
falconboard 20 mm
c. [ca.] 208 x 110 cm

122-123
Entrar por um ouvido e sair pelo outro [To Go in One Ear and Out the Other], 2022
Estrutura de madeira, isopor esculpido, cola, resina [Wooden structure, carved polystyrene, cement glue, epoxy]
c. [ca.] 530 x 350 x 220 cm cada orelha [each ear]
Execução [Work realized by] Ca'macana atelier – Carlos Brassesco

124
Carregar o mundo nas costas [To Carry the World on One's Back], 2022
Poliestireno, ferro, corda e aço corten [Polystyrene, iron, rope and corten steel]
Ø 200 cm
Execução [Work realized by] AMR srl – Massimo Recchia

Biographies

Processo de montagem do Pavilhão do Brasil na 59ª Biennale di Venezia, abril 2022 [Installation process at the Brazilian Pavilion in the 59ª Biennale di Venezia, april 2022]

Jonathas de Andrade (1982, Maceió, Brazil) is a visual artist. His output is permeated by nostalgia, eroticism and historical and political critique, using languages such as installation, photography and film, and strategies that mix fiction and reality, tradition and negotiation. The body, usually male, is the guiding axis of artworks that speak of the world of work and the worker, of the identity of the contemporary subject, and of the failure of utopias, especially in the context of Latin America. Frequently, his projects involve Brazilian communities marked by specific historical contexts in collaborative processes of research and authorship. His solo exhibitions have included *Jonathas de Andrade: um pra um*, Museum of Contemporary Art Chicago (2019); *O peixe*, New Museum, New York (2017); *On Fishes, Horses and Man*, The Power Plant, Toronto (2017); *Visões do Nordeste*, Museo Jumex, Mexico City (2017); and *Museu do Homem do Nordeste*, MAR – Museu de Arte do Rio, Rio de Janeiro, Brazil (2014–2015). Group shows he has participated in include most notably the 16th Istanbul Biennial (2019); *Artapes*, MAXXI: National Museum of XXI Century Arts, Rome (2018); the 32nd and the 29th São Paulo Biennials (2016, 2010); *Unfinished Conversations: New Work from the Collection*, MoMA – Museum of Modern Art, New York (2015); and *Under the Same Sun: Art from Latin America Today*, Guggenheim Museum, New York (2014). He lives and works in Recife, Brazil.

Jacopo Crivelli Visconti (1973, Naples, Italy), PhD in architecture from the Universidade de São Paulo (USP), is a curator and art critic. Based in São Paulo, he was the chief curator of the 34th Bienal de São Paulo – *Though it's dark, still I sing* (2020-2021) – and curator of the Brazilian participation at the 59th and 52nd International Art Exhibition – La Biennale di Venezia (2022, 2007). He was curator of exhibitions in Brazil and abroad. His most recent and representative works include: *Untimely, Again*, Pavilion of the Republic of Cyprus at the 58th Biennale di Venezia, Italy (2019); *Brasile – Il coltello nella carne*, PAC – Padiglione d'Arte Contemporanea, Milan (2018); *Matriz do tempo real*, Museu de Arte Contemporânea of the Universidade de São Paulo (2018); *Memories of Underdevelopment*, Museum of Contemporary Art of San Diego (2017); *Héctor Zamora – Dinâmica não linear*, Centro Cultural Banco do Brasil, São Paulo (2016); *Sean Scully*, Pinacoteca do Estado de São Paulo (2015); and *Ir para volver,* 12th Bienal de Cuenca (2014). Besides numerous essays in catalogues and contemporary art magazines, architecture and design, he is the author of the book *Novas derivas* (WMF Martins Fontes, São Paulo, 2014; Ediciones Metales Pesados, Santiago, 2016).

Clarissa Diniz (1985, Recife, Brazil) is a curator, writer and teacher in the art field. Master in art history from Universidade do Estado do Rio de Janeiro (UERJ), and a doctoral candidate in anthropology at Universidade Federal do Rio de Janeiro (UFRJ), she is a professor at the Parque Lage Visual Arts School. She has served as content manager at MAR – Museu de Arte do Rio (2013-2018), and was the editor of *Tatuí* magazine. She has published various catalogs and books, such as *Crachá – aspectos da legitimação artística* (2008), *Gilberto Freyre* (2010, co-authored with Gleyce Heitor), and *Montez Magno* (2010, with Paulo Herkenhoff and Luiz Carlos Monteiro). Her recent curatorial works include *À Nordeste*, Sesc 24 de Maio, São Paulo (2019); *Rio do samba: resistência e reinvenção*, MAR, Rio de Janeiro (2018); *Dja Guata Porã – Rio de Janeiro Indígena*, MAR, Rio de Janeiro (2017); *Do Valongo à favela: imaginário e periferia*, MAR, Rio de Janeiro (2014, with Rafael Cardoso); and the 13th Bienal Naifs do Brasil, Sesc Belenzinho (2017) and Sesc Piracicaba (2016).

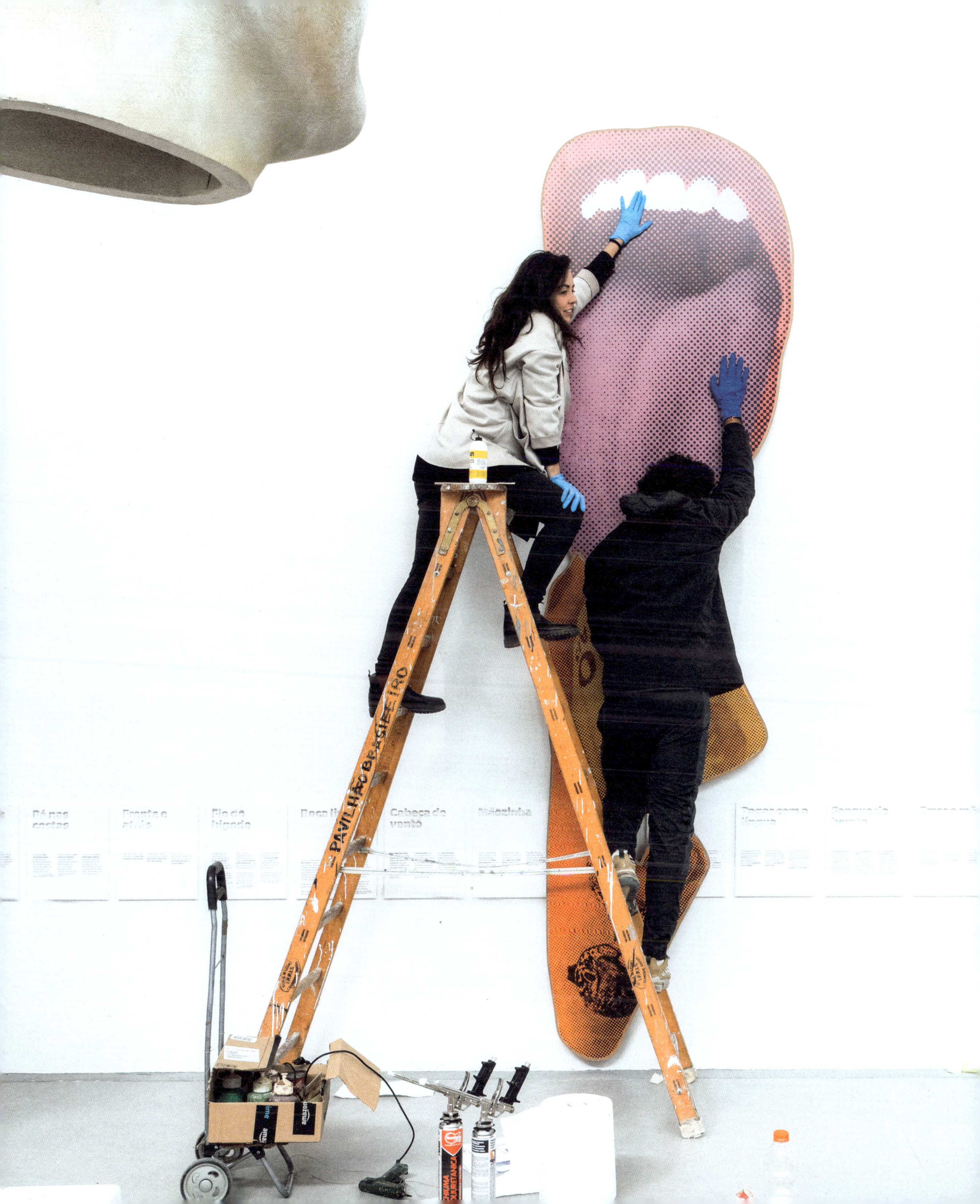
PAVILHÃO BRASILEIRO

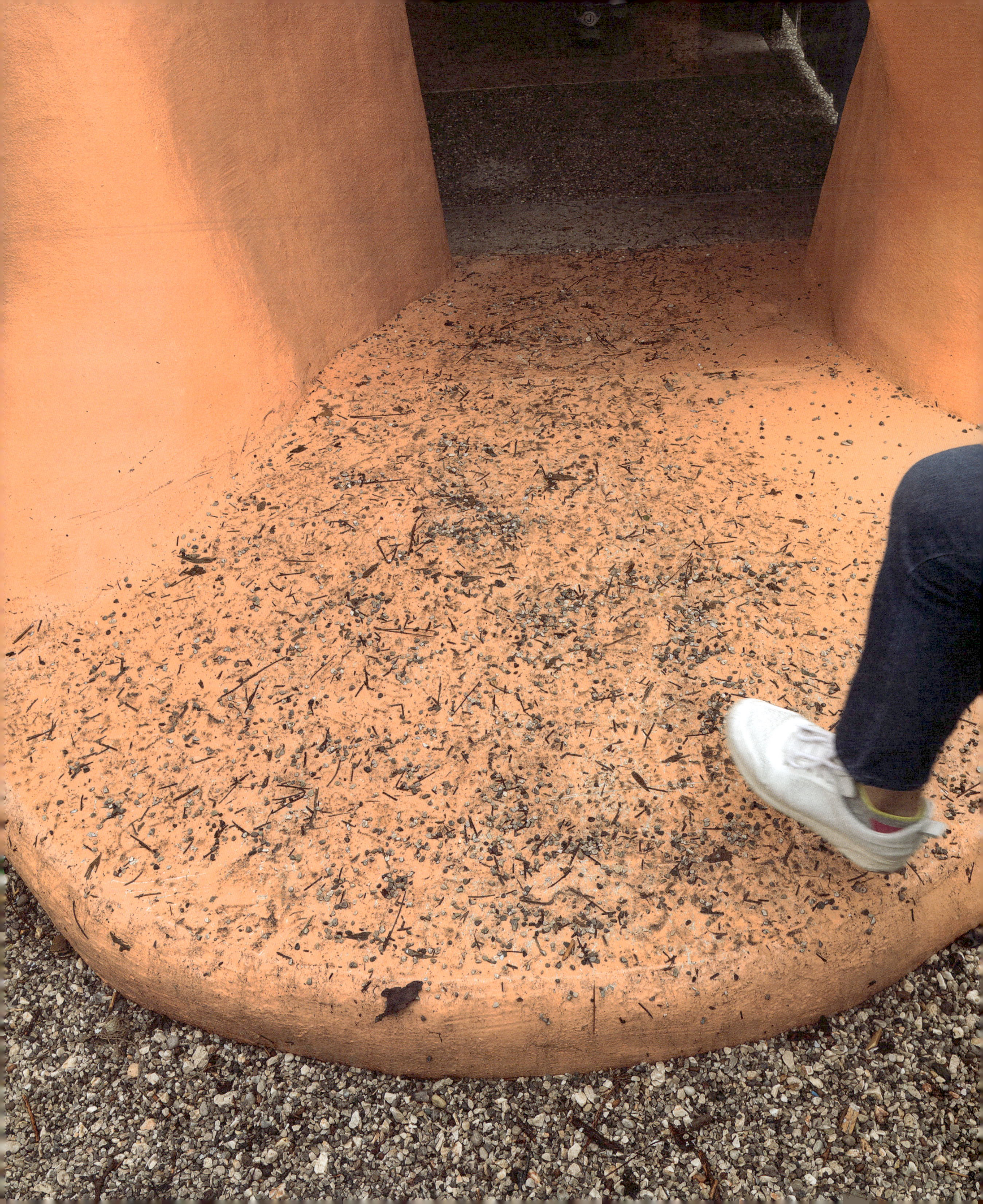

Biografias

Entrar por um ouvido e sair pelo outro, detalhe em um dia de chuva [**To Go in One Ear and Out the Other**, detail on a rainy day], 2022

Jonathas de Andrade (1982, Maceió, Brasil) é artista visual. Em uma produção atravessada por nostalgia, erotismo e crítica histórica e política, recorre a linguagens como instalação, fotografia e filme, e a estratégias que misturam ficção e realidade, tradição e negociação. O corpo, principalmente masculino, é o eixo norteador de obras que falam do universo do trabalho e do trabalhador, da identidade do sujeito contemporâneo e da falência das utopias, sobretudo no contexto latino-americano. Frequentemente, seus projetos envolvem comunidades brasileiras marcadas por contextos históricos específicos em processos colaborativos de pesquisa e autoria. Realizou exposições individuais como *Jonathas de Andrade: um pra um*, Museum of Contemporary Art Chicago (2019); *O peixe*, New Museum, Nova York (2017); *On Fishes, Horses and Man*, The Power Plant, Toronto (2017); *Visões do Nordeste*, Museo Jumex, Cidade do México (2017); e *Museu do Homem do Nordeste*, MAR – Museu de Arte do Rio, Rio de Janeiro (2014-2015). Entre as coletivas de que participou destacam-se a 16ª Bienal de Istambul (2019); *Artapes*, MAXXI: National Museum of XXI Century Arts, Roma (2018); a 13ª Bienal de Sharjah (2017); a 32ª e a 29ª Bienais de São Paulo (2016, 2010); *Unfinished Conversations: New Work from the Collection*, MoMA, Nova York (2015); e *Under the Same Sun: Art from Latin America Today*, Museu Guggenheim, Nova York (2014). Vive e trabalha no Recife, Brasil.

Jacopo Crivelli Visconti (1973, Nápoles, Itália), doutor em arquitetura pela Universidade de São Paulo (USP), é curador e crítico de arte. Radicado em São Paulo, foi curador geral da 34ª Bienal de São Paulo – *Faz escuro mas eu canto* (2020-2021) – e curador da participação brasileira na 59ª e na 52ª Exposição Internacional de Arte – Bienal de Veneza (2022, 2007). Foi curador de exposições no Brasil e no exterior. Entre seus trabalhos recentes mais representativos estão *Untimely, Again*, Pavilhão da República de Chipre na 58ª Bienal de Veneza (2019); *Brasile – Il coltello nella carne*, PAC – Padiglione d'Arte Contemporanea, Milão (2018); *Matriz do tempo real*, MAC USP, São Paulo (2018); *Memories of Underdevelopment*, Museum of Contemporary Art of San Diego (2017); *Héctor Zamora – Dinâmica não linear*, Centro Cultural Banco do Brasil, São Paulo (2016); *Sean Scully*, Pinacoteca do Estado de São Paulo (2015); e *Ir para volver*, 12ª Bienal de Cuenca (2014). Além de numerosos ensaios em catálogos e revistas de arte contemporânea, arquitetura e design, é autor de *Novas derivas* (São Paulo: WMF Martins Fontes, 2014; Santiago: Metales Pesados, 2016).

Clarissa Diniz (1985, Recife, Brasil) é curadora, escritora e professora na área de arte. Mestre em história da arte pela Universidade do Estado do Rio de Janeiro (UERJ) e doutoranda em antropologia pela Universidade Federal do Rio de Janeiro (UFRJ), é professora da Escola de Artes Visuais do Parque Lage. Foi gerente de conteúdo do MAR – Museu de Arte do Rio (2013-2018) – e editora da revista *Tatuí*. Publicou catálogos e livros como *Crachá: aspectos da legitimação artística* (2008), *Gilberto Freyre* (2010, com Gleyce Heitor) e *Montez Magno* (2010, com Paulo Herkenhoff e Luiz Carlos Monteiro). Entre suas curadorias e co-curadorias recentes destacam-se *À Nordeste*, Sesc 24 de Maio, São Paulo (2019); *Rio do samba: resistência e reinvenção*, MAR, Rio de Janeiro (2018); *Dja Guata Porã – Rio de Janeiro Indígena*, MAR, Rio de Janeiro (2017); *Do Valongo à favela: imaginário e periferia*, MAR, Rio de Janeiro (2014, com Rafael Cardoso); e a 13ª Bienal Naïfs do Brasil, Sesc Belenzinho (2016) e Sesc Piracicaba (2017).

Capa / Cover
Com o coração saindo pela boca [With the Heart Coming Out of the Mouth], 2022

Este livro foi publicado em 2022, por ocasião da exposição **Com o coração saindo pela boca**, participação oficial brasileira na 59ª Biennale di Venezia / This book was published in 2022, coinciding with the exhibition **With the Heart Coming Out of the Mouth**, official Brazilian participation at the 59ª Biennale di Venezia

Créditos da exposição / Exhibition credits

Comissário / Commissioner
José Olympio da Vega Pereira – Fundação Bienal de São Paulo

Artista / Artist
Jonathas de Andrade

Curador / Curator
Jacopo Crivelli Visconti

Superintendência executiva / Chief Operating Officer
Antonio Lessa

Superintendência de comunicação / Chief Communications Officer
Caroline Carrion

Superintendência de projetos / Chief Projects Officer
Felipe Isola

Arquiteta / Exhibition design
Nathalia Duran

Produção / Production
Dorinha Santos, Manoel Borba

Design
Ana Elisa de Carvalho Price, Adriano Campos, Priscila Gonzaga

Edição e tradução / Editing and translation
Anita di Marco, Christopher Mack, Cristina Fino, Silvia La Regina, Tatiana Allegro

Coordinação em Veneza / Coordination in Venice
eiletz ortigaz architects

bienal

Créditos da publicação / Publication credits

Edição / Editing
Jacopo Crivelli Visconti – editor
Cristina Fino, Teté Martinho, Rafaela Mendes Ferreira (Galeria Nara Roesler) – coordenação editorial / editorial coordination
Julia Portella, Itze Escalona – assistência de coordenação / assistants to the coordinators
Philip Somervel, Christopher Mack – tradução / translation
Tatiana Allegro – revisão / copyediting

Textos / Texts
Jacopo Crivelli Visconti
Clarissa Diniz
Teté Martinho

Fotos / Photo
Pp. 1, 4, 6-7, 10-11, 12, 15, 16, 19, 20-21, 24-33, 98, 101, 102-125, 130, 133, 134
Foto / Photo © Ding Musa / Fundação Bienal de São Paulo
Cortesia / Courtesy Fundação Bienal de São Paulo

Pp. 2-3, 8-9, 93, 129
Foto / Photo Jonathas de Andrade

Pp. 47, 59
Foto / Photo Christian van der Kooy / Foam, Amsterdã / Amsterdam. Vistas da exposição / Installation shots of the exhibition *Jonathas de Andrade* – Staging Resistance, 2022

P. 60
Foto / Photo Isabella Matheus. Vista da instalação da coleção permanente na / Installation view of the permanent collection at Pinacoteca do Estado de São Paulo, São Paulo

P. 63
Foto / Photo Eduardo Ortega

P. 67
Foto / Photo Hong Cheolki

P. 71
Foto / Photo Josivan Rodrigues e / and Ricardo Moura

P. 91
Foto / Photo Joerg Lohse. Vista da instalação na exposição / Installation view of the exhibition *Eu, mestiço*, Alexander and Bonin, Nova York / New York, 2018

P. 97
Foto / Photo Nathan Keay / MCA Chicago. Vista da instalação na exposição / Installation view of the exhibition *One to One*, Museum of Contemporary Art, Chicago, 2019

P. 126
Foto / Photo Victor Hugo Santiago

Agradecimentos / Special thanks to
Fundação Bienal de São Paulo, José Olympio da Veiga Pereira, Antonio Lessa, Beatrice Bulgari, Alessandro Rabottini, Leonardo Bigazzi, Lydia de Santis, Margherita Tinagli, Victor Hugo Santiago, Emanuel da Costa (Estúdio Jonathas de Andrade), Silvio Botelho

nara roesler | books

GALLERIACONTINUA
SAN GIMIGNANO BEIJING LES MOULINS HABANA ROMA SÃO PAULO PARIS

Alexander and Bonin
New York

Silvana Editoriale

Direção / Direction
Dario Cimorelli

Direção Artística / Art Director
Giacomo Merli

Coordenador Editorial / Editorial Coordinator
Sergio Di Stefano

Copy Editor
Elisabetta Gravino

Layout
Evelina Laviano

Coordenador de Produção / Production Coordinator
Antonio Micelli

Assistente Editorial / Editorial Assistant
Giulia Mercanti

Editor de Fotografia / Photo Editor
Silvia Sala

Assessoria de Imprensa / Press Office
Alessandra Olivari,
press@silvanaeditoriale.it

Silvana Editoriale S.p.A.
via dei Lavoratori, 78
20092 Cinisello Balsamo, Milan, Italy
tel. 02 453 951 01
fax 02 453 951 51
www.silvanaeditoriale.it

Reproduções, impressão e tipografia na Itália
Reproductions, printing and binding in Italy
Junho de 2022 / June 2022

MISTO
Carta da fonti gestite in maniera responsabile
FSC® C105572